W0244853

DEMMLER VERLAG

*Der Großvater Wilhelm Hartwig, hinten im Auto sitzend
als stolzer Garagenbesitzer*

Leben auf Usedom

Eine Familiengeschichte
rund um das Auto

DEMMLER VERLAG

Titelbild: Auf dem Werkstatthof des Großvaters Hartwig, um 1909

© 2000 Die urheberrechtlichen, inhaltlichen und Bildrechte liegen beim Autor.

Herstellung und Vertrieb:
Demmler Verlag & Verlagsbuchhandlung
Dr. Margot Krempien
Bahnhofstraße 36
19057 Schwerin
Telefon/Fax: 0385/4844979
e-Mail: vertrieb@demmlerverlag.de
http://www.demmlerverlag.de

Alle Rechte vorbehalten

Satz und Lithos: Demmler Verlag
Druck und Fertigung: Druckerei zu Altenburg GmbH

ISBN 3-910150-49-7

Inhalt

Zum Geleit

Je älter man wird, um so mehr erinnert man sich. Es werden Fragen nach der Herkunft, nach Traditionen, nach den Ursprüngen der eigenen Familie wach. Mit Abstand von Jahrzehnten wird bewußt, daß auch die Familiengeschichte ein Stück lebendige Geschichte - des damaligen Zeitgeschehens ist.

Anstoß, einmal niederzuschreiben, hier und da auch zu fabulieren, wo die Erinnerungen schwach bzw. keine mehr vorhanden sind, erhielt ich bei einem meiner Aufenthalte auf der Insel Usedom in den Jahren nach 1990. Ich war den Spuren meiner Familie gefolgt, besuchte die Stätten meiner Kindheit, entdeckte Altes und Neues und war tief berührt.

In meine neue Heimat zurückgekehrt, begann ich zu kramen in den wenigen noch vorhandenen Familienunterlagen. Fand Aufzeichnungen meines Vaters, Bilder von meinen Urgroßeltern, Großeltern und Eltern und von anderen Verwandten - aufbewahrt in alten Pappkartons und gerettet über die Zeit. Fand vergilbte Fotos aus meiner Kinder- und Jugendzeit und wurde natürlich sentimental.

Doch das allein reichte nicht. Ich mußte Recherchen anstellen, Verwandte fragen, in alten Kirchenbüchern nachforschen und immer wieder die Orte des damaligen Familiengeschehens in Heringsdorf und Swinemünde aufsuchen.

Es begann nun eine Phase in meinem Leben, die sich über zwei Jahre erstreckte und mich sämtliche Erkenntnisse über diese Insel und ihre Bewohner zusammentragen ließ, deren ich habhaft werden konnte. Wohlweislich beschränkte ich mich dabei auf eine relativ kurze Zeitspanne. Es sind im Kern die Jahre des ausklingenden vorigen Jahrhunderts bis Ende 1945, dem Zeitpunkt des unfreiwilligen Verlassens der Insel. Dabei galt es, auch ein wenig die Vorgeschichte der Insel mit ihren bekannten Seebädern und den Ursprung meiner Familie aus der Vergessenheit herauszuholen. Zumal die Zeitspanne bis zum 1. Weltkrieg als die kaiserliche in die Insel-Geschichte eingegangen ist.

Außer den Persönlichkeiten der Zeitgeschichte haben einige Akteure meines Familienumfeldes ein Pseudonym erhalten. Es liegt sicherlich im Interesse dieses Personenkreises beziehungsweise deren Angehörigen und der Nachkommen.

Oft war ich so in die Geschichten verstrickt, daß ich kaum noch zu unterscheiden wußte: Hatte ich sie gehört? In den Unterlagen meines vorhandenen Materials gelesen? Oder waren es am Ende bereits meine Geschichten? An manchen Stellen verwischen sich die Grenzen, und der Leser möge mir verzeihen, wenn ich nicht ständig die Quelle nenne.

Mein Dank gilt all denjenigen, die mir bei meinen Forschungen behilflich waren, und auch jenen Familienmitgliedern, die nicht mehr unter uns weilen. Aus ihren Aufzeichnungen kann ich zum Teil wörtlich zitieren.

Im Zuge meiner Recherche stieß ich auf einen weiteren Ortskundigen dieser Insel und insbesondere der Stadt Swinemünde. Er spannte den Bogen der Erinnerungen nochmals um 100 Jahre zurück. Als 8jähriger kam er mit seinen Eltern 1827 von Rheinshagen nach Swinemünde und schrieb sich im Alter von 73 Jahren seine Kindheitserinnerungen von der Seele. Es war Theodor Fontane, und er nannte sein Werk: "Meine Kinderjahre".

Seine Zeitschilderungen haben mir geholfen, mich in eine Zeit hineinzuversetzen, die meine Großeltern erlebt haben. Aber auch so manche bisher veröffentlichte Publikation über die Insel Usedom war sehr hilfreich.

Und so will ich denn mein Werk beginnen. Blättere in den Erinnerungen einiger meiner Familienangehörigen, betrachte die Fotos ihrer Kindheit und Jugendjahre, verfolge ihren beruflichen Werdegang und lasse mir dabei gern vom Leser über die Schulter schauen.

Heringsdorf, im Oktober 1999

Kapitel 1

Wo und wie alles begann

Die Geschichte der Familie Hartwig spielt in ihren Anfängen im Seebad Heringsdorf auf der Insel Usedom, später in Swinemünde. Der eigentliche Ursprung der Hartwigs - dazu gehören auch die Vorfahren mütterlicherseits - liegen allerdings im Hinterland der Insel. In den Kirchenbüchern urkundlich belegt, werden hier Orte wie das bereits zitierte Usedom, aber auch Benz, Ulrichshorst und Gothen genannt.

Die Insel Usedom und ihre Nachbarinsel Wollin liegen in Pommern. Ihr Gebiet gehört heute zum Teil zum Bundesland Mecklenburg-Vorpommern, zum anderen Teil zu Polen. Die beiden Inseln sind durch das Kleine und das Große Haff vom Festland getrennt. Die seitlichen Begrenzungen werden durch den Peenestrom bzw. die Dievenow (poln. Dziwna) gebildet. Die Trennung der Inseln erfolgt durch die Swine (poln. Swina). Die Wasseradern sind Ausflüsse der Peene bzw. der Oder. Die Oder markiert einen Teil der Oder-Neiße-Grenze.

Um sich in die Zeit des Beginns meiner Familiengeschichte zu versetzen, hier etwas Fiktives. Wir sind zu Gast in Heringsdorf in der Lindenstraße, dem Stammhaus der Familie.

Zunächst möchte ich einige Familienmitglieder vorstellen. Ich wähle dafür den Jahreswechsel von 1894 auf 1895, weil wir wohl erwarten können, daß an einem solchen Abend alle jene Personen zusammen sind, die in diesem Stadium der Geschichte eine Rolle spielen. Hauptperson ist der Handwerksmeister Albert Hartwig, geboren 1840 in Usedom, einem damals unscheinbaren Ort auf gleichnamiger Insel. Es ist weiter anwesend seine Frau Bertha, geboren 1842.

Mit Sicherheit werden sich auch die beiden Töchter der Hartwigs - Anna und Lieschen - sowie der Sohn Wilhelm an diesem Abend bei den Eltern aufgehalten haben. Wilhelm ist das jüngste der Hartwig-Kinder. Die beiden Töchter können wir auch sogleich wieder vergessen, sie werden niemals mehr erwähnt, tauchen in keinen Aufzeichnungen mehr auf. Allein wichtig für das Verständnis um den Zusammenhang der frühen Familienverhältnisse ist der Sohn Wilhelm. Von ihm ist beurkundet, daß er am 3. Oktober 1868 in Heringsdorf geboren wurde. Er war also an diesem Silvesterabend 26

Jahre alt. 1896 heiratete Wilhelm seine Meta, und so nehmen wir mal an, daß auch diese als Verlobte anwesend ist. Im Verlauf der Familiengeschichte werden sie meine Großeltern väterlicherseits.

Wir wollen die Stunden bis zum Jahreswechsel dazu benutzen, den Anfängen der Familie und ihrem Umfeld etwas näher zu kommen. So möchte ich noch einmal gedanklich zu Bertha und Albert Hartwig mit ihren drei Kindern zurückkehren. Ich halte es für wahrscheinlich, daß die Familie in der vorderen - der großen - Stube zusammensitzt. Anläßlich des Feiertages ist dieser Raum geheizt, was durchaus nicht alltäglich ist. Normalerweise spielt sich das Leben im Wohnraum neben der Küche und noch mehr in letzterer ab. Selbst diese in der Hochetage liegende sogenannte Winterwohnung wurde nicht immer benutzt. Im Sommer, genauer in der Feriensaison, stand sie den zahlreichen Gästen zur Verfügung. Denn dieses Haus, wie so viele im Badeort Heringsdorf, ist eine Pension. Die Familie wohnte während der Ferienzeit, wenn Gäste im Haus weilten, im Souterrain, in der Sommerwohnung. An dieser Praxis hat sich auch in den Jahren danach nichts geändert. Bertha wird für die Familie einen steifen Grog gemacht haben - wir befinden uns ja an der See. Bis zur Mitternachtsstunde haben wir alle - die Familie Hartwig, der interessierte Leser und auch ich als Chronist - noch etwas Zeit, uns mit dem Ort selbst zu befassen. Wir verpassen in der Lindenstraße im Moment nichts.

Heringsdorf war in diesen Jahren des ausklingenden 19. Jahrhunderts ein schnell wachsendes und sicher über alle damaligen Verhältnisse hinaus aufblühendes Seebad. Es hatte seine Bedeutung geradewegs der in jenen Jahren in Berlin - der Hauptstadt des Reiches und Preußens - residierenden Kaiserfamilie zu verdanken. Denn laut Chronik war es ein Mitglied der königlich preußischen Familie, welches 1820 das bis dahin namenlose Dorf auf den Namen Heringsdorf taufte. Und eben diese Königs- , später Kaiserfamilie hatte den Ort zu ihrem persönlichen Feriendomizil gewählt. So gehörte es in gewissen Kreisen zum guten Ton, auch im Kaiserbad seine Ferien zu verbingen.

In jenen Jahren zählte Heringsdorf auf der Insel Usedom gerade 23 Gebäude mit etwa 90 Einwohnern.

Albert Hartwig, mein Urgroßvater, ist als Bau- und Glasermeister in der Gründerzeit Heringsdorfs zu einigem Besitz gekommen. In den Jahren ab etwa 1870 kam er an viele Aufträge. Zwei sich damals in seinem Privatbesitz befindende Pensionshäuser im Stil der Jahrhundertwende und ein Hotel zeugen noch heute davon. Trotz dieses bestimmt nicht alltäglichen Besitz-tums blieb Albert Hartwig zeitlebens ein tüchtiger, strebsamer, aber stets bescheidener Handwerksmeister.

Doch nun zurück zur Silvesternacht der Jahreswende 1894/95 in das Haus Lindenstraße. Der Jahreswechsel ist inzwischen vollzogen, in der Wohnstube ist es kühl geworden. Die Familie beendet mit guten Wünschen für das neue Jahr die kleine Feier.

Aus diesen Jahren ist außer den vorhandenen Bildern und Dokumenten sehr wenig aus der Geschichte der Familie bekannt. Urgroßvater Albert wird seiner Bau- und Glasertätigkeit nachgegangen sein. Im Sommerhalb-jahr füllen die Feriengäste das Haus; sie kommen meist aus Berlin und Stettin.

Mein Vater erinnerte sich später: *"Heringsdorf, in diesen Jahren als das Seebad der gehobenen, aristokratischen Gesellschaft bekannt, beherbergt in seinen Villen Leute von internationalem Ruf mit klangvollen Namen. Ich erwähne nur einige davon: Geheimrat Körte von der Charité Berlin, Professor Mommsen, Berlin, Dr.Hugo Delbrück. Letzterer spielt im Wer-den Heringsdorfs die größte Rolle. Wie es der Chronik zu entnehmen ist, gründet er 1872 eine Aktiengesellschaft Heringsdorf. Diese erwirbt für 115.000 Reichstaler das zum Badebetrieb Notwendige - also so gut wie alles im Strandbereich, dazu etwa 800 Morgen Wald. Und damit setzt - von Berlin aus gesteuert und in der Hauptsache wohl auch finanziert - eine Entwicklung ein, die Heringsdorf ganz nach vorn bringt - zum Kaiserbad. Wie immer in solchen Fällen benennt später das Seebad eine Straße nach seinem Förderer. Die Söhne dieses Mannes führen das Werk ihres Vaters fort. Der Sohn Werner war ein großer Ballonflieger seiner Tage. 1910 verunglückte er bei einem Flug vor Saßnitz tödlich.*

Daß weitere Verbindungen zum Geldadel jener Tage bestanden, beweist der Name Bleichröder vom gleichnamigen Bankhaus in Berlin. Auch ein Amtsgerichtsrat Jensch, höchster Richter von Prag, wohnt 18 Jahre lang hintereinander im Hause Lindenstraße. Und eine ganze Reihe von Namen, die uns heute nicht mehr allzu viel sagen, prägen in diesen Jahrzehnten den Ruf des Seebades Heringsdorf als Sommerdomizil einer gehobenen, aristo-kratischen Gesellschaftsschicht ..."

Zur geographischen Lage und den Verkehrsanbindungen der Inseln Usedom-Wollin in jenen Jahren mögen folgende Darstellungen beitragen.

Die nächste größere Stadt auf dem Festland ist Stettin (heute Szczecin). Durch das Kleine und Große Haff von den Inseln getrennt, ist sie auf dem Landwege etwa 75 km entfernt. Bis in die Hauptstadt des damaligen Reiches sind es etwa 200 km. Berlin ist in jenen Jahren über Landstraßen zu erreichen, die wir heute sicher nicht mehr als solche bezeichnen würden. Eine Reise in den ersten Jahren des neuen Jahrhunderts war natürlich nicht ganz unbeschwerlich.

Beide Inseln liegen im Oderdelta. Dieser Fluß mündet gleich hinter Stettin in das Kleine und Große Haff. Zum Ausfluß in die Ostsee teilt sich die Oder in drei Arme: Nach Norden blickend, links in den Peenestrom, dieser mündet bei dem Dorf Peenemünde in die Ostsee. Der mittlere Arm der Oder ist die Swine. Swinemünde ist Hafen- und Kreisstadt und ein bekannter Badeort jener Zeiten. 1)

Der dritte, östliche Arm ist die Dievenow. Die Ortschaft, wo sie in die Ostsee mündet, trägt den gleichen Namen. Für den Uneingeweihten sei noch erwähnt, daß es sich bei diesen genannten Armen letztlich immer um Oderwasser handelt und daher Begriffe wie Oderstrom, Oderarm oder andere Wortverbindungen immer mit dem Namen des Oderflusses gebraucht werden.

Die Seebäder der Insel Usedom reihen sich aneinander wie eine Perlenkette. Die bekanntesten - von Swinemünde ausgehend - sind Ahlbeck, Heringsdorf und Bansin (letzteres bis zum 2. Weltkrieg besonders ein Bad der Prominenz von Film und Bühne). Die anderen Badeorte bis hinauf in den westlichen Zipfel der Insel heißen Ückeritz, Koserow, Zempin, Zinnowitz, Trassenheide, Karlshagen und Peenemünde.

Es gab sowohl zur Zeit vor der und um die Jahrhundertwende und danach fast unverändert bis zum Kriegsende 1945 mehrere Möglichkeiten, auf die Insel Usedom zu gelangen. Eine war der Seeweg. Er führte von Stettin aus über das Haff nach Swinemünde, von dort bis zu den Bädern war es dann nicht mehr weit. Auf der Straße bis Ahlbeck fünf, bis Heringsdorf etwa acht und bis Bansin über zwölf Kilometer. Diese drei Bäder wuchsen - jedenfalls in den späteren Jahren - in der Strandlinie zusammen.

Selbstverständlich gab es auch einen Seeweg direkt über die Ostsee in den Hafen Swinemünde.

1) *Das Wort Swine ist der plattdeutsche Begriff für Schweine. In früheren Zeiten ließ man bei Niedrigwasser die Schweine im Morast des Flußgrundes nach Nahrung suchen.In einigen Veröffentlichungen taucht auch der Name Schwienemünde auf.*

Eine weitere Möglichkeit, auf die Inseln zu gelangen, war der Bahnweg. Die Bestrebungen, die Insel Usedom und besonders Swinemünde an das Eisenbahnnetz anzubinden, bestanden bereits Mitte des 19. Jahrhunderts. So hatte man den selbst für unsere Zeiten abenteuerlichen Plan eines Eisenbahndammes quer über das Haff hinweg ins Auge gefaßt. Realität wurde eine Bahnverbindung dann jedoch erst im Jahre 1876, wo eine durchgehende Strecke von Berlin über Ducherow und die Peenebrücke bei Karnin Swinemünde erreichte. Viel später, in den Jahren 1932/33, entstand dann Europas größte Eisenbahn-Hubbrücke, heute ein technisches Denkmal. Es ragt als Brückenrest weithin sichtbar über das flache Land und erinnert an diese ehemalige Bahnverbindung. Seit der Sprengung im April 1945 gibt es diese Bahnlinie nicht mehr.

Über den Bahnhof Swinemünde-Bad wurde diese Verbindung 1894 über Ahlbeck bis Heringsdorf weitergeführt, wo sie im noch heute bestehenden Kopfbahnhof endete. Sie verdankte ihre Entstehung außer rein militärischen Gesichtspunkten wohl auch der Tatsache, daß Heringsdorf bereits Mitte des 19. Jahrhunderts zum Kaiserbad avanciert war und damit eine durchgehende Bahnverbindung Berlin-Heringsdorf erhielt. Die Weiterführung dieser Bahnlinie auf der Insel bis Wolgaster Fähre erfolgte jedoch erst im Jahre 1911. Dabei ist der Grund dieser zeitlichen Verzögerung interessant. Dem Bau von Heringsdorf nach Bansin widersetzten sich die Heringsdorfer Stadtväter mit dem Argument, daß die damit verbundene Geräusch- und Geruchsbelästigung der illustren Badegesellschaft ihres Ortes nicht zumutbar sei. Erst nachdem durch das Herumführen der Bahngleise um den Präsidentenberg ein Ausweg gefunden war, konnte man - den Übergang über den Peenestrom mit einer Fähre in Kauf nehmend - auch von dieser Seite her auf die Insel gelangen.

Der Ausbau dieser Eisenbahnlinie sollte in den Folgejahren einem Familienmitglied - diesmal dem Großvater Wilhelm - ausreichend Arbeit und Brot bringen.

Vor dem Bau der Bahnlinie war man gezwungen, mit der Fähre bei Wolgast den Peenestrom zu überqueren und über die gesamte Bäderstraße mit einer Pferdedroschke sein Feriendomizil zu erreichen.

Eine zweite aus dem Inland kommende Bahnverbindung führte ab 1901 über Stettin, Gollnow und Wollin auf die gleichnamige Insel und weiter über Misdroy (poln. Miedzyzdroje) nach Swinemünde, dem bedeutenden Badeort auf der Insel Wollin. Hier endete die Bahnlinie zwangsläufig vor der Swine in dem zu Swinemünde gehörenden Ortsteil Ostswine (poln.

Warszow). Der gesamte Zug wurde auf eine Fähre gesetzt - man bezeichnete es als Trajekt - und setzte über die Swine auf die Insel Usedom, wo dann der Anschluß an die Bahnlinie nach Wolgast erreicht werden konnte.

Der Weg in das beliebte Feriendomizil und auf die Insel Usedom war also mit Strapazen verbunden. Dazu für damalige Verhältnisse sicher auch keine billige Angelegenheit, so daß es der sogenannten besseren oder wohlhabenderen Gesellschaft nur möglich wurde, ihre Sommerurlaube dort zu verbringen.

Nach diesen kurzen geschichtlichen und geographischen Betrachtungen über die nähere Umgebung Heringsdorfs und der Insel Usedom - dem Handlungs- und Lebensraum der Familie Hartwig - kehren wir zurück an den Ort des Geschehens in die Lindenstraße. Dort erwarten uns die nächsten Begebenheiten der Familiengeschichte.

Im Oktober 1896 heiratet Großvater seine Meta. Wieder ist die Vorderstube mit Familienmitgliedern und Bekannten gefüllt. Die frischvermählten Eheleute geben sich die Ehre. So bleiben wir gleich bei den frohen Familienfeiern und bei diesem Zweig der Familie. Bereits im Jahr darauf, im November 1897, erblickte ihr erster Sohn das Licht der Welt. Sie taufen ihn auf den Namen Georg, er wird mein Vater.

Das nächste - leider traurige - Ereignis findet im Juni 1901 statt. Die Vorderstube der Familie ist schwarz ausgeschlagen. Albert Hartwig, das urkundlich nachweisbar älteste Mitglied der Familie, war gegangen. Er fand seine letzte Ruhestätte in einem Erbbegräbnis auf dem Heringsdorfer Friedhof.

Mit dem Tode des Urgroßvaters geht das Bau- und Glasergeschäft an seinen Sohn Wilhelm über. Doch dieser hat, den vorliegenden Urkunden nach zu schließen, nur eine Meisterprüfung als Glaser. Offensichtlich erfolgte hier eine Trennung des Bau- und Glaserbetriebes. Es ist aber auch möglich, daß Albert Hartwig nach einem Bauboom in dem auslaufenden 19. Jahrhundert den Betrieb selbst auf eine reine Glaserei umstellte.

So geht das Leben und die Glaserei in Heringsdorf weiter. Und bald wird es ein Ereignis geben, welches eine Zäsur im beruflichen Leben aller nachfolgenden Hartwigs bedeuten sollte.

Um die Jahrhundertwende begann mit Riesenschritten die technische Weiterentwicklung eines Fortbewegungsmittels, das mehr und mehr Menschen in seinen Bann zog: das Automobil!

Geradezu vehement griff diese Entwicklung auch in die Geschichte meiner Familie ein, und es sollte eine Kettenreaktion geben, die über drei weitere Generationen hinweg einige Zweige der Familie erfaßt.

Der Familienstammsitz, Heringsdorf Lindenstraße. Das Bild muß etwa auf 1875 datiert werden, es zeigt den ursprünglichen Bauzustand.

Das Hotel Stadt Berlin. Hier eine Aufnahme aus der DDR-Zeit als HO-Gaststätte. Das Bild zeigt jedoch noch wesentlich besser den ursprünglichen Bauzustand als nach dem letzten Umbau.

Die Hubbrücke bei Karnin überspannt den Peene-Strom, es ist der Rest der einstigen Bahnstrecke von Ducherow auf die Insel Usedom. Den Gleiskörper gibt es noch, der Schienenstrang ist abgebaut. Hochgezogen auf 28 m befinden sich die Gleise und geben der Schiffahrt die Durchfahrt frei. Zum Anheben bzw. Absenken wurden nur 2 Minuten gebraucht.

Der Kopfbahnhof vom Seebad Heringsdorf. Im Zeitalter des motorisierten Individualverkehrs an Bedeutung verloren, fristet er ein Dasein als Überbleibsel der einstigen Querverbindung auf der Insel Usedom. Der nur wenige Kilometer entfernte Bahnhof des Seebades Ahlbeck und der Bahnhaltepunkt vor der polnischen Grenzstation sind hier heute die Endpunkte des bundesrepublikanischen Eisenbahnnetzes.

Urgroßvater Albert Hartwig zusammen mit seinem Enkel Georg am Badestrand von Heringsdorf, Mitte 1900. Ein Jahr vor seinem Tode.

Glasermeister Wilhelm Hartwig mit seiner frisch angetrauten Meta. Diese junge Frau ist meine Großmutter väterlicherseits. Der stolze junge Mann brachte die Familie an das Automobil. Ein Modeattribut jener Zeit: Der steife, hochstehende, Kragen, der sogenannte Vatermörder.

KAPITEL 2

Wie die Familie an das Auto kam

Begonnen hat alles mit einem zufälligen Ereignis. Es kann an einem Maitag des Jahres 1907 gewesen sein. Doch dazu die Worte meines Vaters: *"Dieses Ereignis bestimmte im Endeffekt meinen Lebensweg, den meines Bruders und schließlich auch den meines Sohnes. Wir alle kamen vom Auto nicht mehr los. So wurde mit diesen handelnden Personen über die Generationen hinweg ein Zeitraum überbrückt, in dem wir auch die Entwicklungsgeschichte von Kraftfahrzeugen, Motorrädern und deren Motoren erleben werden."*

Dazu zurück in das Kaiserbad Heringsdorf. Wann immer sich der Kaiser vom Regieren ausruhen wollte oder mußte, wenn die Nordland-Fahrten oder Besichtigungen seiner geliebten Flotte anstanden, zog es den Kaiser an die Gestade der Ostsee. Eben nach Heringsdorf.

Ein eigenes Domizil besaß die kaiserliche Familie in Heringsdorf nicht. Es hatte bereits Mitte des 19. Jahrhunderts mit den königlichen Vorfahren einige Mißstimmung und Verärgerung über diesen Feriensitz gegeben. Was jedoch die Vorliebe des späteren Kaiser Wilhelm, für diesen Badeort keineswegs trübte. Ein prachtvolles Gebäude gehörte Elisabeth Staudt, einer Konsulwitwe mit entsprechendem Stammbaum. Die Heringsdorfer jener Jahre erklärten sie kurzerhand zur Mätresse des Kaisers. Inwieweit sie - außer der Bruthitze im sommerlichen Berlin - die anziehende, nach Heringsdorf ziehende Kraft war, entzieht sich meiner Kenntnis. Jedenfalls fanden die kaiserlichen Besuche in einiger Regelmäßigkeit statt.

Und so konnte auch eine Geschichte ihren Anfang nehmen, die im Frühsommer 1907 das Leben eines seiner Untertanen, nämlich meines Großvaters Wilhelm, und damit der ganzen Familie Hartwig entscheidend verändern und in Zukunft bestimmen sollte.

Wir finden uns also an einem herrlichen Maitag 1907 in Heringsdorf ein. Es ist ein großer Tag für den Ort und seine Gemeindemitglieder. Der Kaiser und Gefolge nahen zu einem Besuch des Bades. Und das Besondere daran? Die Zeit der Pferdekutschen ist - wenigstens für kaiserliche Gnaden - vorbei. Automobile haben in diesen Kreisen die Transportaufgaben übernommen. Dennoch wird der kaiserliche Sonderzug sicher mit seinen Salonwagen die Strecke von Berlin bis Swinemünde oder dem Bahnhof Heringsdorf zurückgelegt haben. Mit dem Automobil werden also lediglich die letzten Kilometer bewältigt. Es ist schulfrei gegeben in der einklassigen Schule des Örtchens.

Und so steht auch der neunjährige Georg an der Hand seines Vaters unter den Schaulustigen und wartet auf das große Ereignis, die Ankunft des Kaisers. Sie stehen am Straßenrand in Höhe des Präsidentenberges. Es ist ein Hügel - für diese von der Eiszeit flachgeschliffene Landschaft fast ein Berg - an der nach Neuhof/Bansin führenden Straße. Die Lindenstraße liegt unmittelbar davor, und Großvater mußte nicht weit gehen, um von bevorzugter Stelle seinem obersten Landesherrn zujubeln zu können. Er wird auch sicher seiner Arbeit nicht länger fortbleiben, als bis Kaiser und Gefolge vorübergerollt sind.

Am Fuße des Berges ertönt jetzt Jubel. Gruppen brechen in Hurra-Rufe aus, und da tauchen auch bereits die ersten Fahrzeuge der kaiserlichen Kolonne auf. In diesem Sommer 1907 tragen die Automobile schon Namen aus dem Hause Daimler-Benz oder Opel, jedoch auch von Autofirmen, die heute kaum noch einer kennt.

Auch Großvater reißt seine Mütze vom Kopf, schwenkt sie unter Hurra- und Hochrufen und sieht sich dann - ich hoffe es jedenfalls für ihn - seinem allmächtigen Kaiser gegenüber, der huldvoll lächelnd die Begeisterung seiner Landeskinder quittiert. Doch schon ist die Kolonne vorüber, zumindest die ersten Wagen mit und nach dem Kaiser. Und dann geschieht es! Eines der Fahrzeuge kommt nicht vorbei. Fauchend und blubbernd bleibt es am Straßenrand stehen, keine zehn Schritte vom Standplatz Großvaters entfernt. Schon springt der Chauffeur heraus. Dieser mit der Technik vertraute Mann öffnet also zunächst die Motorhaube und wirft einen sachkundigen Blick auf die Maschinerie.

Schnell spricht es sich in der dichter werdenden Menschentraube herum: Es fehlt ganz einfach und schlicht am Kraftstoff - den man in diesen Jahren noch Gasolin nennt. Helfen möchte natürlich jeder, denn Hilfe in einer solchen Situation ist ja fast staatsbürgerliche Pflicht! Diensterfüllung am Vaterland! Aber wie? Eine Tankstelle kennt man in Heringsdorf noch nicht. Benzin führt man in jenen Zeiten in Kanistern mit, die auf den Trittbrettern befestigt sind. Ob am Ende der Platz an diesem Automobil für andere Dinge zweckentfremdet war? Jedenfalls ist kein Kraftstoffvorrat vorhanden.

Jetzt schlägt Großvaters große Stunde. Er weiß in seiner Glaserwerkstatt einen Kanister Benzin - wofür wohl auch immer - und bietet dem Chauffeur und seinem zwischenzeitlich danebenstehenden Herrn an, schnellstens diesen Kraftstoff herbeizuschaffen. Froh, einem längeren Fußmarsch und Zeitverlust zu entgehen, stimmen diese zu, und Großvater ist schneller als erwartet zurück. Man füllt den Kraftstoff auf und nach einigen Startversuchen, wozu man ja damals noch die Kurbel schweißtriefend drehen mußte, springt der Motor wieder an. Doch auch hier muß alles seine Ordnung haben. So fährt der kaiserliche Hofrat, wer auch immer er gewesen sein mag, natürlich nicht von dannen, ohne Großvater genaue Angaben über Art und Anschrift der Rechnungsstellung übermittelt zu haben. Und damit wäre eigentlich dieses Kapitel gelaufen.

Aber dem ist nicht so. Und so stelle ich mir heute vor, wie es weiter gegangen sein könnte. Großvater war nicht nur ein tüchtiger Glasermeister, er war auch ein geschäftstüchtiger Mann.

Er stellte nicht nur die Rechnung an die kaiserliche Residenz in Berlin, sondern formulierte ein Anschreiben. Das Schreiben selbst existiert nicht mehr, doch die Auswirkungen werden alsbald sichtbar. Großvater schrieb wohl sinngemäß, daß sich ein solcher bedauerlicher Zwischenfall nicht wiederholen solle. Er könne dafür sorgen, daß in Heringsdorf in Zukunft Gasolin in ausreichender Menge zur Verfügung stehen würde. Allerdings fügte er eine Bedingung an, daß er sich fortan als kaiserlich-königlicher Hoflieferant von Gasolin bezeichnen dürfe. Und das Wunder geschieht. In einem Schreiben mit kaiserlichem Wappen und sicher irgendwie beurkundet, kommt aus Berlin ein Brief, welches eben diesem Wunsche entspricht. Großvater war von Stund an kaiserlich-königlicher Hoflieferant von Benzin. Er hatte sozusagen eine Tankstellenkonzession.

Ebenso schnell wie das Schreiben nach Berlin entwarf Großvater Wilhelm ein Reklameschild mit eben diesem Privileg und stellte es vor dem Haus in der Lindenstraße auf. Der nächste Schritt zur Verwirklichung einer Tankstelle war der Bezug eines Fasses Benzin nebst einer Faßpumpe. Großvater taufte dann seine vorhandenen Abstellräume für die Pferdedroschken seiner Gäste auf Garagen um, schaffte wohl auch noch so manches Faß Öl an - der Verbrauch dieses Stoffes stand in jenen Jahren dem von Benzin kaum nach - und ließ sich den Begriff Reparatur-Werkstatt einfallen. Zu seinem redlich erworbenen Titel Glasermeister kam ein selbstverliehener hinzu: Er nannte sich nun auch Garagenbesitzer - von Kaisers Gnaden könnte man ergänzen!

Und nun ging es Schlag auf Schlag in Richtung auf das Automobil. Das tägliche Streben umwarb nicht nur die Pensionsgäste, sondern mehr und mehr auch deren Automobile. Die Fahrer mit ihren Luxuskarossen kamen zum Tanken in die Lindenstraße und brachten ihre Fahrzeuge in den Garagen unter. So entstand etwas, was damals in Heringsdorf und auch heute noch in der Welt einem ganzen Gewerbe seinen Namen gibt - eine Garage. Heute in manchen Ländern bekannt als Auto- oder Kraftfahrzeug-Werkstatt. In Anlehnung an den Straßennamen erfand Großvater auch gleich einen weiteren Begriff: Er setzte der Bezeichnung Villa Hartwig das Wort Linden-Garage hinzu.

Die Fahrer, in den Zeiten des Aufenthaltes ihrer hohen Herrn zum Zwecke der Entspannung und Erholung im Seebad sicher nicht voll ausgelastet, sahen alsbald den Hof Lindenstraße als Mittelpunkt zur Pflege und Wartung der Fahrzeuge an. Ein Teil von ihnen wohnte auch im Hause - wahrscheinlich in den Dachmansarden, auf dem Reklameschild als schöne Zimmer bezeichnet.

Und um die Fahrzeuge herum - manchmal sicher auch unter ihnen - schlich ein Knabe, mein Vater. Mit kleinen Besorgungen und Handreichungen für die Fahrer, Hilfe beim Messing-Putzen der riesigen Scheinwerfer, Hupen und Zierteile sich nützlich machend. Nach seinen späteren Angaben gab es dafür auch manchen Groschen. So wurde er fast zwangsläufig das, was schließlich für uns alle, die wir seinem Wege folgten, wichtig war: technikbesessen.

Wenn auch für den Glasermeister Wilhelm Hartwig außer der Tatsache, daß er diese Entwicklung eingeleitet hatte, kaum eine wesentliche Änderung seines Arbeitsbereiches eintrat, so hat er doch - ohne es zunächst zu wissen und zu wollen - unsere Familie an das Automobil gebracht.

So etwa haben wir uns die Automobile kurz vor und nach der Jahrhundertwende vorzustellen. Während der Chauffeur - mit Gamaschen an den Beinen und in Dienstkleidung - fast im Freien saß, gab es für Euer Hochwohlgeboren bereits ein geschlossenes Wagenteil. Auf dem Trittbrett vorn der Kasten für die Karbid-Beleuchtung, eine Quelle steten Ärgernisses. Beachtenswert auch die gewaltige Hupe auf dem Vorderkotflügel und das Sprachrohr links vom Kopf des Chauffeurs zur Entgegennahme der Anweisungen aus dem geschlossenen Wagenkasten - wie auf der Kommandobrücke eines Dampfers!

Man sah es den Autos deutlich an, daß sie zunächst aus der Werkstatt von Kutschwagenbauern stammten. Viele Attribute aus dem Stellmacherhandwerk waren übertragen. Die Hutschachtel auf dem Wagendach nahm das oder die Reserveräder auf. Alle karbidbetriebenen Leuchten waren sorgfältig abgedeckt, damit das mühsam blankpolierte Messinggehäuse keinen Schaden nahm. Das Kennzeichen HH für Hamburg.

*Hier hat man selbst auf die sonst wenigstens spärlich vorhandene vordere
Abdeckung des Fahrerraumes verzichtet, der Chauffeur saß schlicht im Freien.
Ohne geschulten Kraftfahrer war ein solches Gefährt ohnehin nicht zu betreiben.
Auch so etwas wie eine Dachreling unserer Tage gab es bereits in den
Anfangszeiten. Das Kennzeichen IA steht für Berlin.*

*Nochmals ein besonders schöner Veteran. Es ging luftig zu in den Anfängen der
Motorisierung. Bei derart offener Bauweise ließen sich die Sitze nur in Leder
sauber halten. Auch hier stammten nicht nur die Seitenleuchten aus
der Zeit des Kutschwagenbau.*

Seebad Heringsdorf

—— Lindenstrasse No. 4. ——

Automobil-Garagen

Benzin und Oelstation.

Schöne Zimmer für Chauffeure. o Auf Wunsch volle Pension.

Beste Waschgelegenheit.   Elektr. Licht in den Garagen.

Kleine Reparatur-Werkstatt.   :-:   Telefon No. 349.

Wilhelm Hartwig

Glasermeister und Garagenbesitzer.

Ein Reklameschild der Linden-Garage datiert mit 1908, also ein Jahr nach dem beschriebenen Ereignis. Es hört sich schon fast mehr nach einer Auto-Werkstatt an, die letztendlich auch dabei heraus kam. Allerdings erst eine Generation später. Aber der Grundstein war gelegt.

Wilhelm Hartwig als Garagen-Besitzer. Er probt hier schon einmal das Gefühl eines Priveligierten mit Chauffeur. Am Fahrzeug auch hier zu beachten die Karbidlampen, die große Hupe auf dem Vorderkotflügel und die beiden umwickelten Reservereifen für die Holzspeichenräder.

Auch das gab es bereits mit dem Auftauchen des Automobils - Unfälle. Ein Frontal-Zusammenstoß zweier Veteranen. Da es keine Knautschzonen gab, sah es aus wie nach einem Eisenbahnunglück. Die tonnenschweren Boliden verkeilten sich ineinander. Die Insassen wurden meterhoch durch die Luft geschleudert oder zerquetscht. Die Überlebenschancen waren selbst bei Geschwindigkeiten von etwa 30 km/h sehr gering. Der Rest war Edelschrott. Er würde heute bei einer Auktion Traumpreise erzielen.

Etwa 1909. In der Bildmitte der Großvater. Stolz posieren die Fahrer dieser Veteranen, sowie Dienstpersonal, welches im Hause wohnte. Das Foto entstand auf dem Hof der Villa Hartwig.

KAPITEL 3

Vom Lehrling zum Unternehmer

Zunächst spielt die Geschichte der Familie Hartwig weiter in Heringsdorf. In diesem Zusammenhang möchte ich auf handschriftliche Aufzeichnungen hinweisen, die mein Vater hinterlassen hat. Sie sind für mich der Grundstock für einen Teil der Familiengeschichte. Ergänzen kann ich sie durch Ereignisse, die mir durch Gespräche mit Vater überliefert wurden. Irgendwo setzt dann auch eigenes Erinnerungsvermögen ein.

Der technische Fortschritt, der auf die Insel Usedom kam, zeigte sich nicht nur in den Automobilen, sondern bestimmte in den folgenden Jahren das beginnende neue Jahrhundert.

In den Jahren 1905/06 bekommt Heringsdorf ein eigenes Elektrizitätswerk. Es wird in der Lindenstraße, gegenüber der Villa Hartwig gebaut. Für meinen Vater und seine Schulkameraden ein großes technisches Ereignis. Dampfmaschinen und Dynamos wurden angeliefert und eingebaut, ein Kesselhaus erstellt. Irgendwo draußen in der großen weiten Welt mußte es Fabriken geben, die so etwas herstellten. Wenn dieser Badeort nicht Kaiserbad gewesen wäre, hätte man sicher diese und manch andere technische Errungenschaft nicht oder erst sehr viel später zu Gesicht bekommen.

In diesen Jahren entstehen auch größere Bauten in Heringsdorf oder vorhandene werden erweitert. So zum Beispiel das Kurhaus Atlantik. 1906 entsteht die Bismarckwarte, eine Gedächtnisstätte in Form eines begehbaren Turmes auf dem Präsidentenberg. Ebenso eine Badeanstalt zur Verabreichung von See- und Solebädern zu Heilzwecken. Von allen diesen Bauten profitiert in diesem neuen Jahrzehnt auch mein Großvater als Glasermeister.

Doch noch viel nachhaltiger wirken andere Ereignisse auf Vater. Er notiert dazu: *"Mit der Bahn wird ein seltsames Gebilde angeliefert. Mit diesem erscheinen Orville und Wilbur Wright, zwei Amerikaner. (Wahrscheinlich 1907/08, während ihrer Europa-Reise). Auf der Trabrennbahn bei Gothen - zu Fuß gut von Heringsdorf aus zu erreichen - bauen sie ihren Apparat zusammen. Ein Gebilde aus Holz, Draht und Stoffbespannung. Den Menschen am Rande der Rennbahn verschlägt es den Atem. Da bewegt sich dieses Gebilde - man nennt es Aeroplane - über die Graspiste, kommt vom Boden frei und fliegt. Es beschreibt einen großen Bogen einige Meter über der Grasnarbe und kommt dann tatsächlich heil wieder unten an. Von nun ab sollten diese Flugtage regelmäßig stattfinden. Und bereits 1909 erscheint der Deutsche Hans Grade mit seinem Eindecker. Er startet auf der Rennbahn, fliegt über Heringsdorf auf die See hinaus, umrundet die Seebrücke, auf der ihm Hunderte Schaulustige zujubeln, und kommt heil auf die Startpiste zurück."*

Vater konnte diese Technik aus ihren Anfängen heraus miterleben, und er wird die Entwicklung in dem folgenden Jahrzehnt und später in den 30er Jahren den Beginn der Luft- und Raumfahrt verfolgen.

Ein weiteres technisches Großprojekt prägt sich in diesen Jahren um 1911 faktisch hautnah ein. Großvater hatte die Glaserarbeiten an sämtlichen Bahnhöfen der Bäderlinie in Auftrag bekommen. In seiner Freizeit und in den Ferien durfte - heute würde man sagen: mußte - Vater mit, wenn es mit Pferd und Wagen, sicher auch manchmal mit der Eisenbahn, beladen mit Material zusammen mit einigen Gesellen hinaus zu den Bahnhöfen zwischen Heringsdorf und Wolgast ging. Die Bahnstrecke zwischen Swinemünde und Heringsdorf war bereits 1894 gebaut. Jetzt erhielten die Badeorte Bansin usw. bis hinauf nach Wolgast-Fähre ihren Anschluß. So wurde die Welt zunehmend größer.

Die Enge eines - besonders außerhalb der Badesaison - sicher dörflichen und eintönigen Lebens erweiterte sich und damit der Horizont. In der Schule hatte Vater keine Schwierigkeiten. Seine Zeugnisse liegen mir vor, und ich muß gestehen, daß ich später über solche Zensuren froh gewesen wäre. Zu meiner Entschuldigung möchte ich gleich anfügen, daß sicher die Schule von Heringsdorf in jenen Jahren nicht mit den Ansprüchen des Gymnasiums von Swinemünde zu meiner Zeit zu vergleichen ist.

Doch weiter in der Familienchronik.

Zwischenzeitlich waren auch zwei Brüder zur Welt gekommen. 1904 der Paul und 1905 der Willy. Als der große Bruder hatte Vater natürlich Verpflichtungen den Kleinen gegenüber. Daß es nicht immer gut ging, belegt folgende Geschichte: Die drei Jungen hatten einen alten Kinderwagen aufgetrieben, mit dem es sich vortrefflich spielen ließ. Der Hof Lindenstraße liegt zur Straße etwas tiefer. Ein breiter Fahrweg führt hinunter, wo die linke Hoffläche hauptsächlich von der Glaserei und den Nebengebäuden in Anspruch genommen wurde. Im Hintergrund des Hofraumes standen ausschließlich Garagen. Das Spiel der Jungen bestand nun darin, einen - am besten aber alle zwei - der Kleinen im Kinderwagen unterzubringen und in voller Fahrt über die Einfahrt in den Hof hinunter zu stürmen. Und es kam, wie es wohl kommen mußte. Einmal bekamen sie - wie man so sagt - die Kurve nicht, und der Kinderwagen landete samt Inhalt an der Seitenwand der Glaserei inmitten dort abgestellter Fenster, die teils auf Bearbeitung warteten, teils wohl auch schon fertiggestellt waren. Der Glasbruch war erheblich. Doch die Jungen blieben unverletzt, und es gab kein Strafgericht.

Vater erwähnte es oft bei seinen Erzählungen, und auch seine Aufzeichnungen heben diesen Punkt hervor. Großvater war ein gutmütiger, geduldiger Mann mit viel Verständnis für solche Streiche, während Großmutter Meta ihren Buben schon mal eine Ohrfeige verpaßte.

Man schrieb den 24. September 1911. Wieder fand das Ereignis in der Vorderstube statt. Die Zusammenkunft der Familienmitglieder galt diesmal dem Sohn Georg, also meinem Vater. Seine Konfirmation wurde gefeiert. Vor vier Tagen war Schulabschluß, nun trägt er die ersten langen Hosen seines Lebens. Aber der Tag hatte nicht nur eine feierliche Seite, neue Probleme drängten sich bereits seit längerem in den Vordergrund: Welchen Beruf sollte der Junge einschlagen? Es war hier schon mehrmals von einer heimlichen Liebe zur Technik die Rede, ausgelöst durch die umwälzenden Erfindungen am Ausgang des 19. Jahrhunderts. Eisenbahn, Schiffbau, Automobile, Flugzeuge strebten mit Riesenschritten in der Entwicklung und zur Vervollkommnung weiter. Überall aber standen Motoren im Mittelpunkt der Geschehnisse, und so reifte in dem jungen Mann der Wunsch, etwas von Motoren verstehen zu lernen.

Großvater, als Glasermeister sicher nicht von der neuen Technik ergriffen, sondern eher dem soliden, auf Tradition bauendem Handwerk verbunden, widersetzte sich jedoch zu keiner Stunde den Wünschen seines Sohnes

Georg. Schließlich war er es ja selbst, der die Automobile auf den Hof geholt hatte, und sicher sah auch er die Perspektive eines solchen Berufes. In Heringsdorf bestand keinerlei Aussicht auf eine Lehrstelle in einem technischen Beruf. Außer den weiterhin regelmäßigen Besuchen des Kaisers und seines Gefolges und den sicher glanzvollen See- und Flugparaden während der Anwesenheit der hohen Herren kam die Technik nicht in diesen Badeort. Die Wurzeln dieser Entwicklung lagen in jenen Jahren im Sächsischen, im Ruhrgebiet und im schwäbischen Raum. Und Großvater besann sich eines Verwandten, des Bruders seiner Frau Meta. Dieser betrieb in Chemnitz ein Kolonialwarengeschäft. Dort gab es entsprechende Fabriken. So korrespondierte er mit seinem Schwager Paul, und schließlich war es soweit:

Am 27. September 1911 wurden die Koffer gepackt, nur drei Tage nach der Konfirmation. Man hatte also rechtzeitig genug die Bemühungen um eine Lehrstelle eingeleitet. Großvater nutzte die Aktion seinerseits zum Besuch der Verwandtschaft. Vater wurde vom Onkel Paul und Tante Hedwig, sie hatten selbst keine eigenen Kinder, aufgenommen wie ihr eigener Sohn.

Bei meinen Nachforschungen zu unserer Familiengeschichte fielen mir auch alte Unterlagen, einige Aufzeichnungen, Lohn-Abrechnungen meines Vaters in die Hände. Sie verdeutlichen einen Teil seines beruflichen Werdegangs und sind es wert, darüber zu berichten:

Die Maschinenfabrik Kappel in Chemnitz wurde von nun an seine Lehrstelle. Die Firma beschäftigte 2500 Mitarbeiter. Man baute Holzbearbeitungsmaschinen, Tüllwebstühle, Strickmaschinen. Rohöl- (heute Diesel-) Motoren und später auch Schreibmaschinen. Die Fabrik verfügte über ein eigenes Kraftwerk, eine Eisengießerei, Modelltischlerei und Eisenbearbeitungsmaschinen jeglicher Art - also Technik ringsum. Auf seinen eigenen Wunsch kam Vater in die Abteilung Motorenbau. Sie wurde von einem Oberingenieur geleitet, der selbst viele Jahre unter Rudolf Diesel gearbeitet hatte. Man war den Erfinderjahren gerade erst entronnen, und viele Männer der ersten Stunde wirkten noch. Mein Vater baute in seinen Lehrjahren mit an Motoren von 4 bis 80 PS Leistung. Die Lieferung erfolgte für alle möglichen Einsatzzwecke in eine technisch aufstrebende Welt. Sein besonderes Interesse galt jedoch bald den Großmotoren für den Schiffbau. Sah er sich doch in seinen Träumen stets als Maschinist zur See fahren. Einige von Vaters Lohntüten aus seiner Lehr- und Gesellenzeit sind erhalten geblieben. Ein Wochenlohn von 4,-- Mark, zuzüglich ein Aufgeld von 8,-- vom Meister.(Der Meister wurde nach einem Akkord- oder Stück- lohn entlohnt. Soweit Lehrlinge ihm halfen, diesen Lohn zu steigern, gab er ihnen etwas ab - das war dann das Aufgeld.) 11,42 Mark als Lehrlings- entgelt von 1914. Die Arbeitszeiten lagen zwischen 65 und 70 Stunden pro Woche. Der Beitrag für die Invaliden- und Altersversicherung 0,24, der Krankenkassenbeitrag 0,60. Das sind bei einem Brutto-Lohn von 96,-- Mark zusammen noch nicht einmal 1 %!

Am 30. September 1914 beendete Vater seine Lehre und fuhr nach Heringsdorf zurück. Seine Lehrstadt Chemnitz behielt er ein Leben lang in guter Erinnerung.

Der 1.Weltkrieg befand sich in seinem Anfangsstadium. Das von allen Gästen verlassene Heringsdorf dürfte in diesen Herbsttagen einen mehr als trostlosen Eindruck bei einem jungen Mann hinterlassen haben, der mit einem frisch erworbenen Gesellenbrief in der Tasche nach neuen Betäti- gungsfeldern suchte. Also setzte er sich hin und schrieb eine Bewerbung an die Benz-Automobilwerke in Mannheim. Der Bescheid kam postwendend: Er konnte anfangen.

Am 4. Dezember 1914 begann Vater seine Tätigkeit im Autobau bei Benz. Diese Arbeit gab viele neue Impulse, sie sollte der Grundstock für seinen gesamten beruflichen Lebensweg sein. Die Produktion geriet - wie bei allen Autowerken in den Kriegsjahren - mehr und mehr unter militäri- sche Aspekte. Doch bald hieß es, diese Arbeitsstelle wieder zu verlassen. Die Einberufung zum Militär stand bevor. Wenn schon Kriegsdienst, dann unter seinen pommerschen Landsleuten! Das entnehme ich den Aufzeich- nungen meines Vaters aus dieser Zeit. Eine weitere Bewerbung war fällig, diesmal blickte er sich in heimatlichen Gefilden um. Die neue Arbeitsstelle hieß: Vulcan-Werft in Stettin. Die Werft war damals für Stettin etwa das, was Blohm &Voss für Hamburg war. Es wurden bis zum 1. Weltkrieg Fracht- und Passagierschiffe gebaut, daneben gab es eine eigene Abteilung Groß-Schiffsmaschinen. Im Februar 1915 trat Vater die Arbeit dort an, auf seinen Wunsch hin und auf Grund seiner Ausbildung natürlich im Motoren- bau. Es wurden Schiffsmotore von 400 bis 1200 PS gebaut, sowohl zum Antrieb der Schiffe selbst als auch Aggregate. Auch hier zeigte der Krieg bereits seine Spuren, in Serie wurden U-Boot-Diesel gefertigt.

Im Sommer 1915 schickte man Vater mit zwei weiteren Monteuren nach Wilhelmshaven. Auf Reede lag der Panzerkreuzer Großer Kurfürst.

Hier bauten sie Diesel-Motore an Aggregate zur Stromerzeugung ein. Sie wohnten an Bord, und es waren erlebnisreiche Tage.

Eine Auswirkung hatte dieser Abstecher zur Marine. Vater bemerkte bereits während der Überfahrt zum Panzerkreuzer, daß er schwer unter der Seekrankheit zu leiden hatte. Der Traum vom Schiffsmaschinisten auf großer Fahrt starb in diesen Wochen.

Die Zeit verging schneller als gewünscht, bereits im Februar 1916 ging die beruflich so erfüllende Arbeit zwangsweise zu Ende, das Militär meldete sich. Vater wurde in Stettin gemustert und am 2. März 1916 zum Fußartillerie-Regiment Nr.2 nach Swinemünde eingezogen. Er hatte jedenfalls in diesem Fall erreicht, was er wollte. Wenn schon Militär, dann nur mit Kameraden aus der Heimat. Seine Ausbildungsstätte in Swinemünde lag unmittelbar am Strand, wo in die Dünen die Geschützstellungen eingebaut waren.

Den Waffenstillstand erlebte Vater auf dem Marktplatz in Mecheln in Belgien am 9. November 1918. Von dort aus erreichte er noch einen der letzten nach Berlin abgehenden Züge. Es schloß sich eine kurze Dienstzeit in Landsberg an der Warthe an. Dann war auch in den Papieren und hochoffiziell die Dienstzeit zu Ende, Vater war Zivilist. Zivilist war gut - aber arbeitsloser Zivilist war schlecht. Vater hatte wiederum Glück bzw. den richtigen Beruf erlernt. In Swinemünde hatte sich gleich nach dem Kriege ein Mann namens Max V. selbständig gemacht. Er kaufte - hauptsächlich in Stettin und Berlin - von den Schrottplätzen der untergegangenen Armee Lkw-Motore auf, baute sie etwas um und dann den Kleinfischern in die Boote ein. In die Heuer, wie man diese kleinen Fischerboote nannte. Mit ihnen wurde vor der Küste und im Oderdelta gefischt. Aal, Scholle, Flunder und alles, was in Netze und Reusen ging, war die Beute. Den Fisch verkauften die Frauen der Fischer auf Marktständen direkt am Hafen.

Für diesen Max V. war Vater der richtige Mann. Er verstand etwas von Motoren und aus seiner Stettiner Werftzeit auch etwas von Booten, wenn auch von wesentlich größeren. Anfang 1919 nahm Vater dort seine Arbeit auf. Die hölzernen Boote wurden zum Einbau der Motore auf den Hof der Firma geholt, kleinere Ein- oder Umbauten und Reparaturen machte man direkt am Liegeplatz der Boote im Hafen. Das Geschäft florierte, jedenfalls für Max V. Aus dem anfänglichen Zwei-Mann-Betrieb wurde in der Folgezeit eine kleine Firma mit acht Mitarbeitern. Vater brachte auch seinen Bruder Willy - der inzwischen die Schulzeit beendet hatte - als Motorenschlosser-Lehrling dort unter. Und auch eine weitere Neueinstellung seines Arbeitgebers sollte Auswirkungen haben, zunächst für Vater und in der Folgezeit auch für mich. Um der angestiegenen Papierflut Herr zu werden, stellte die Firma eine junge Kontoristin (Buchhalterin würde man heute sagen) ein, ihr Name war Gertrud (meine spätere Mutter).

Eine weitere Folge dieser Entwicklung war Anfang 1920 der Umzug von Heringsdorf nach Swinemünde.

So hätten also alle zufrieden sein können. Der Chef verdiente gutes Geld, Vater hatte eine zufriedenstellende Arbeit und die Angebetete in unmittelbarer Nähe. Doch wie es so geht im Leben, wer kann schon vertragen, wenn es ihm gut geht? Max V. konnte es auch nicht. Seine Einkaufsfahrten dienten im steigenden Maße Damenbekanntschaften, und diese werden wohl in nicht wenigen Fällen teuer geworden sein. Jedenfalls teurer, als es der Ein- und Verkauf von Bootsmotoren erwirtschaften konnte. So war trotz florierender Geschäfte ein Ende abzusehen, und der Chef sah es wohl auch. Als letzte Rettung in der Not - vielleicht auch auf der Flucht vor seinen Gläubigern - sah er den Verkauf der Firma an.

Auf seinen Einkaufsfahrten nach Berlin hatte er Interessenten gefunden. Am 8. Januar 1920 übernahmen drei Ingenieure die Firma. Vater wurde der Werkstattleiter. Aber der Betrieb brauchte keine Ingenieure, er brauchte Handwerksmeister, die auf dem Boden der Tatsachen standen und vor allen Dingen gegenüber den Kunden - urwüchsigen, bodenständigen, plattdeutsch sprechenden Fischern - den richtigen Ton fanden. Diese Herren fanden ihn nicht. Es waren bald nicht wenige der Kunden der Meinung, daß Vater besser den Betrieb übernehmen solle. Er kannte die Kundschaft, er verstand etwas von der Technik, die hier gefragt wurde, er war zweifellos der richtige Mann. Plattdeutsch sprechen war allerdings auch nicht seine Sache. Keiner aus unserer Familie sprach es - aber wir verstanden die Leute. Und als auch noch einer der Kunden einen Werkstattraum - zwar nur eine Bretterbude - zur Verfügung stellte, waren die Würfel gefallen.

Am 1. Oktober 1920 quittierte Vater dann den Dienst bei den Nachfolgern des Herrn V., und am 1. Dezember des gleichen Jahres schloß diese Firma ihre Pforten.

Der Sprung in die Selbständigkeit war für meinen Vater ein großes Wagnis. Ein alter Bretterschuppen und ein Kasten altes Werkzeug nennt Vater sein Startkapital. Was immer wir uns darunter vorzustellen haben, selbst die bescheidensten Erwartungen werden wahrscheinlich durch die Wirklichkeit noch weit unterboten. Als Anschaffung wird eine Tretbohrmaschine genannt, gebraucht für 35,- Reichsmark gekauft. Als sozusagen menschliches Inventar geht der Bruder Willy mit. Und das war es dann auch schon. Der Rest war Idealismus und Arbeitsgeist, aber davon reichlich!

Das Geschäft lief gut an. Die Fischer gaben eine Anzahlung auf den vereinbarten Preis des Auftrags. Vater fuhr damit zu den bereits erwähnten Bezugsquellen ausgedienter Motore nach Berlin, und dann ging es an den Umbau. Reparaturen füllten die übrige Zeit, die bald knapp wurde. Schon nach kurzer Zeit wurde klar, daß eine größere Werkstatt vonnöten war. Vater sah sich in Swinemünde um. In der Lindenstraße, gegenüber dem Rathaus wurde er fündig. 24 m² mit entsprechendem Hofraum, wo die Boote gelagert werden konnten.

Trotz allem wirtschaftlichen Aufbauschwungs hatte das Leben natürlich auch eine private Seite. Außerdem fehlt uns noch die Schilderung der Herkunft der Familie mütterlicherseits. Hierzu folgende Episode:

An einem schönen Herbstsonntag ist Georg Hartwig mit seinem Motorrad in die Mühlenstraße in Swinemünde gefahren, dem Elternhaus seiner Freundin Gertrud. Derweil sich diese vor dem Spiegel den letzten Schliff gibt, haben wir Zeit, uns mit den Eltern, der Familie Albert, vertraut zu machen. Denn schneller als heute waren die Frauen damals sicher auch nicht. Das Haus liegt in der Mühlenstraße. Sein Eigentümer heißt Wilhelm Albert, als Beruf ist Fuhrwerksbesitzer eingetragen.

Die Familie Albert hat vier hübsche Töchter im besten Heiratsalter, sie heißen - dem Alter nach - Emmy, Lisbeth, Grete und Gertrud. Die anderen lernen wir im Verlaufe der Erzählung als Tanten und dementsprechend ihre Ehemänner als Onkel kennen. Sie werden sämtlich in der Geschichte der Familie Hartwig eine Rolle spielen.

Alle Ursprünge dieses Familienzweiges mütterlicherseits reichen bis in die Mitte des 19. Jahrhunderts zurück. Als Geburts- und Wohnorte werden auch hier genannt: Gothen, Zirchow, Ulrichshorst, Benz und Neuhof. Es sind alles Dörfer im Hinterland der Insel Usedom.

Doch wieder zurück zu Fräulein Gertrud, welche jetzt sicher mit der Kosmetik fertig ist und hinauseilt, wo ihr Freund Georg wartend am Motorrad steht. Mutter Albert - wie alle Mütter zu allen Zeiten - sieht dem Werben des jungen Mannes mit gemischten Gefühlen entgegen. Was soll man von einem Menschen halten, der sich mit Motoren und Benzin abgibt?

Der sicher manchmal nach Motorenöl riecht (bei den damaligen Motorrädern gar nicht zu vermeiden). Und der schließlich sein Leben - und was viel schlimmer ist, das Leben ihrer geliebten Tochter - einem solchen Teufelsding von Motorrad anvertraut. Und lebt nicht ihre ganze Familie vom Pferdedroschkenbetrieb? Wie bereits erwähnt, besitzt Vater Wilhelm auf seinem Grundstück Pferde und Wagen. Sowohl Kutschwagen, mit denen er einen Taxenbetrieb unterhält, als auch Pritschenwagen, um Güter zu befördern. Was soll aus diesem Geschäft werden, wenn sich gar am Ende Automobile und Motorräder durchsetzen? Während sie noch solchen Fragen nachhängt, auf die sie sicher keine Antwort weiß, schickt sich der junge Mann an, das Teufelsding zu starten.

Georg reguliert Gas und Zündung ein, öffnet den Benzinhahn, tupft den Schwimmer bis zum Überlauf; es waren damals noch einige Handgriffe mehr zu erledigen als heute. Dann tritt er kraftvoll auf den Starterhebel. Es macht einen lauten Knall, und aus dem Auspuff wälzt sich eine schwarze Wolke. Genau dahinter aber steht Gertrud, und als sich der Qualm verzieht, wird es sichtbar: Der eine helle Strumpf ist schwarz verfärbt und hat überdies ein kreisrundes Loch! Auch das Bein ist schwarz an der Stelle. Gertrud muß zurück ins Haus, um den Schaden zu beheben. Mutter Albert aber sagt sich, wie recht sie doch mit ihren Überlegungen hatte. Was soll man von solch einem neumodischen Ding halten und was von einem Mann, der vorgibt, damit umgehen zu können.

Genau so wie heute, hielten auch damals die Töchter mehr von ihren Verehrern als ihre Mütter. Und so stand bereits Weihnachten 1920 eine Verlobung ins Haus. Der Sommer verging als Brautzeit, dann wurde zur Hochzeit gerüstet. Am 7. Oktober 1921 traten sie vor den Standesbeamten in Swinemünde. Auf den Tag genau, sechs Jahre später kommt ihr Sohn (der Erzähler dieser Geschichte) zur Welt.

Die gute wirtschaftliche Entwicklung des väterlichen Betriebes wurde dann jedoch jäh durch die Inflation unterbrochen. Schon 1921 setzte eine enorme Preissteigerung ein. Was man heute verdiente, war morgen nicht viel wert. Das vormittags Eingenommene mußte mittags umgesetzt werden, um keinen Verlust zu riskieren. Für den täglichen Geschäftsbetrieb hieß es in erster Linie tauschen. Alles gegen jedes und jeder mit jedem. Eine ähnliche Entwicklung habe ich selbst dann als Folge des nächsten verlorenen Krieges nach 1945 miterlebt. Endlich, am 1. Dezember 1923 war der Spuk vorbei. Die Reichsregierung führte den Begriff Rentenmark ein.

Das Geld hatte wieder einen Wert und die Arbeit auch. Die geschäftliche Erholung sollte nicht lange auf sich warten lassen. Vieles war in den Jahren der Inflation zurückgestellt worden, jetzt wurde wieder Geld verdient, und es wurde auch ausgegeben. Außer der tragenden Säule der Firma - dem Einbau und der Reparatur von Bootsmotoren - nahm Vater jetzt auch Fahrrad- und Motorrad-Reparaturen und deren Verkauf mit auf. Es sollte ihm den Weg erleichtern zu seinem späteren Betätigungsfeld - dem Kraftfahrzeughandel und der Reparatur.

Als Folge des geschäftlichen Auftriebs stellte sich bald ein räumliches und auch ein personelles Problem ein. In den Sommermonaten, während der Badesaison, kamen jetzt mehr und mehr Gäste mit dem eigenen Auto in die Badeorte. Es waren natürlich zunächst einmal die Begüterten, die sich in diesen Jahren ein Automobil leisten konnten. Wir sind noch weit davon entfernt, daß ein Personenkraftwagen etwas für die Masse war. Der Angestellte hatte kaum Anteil an der Motorisierungswelle.

Da es nach dem verlorenen 1. Weltkrieg keinen Kaiser und kein höfisches Gefolge mehr gab, rückte eine neue Klasse in die Seebäder ein. Der Adel und auch der Geldadel bevorzugten weiterhin das noch immer unter dem exklusiven Ruf der Vorkriegsära stehende Heringsdorf. Prominenz aus Film und Bühne zog es dagegen nach Bansin, dem man in diesen Jahren etwa das Prädikat mondän verleihen konnte. In Ahlbeck schließlich wohnten alle diejenigen, die zwar gern dabeigewesen wären, es sich aber nicht leisten konnten. Die weiteren Bäder an der Küste spielten für den individuellen Ferienverkehr keine so bedeutende Rolle. Diese Orte waren vor allem den Familienpensionen und später auch den betrieblichen, Kinder- und sonstigen Erholungsheimen vorbehalten. Swinemünde entwickelte sich zu allen diesen Orten als Dreh- und Angelpunkt. Hier endeten oder begannen die Eisenbahn- und Dampferlinien. Es war Seebad, Hafenstadt und räumlich als auch verkehrsmäßig sowie wirtschaftlich der Mittelpunkt beider Inseln.

Bis zum Jahre 1930 gab es keine durchgehende Straßenverbindung auf die Insel. Menschen und Fahrzeuge mußten mit Fähren bei Usedom bzw. Wolgast über den Peenestrom gebracht werden. Eine weitere Fähre verkehrte in Swinemünde zwischen der Ost- und der Westseite der Swine. Der größere Teil der Stadt lag auf der Westseite - also auf der Insel Usedom. Der kleinere Teil auf der Ostseite und damit auf der Insel Wollin. Swinemünde war für die Schiffsverbindungen über das Haff und als Anlaufpunkt der eigentlichen Seeverbindungen über die Ostsee das Drehkreuz.

Eine bedeutende Rolle in den Usedomern Seebädern spielten die Seebrücken. Sie stellten bereits zur Zeit ihrer Erbauung ganz beachtliche Konstruktionen dar. Man war in der Regel weit über den eigentlichen Zweck eines im Grunde simplen Landungssteges hinausgegangen. Die Aufgabe lautete ja lediglich, genügend tiefes Wasser zu erreichen, um den kleinen und größeren Bäderdampfern ein Anlanden zu ermöglichen. Damals wetteiferte man scheinbar darum, nicht nur eine, sondern die schönste und größte der Landungsbrücken zu haben. Es waren Mehrzweck-Anlagen. Mit einigem Geschäftssinn baute man diese Stege zu richtigen Ladestrassen aus. Sicher unter dem Aspekt, wenn der Badegast schon auf die Boote warten muß, dann soll ihm Gelegenheit zu einem Einkauf, zum Besuch eines Restaurants oder Café gegeben werden. So fand man Geschäfte mit dem üblichen Bedarf eines Strandurlaubers genau so vor wie Kunst- (Kitsch-), Andenken- und Bekleidungsgeschäfte. Das Ganze war natürlich überdacht, so daß auch bei Wind und Wetter der Aufenthalt auf diesen Seebrücken kurzweilig und angenehm war. Der eigentliche Landungssteg - für den ja die ganze Sache gebaut worden war - führte dann aus der Ladenstraße hinaus. In einige der Seebrücken waren auch Seeschwimmbäder intregiert. Der Zeit gemäß bestanden diese gesamten Bauten ausschließlich aus Holz.

Die schönste aller Seebrücken an der gesamten Ostseeküste war die von Heringsdorf. Auch dies eine Initiative des Herrn Delbrück. Gnädigst gab sogar vor Baubeginn der Kaiser seinen Namen dafür her: Kaiser-Wilhelm-Brücke.

Nicht weniger wichtig als Verkehrsanbindung und Drehscheibe war der Hafen von Swinemünde für den Seeschiffsverkehr. Hier begannen die Schiffslinien des Seedienstes Ostpreußen. Eine Eisenbahnlinie war bereits 1878 bis auf den Kai vor die Schiffsanlegestelle geführt worden. Die Passagiere stiegen von der Bahn aus direkt in das Schiff um und dampften in Richtung Osten. Und für weitere Schiffsrouten war der Hafen von Swinemünde ebenso Mittelpunkt. Hier begannen oder endeten die kleineren Schiffe des Seebäderdienstes, die Wasserstraßen von und nach den Seebädern sowie die Schiffswege über das Kleine und Große Haff nach Stettin.

Mit der zunehmenden Entwicklung des Verkehrswesens wurde die Insel - wie auch Swinemünde - immer schneller und leichter erreichbar. Stettin war von Swinemünde rund 75 km, Berlin rund 200 km entfernt, so daß hier in den Sommermonaten einiges los war. Und dies bezog sich nicht zuletzt auf den zunehmenden Auto- und Motorradtourismus. Selbst das etwas zeitraubende Übersetzmanöver mit den verschiedenen Fähren eingerechnet, war es mit dem Fahrzeug kein allzu großer Anmarschweg. Für den Urlaub allemal und später auch für einen Wochenendbesuch.

So war es auch kein Wunder, daß sich die geschäftliche Entwicklung in jenen Jahren gut anließ. Die Badegäste brachten allen, die mit dem Fremdenverkehr zu tun hatten, Arbeit und Geld. Und auch diese Unternehmen - Restaurants, Hotels und all die vielen Zulieferer - stellten bald den Wert eines Autos als Lieferfahrzeug oder zum Personenverkehr fest. Auch die Gründung eines Automobil- und Motorradclubs im Januar 1925 trug wesentlich zur Verbreitung des Motorisierungsgedankens bei. Um so mehr, als es diesem Club gelang, die Bäderrennen ab 1925 auf die Insel zu holen. Motorradrennen, die entlang der Bäderstraße führten und durch die anwesenden Kurgäste viel Publikum hatten. Die Konsequenz aus allen diesen Entwicklungen für Vater zeichnete sich ab: Der Betrieb mußte räumlich wie auch personell wiederum vergrößert werden. Mit An- und Ausbauten auf dem vorhandenen Grundstück war es nun nicht mehr getan. Es sollte etwas wirklich Zukunftsweisendes sein und - wenn schon, denn schon - etwas Eigenes. Eine solche Gelegenheit sollte sich bald ergeben.

In Swinemünde führte eine der Hauptstraßen vom Marktplatz an der Christuskirche vorbei fast schnurgerade zum Hauptbahnhof. Sie hieß zu dieser Zeit Große Kirchenstraße, später Hindenburgstraße. In dieser Straße besaß eine Familie R. ein größeres Grundstück. Es befand sich zur Straßenfront ein Wohnhaus darauf - teilweise zweigeschossig - der Hofraum war mit einem weiteren Wohnhaus und einem Werkstattgebäude bebaut. Diese Werkstatt war ursprünglich eine Schmiede. Jetzt befand sich eine Fahrradwerkstatt darin, ihr Betreiber stand kurz vor der Pleite. Auf dem Hof und in den Gebäuden wird sich meine Kindheit und meine Jugendzeit abspielen.

Die Eigentümer des Hauses waren Verwandte meiner Mutter. Diese Familie besaß zwei leibliche Kinder, zwei Söhne. Während der eine im 1.Weltkrieg fiel, entging der andere dem Kriegsdienst. Er war geistig nicht ganz auf der Höhe. Für die Familie und auch später für mich war er Arthur. Als Heranwachsende sollten wir noch manch bösen Scherz mit dem armen Kerl treiben. Da die Familie so wenig Glück mit den eigenen Kindern hatte, beschloß sie, ihrer Nichte zuliebe den jungen Leuten ihren Besitz zu verkaufen. Am 1. April 1925 war das Geschäft perfekt. Der Kaufpreis für das Haus und für die Grundstücksfläche von 2.200 m² betrug 9.600,- Mark.

Im Seitenteil des Vorderhauses lebte ein bereits älteres Ehepaar. Im Seitengebäude auf dem Hof blieben die ehemaligen Bewohner, die Familie R. mit ihrem Sohn Arthur. Sie hatten dort ein lebenslanges Wohnrecht. In dem der Straße zugewandten Gebäudeteil war eine Fünf-Zimmer-Wohnung. Daneben ein Ladenraum, hinter dem sich ein Büro befand. Hier hatte meine Mutter als Buchhalterin im väterlichen Unternehmen ihr Reich, denn nach dem Kauf wurden dies die privaten und Geschäftsräume meiner Eltern. Für mich wird es das Geburtshaus. Von seinem glücklosen Geschäftsvorgänger übernahm Vater die gesamte Werkstattausrüstung und damit auch gleichzeitig den Kundenstamm der Fahrradbesitzer - der Motorradfahrer von morgen.

Der Ladenraum diente zunächst dem Verkauf von Fahrrädern der Marken Dürkopp und Miele. Außerdem im steigenden Maße dem Verkauf von Ersatzteilen und Zubehör für den immer stärker werdenden Motorrad- und Autosektor des Geschäftes. Die erste feste Motorradvertretung wurde übernommen, es war die auch in unserer Zeit noch bekannte Marke NSU in Neckarsulm. Bald mußte der Ladenraum etwas attraktiver gestaltet werden. Aus den zwei kleinen Schaufenstern wurde ein großes, eine neue Eingangstür tat das übrige, und das Fahrrad- und Motorradgeschäft lief besser denn je. Über den rein geschäftlichen Aufschwung durfte Vater jedoch eines nicht vergessen: Noch war er ja von der beruflichen Ausbildung her ein Maschinenschlosser-Geselle. Dem Betrieb in der jetzt bereits erreichten Größe mußte aber unbedingt ein Meister vorstehen. Vater jedoch übte ja im weitesten Sinne die Tätigkeit eines Motorenfachmannes aus, aber dafür gab es in jenen Jahren kein Berufsbild. So war er gezwungen, eine Meisterprüfung im Schlosserhandwerk abzulegen. Die Meister der Prüfungskommission waren alte, gestandene Schlossermeister. Motoren, Motorräder oder Autos gehörten nicht in ihr Berufsbild.

Dennoch gelang es schließlich mit einiger Nachhilfe von Kollegen, die Schlossermeister waren, die Prüfung im theoretischen und praktischen Teil zu bestehen. Vater war ab 1926 anerkannter Handwerksmeister im Schlosserhandwerk. Es sollte nicht die einzige Prüfung bleiben. Er legte später, als es einen eigenen Berufsstand gab, auch die Meisterprüfung im Kraftfahrzeug-Handwerk ab.

Zwischenzeitlich stand ein weiteres Bauvorhaben auf dem Grundstück an, die Werkstatt war zu klein geworden. Sie war und blieb eigentlich immer zu klein, der Aufschwung lief stets schneller als der Ausbau.

Jetzt wurde durch einen acht Meter langen Anbau an das vorhandene Werkstattgebäude Abhilfe geschaffen. Erstmalig kam auch ein richtiges großes Tor in diese Werkstatt. Zwischenzeitlich dominierte im Reparatur-Aufkommen mehr und mehr das Auto. Die halbe Hoffläche wurde betoniert, ein Auto-Waschplatz mit entsprechender Kanalisation angelegt.

Mit diesen Vorhaben vergingen die Jahre 1928 bis 1930. Dazwischen lag der Tag meiner Geburt, der 7. Oktober 1927.

Auch dies eine weitgehend offene Kutschenbauweise. Auf die Leuchten und Hupen verwendete man viel Kreativität. Die Hupe (unterhalb der rechten Seitenleuchte) mit einem Schneckentrichter, um die Abmessungen gering zu halten. Die Motorhaube zusätzlich durch einen Lederriemen gehalten. Bei Sportwagen ein besonderes Merkmal bis weit in die 30er Jahre hinein.

Allmählich wurden die Autos komfortabler. Wir sehen an diesem Schmuckstück bereits einige wesentliche Verbesserungen: Elektrisches Licht (vor dem Fahrer der Suchscheinwerfer. Was es wohl auch immer zu suchen galt?) Es waren auch bereits elektrische Anlasser eingebaut. Aber sie waren störanfällig, die Batterie oft leer, und so gab es noch lange die Andrehkurbel vorn in der Mitte unterhalb des Kühlers. Rechts auf dem Trittbrett der Batteriekasten. Außerhalb der Karosserie in Reichweite des Fahrers der Handbremshebel, der Schalthebel und die Ballonhupe. Bemerkenswert auch hier die Reserveräder. Man tauschte nur die Außenfelge mit Bereifung, der Radstern blieb am Fahrzeug. Ein zeitaufwendiges und gar nicht einfaches Vergnügen, an dem wohl die meisten der heutigen Autofahrer scheitern würden. Die Windschutzscheibe ist abgenommen, man war Frischluftfanatiker.

Ein Talbot, Baujahr etwa 1920. Ebenso ein Fahrzeug mit allen Kennzeichen der Moderne, elektr. Licht, Suchscheinwerfer. An den Hinterrädern beachtenswert: Doppelbereifung, wie am Lkw. Am Steuer ein Freund meines Vaters. Später war er bei der Ufa in Berlin im Modellbau beschäftigt. Er schenkte mir einmal eine wunderschöne Nachbildung einer Schiffsmaschine, die in einem der Filme mitgewirkt hatte.

43

Die im Jahre 1906 erbaute Bismarckwarte auf dem Präsidentenberg bei Heringsdorf. Die russischen Truppen sprengten sie am 1. Mai 1946. Der Grund: Von der Aussichtsplattform konnte man bis Swinemünde hinein blicken. In der Nachkriegszeit Hafen zunächst für die sowjetische und später auch für die polnische Kriegsflotte. Beide Inseln sind - bis auf den Luftkrieg - keine Schauplätze größerer Kampfhandlungen im Kriegsgeschehen des 2.Weltkrieges gewesen.

Die Reproduktion einer Bleistiftzeichnung der Seebrücke Heringsdorf von 1895. Das Wahrzeichen Heringsdorfes wurde in den Jahren 1891/93 erbaut. In das Bauwerk wurde mit Sicherheit ein kleiner Wald investiert. Das gesamte Gebäude ist aus Holz.

Ein Foto von 1920 - die Seebrücke brennt, der Brand kommt aber schnell unter Kontrolle. 1946 brannte ein Teil der Seebrücke durch Unachtsamkeit der Brückenwache ab. Die Seebrücke durfte in diesen Jahren von Zivilisten nicht betreten werden. Der verbliebene seeseitige Teil der Brücke und das Restaurant wurden 1958 - diesmal durch Brandstiftung- ein Raub der Flammen.

Großvater Wilhelm mit seinen Jungen - von links Paul, Willy und Georg - am Heringsdorfer Strand vor der Badeanstalt. Das Foto entstand etwa 1910. Quergestreift schien wohl große Mode?

Das Kurhaus Heringsdorfs Kaiserhof Atlantik. Erbaut 1873, umgebaut 1886 und 1906. Abgerissen 1979.
Heute stehen etwa an dieser Stelle die Bettentürme sowie die Gaststätte Vineta.
Westlich davon das Spielcasino und das Hotel Maritim.

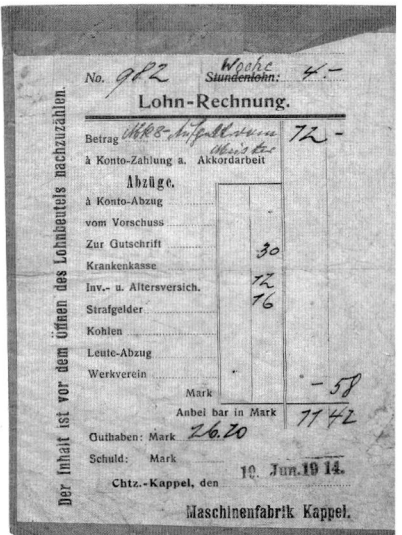

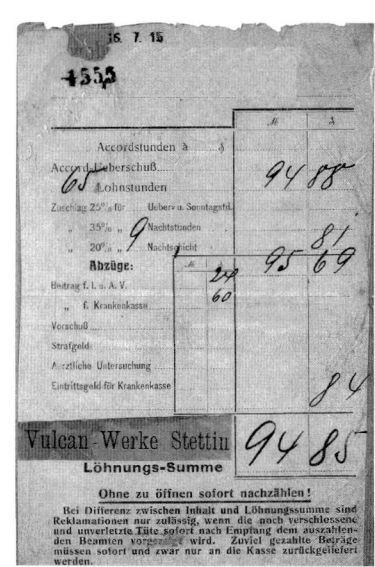

Abrechnungen aus den Lehr- und Gesellenjahren meines Vaters.
Die Lohntüten waren durchsichtig, daher der Hinweis: Geschlossen nachzählen.
Man beachte die Arbeitszeit!
Die Lohnwoche unten beinhaltet die Montage in Wilhelmshaven.

Erste Anstellung nach dem Kriege. Chef (links) und Belegschaft von Max V. Swinemünde. In der Mitte Georg Hartwig. Rechts der kleine Mann sein Bruder Willy. Solche umgebauten Lkw-Motore wurden in die Fischerboote eingebaut. Angeflanscht ein Wendegetriebe für Vorwärts- und Rückwärtsfahrt. Daneben liegt die Schiffsschraube.

Die Großeltern mütterlicherseits.
Wilhelm Albert, der Fuhrwerksbesitzer und seine Frau Justine.
Die Aufnahme muß um die Jahrhundertwende datiert werden.

Swinemünde, Mühlenstraße 31, das Haus von Wilhelm und Justine Albert.
Vor dem Haus die Töchter Gertrud und Grete, im linken Fenster Emmy.

KAPITEL 4

Licht und Schatten im Unternehmen

In Vaters Betrieb waren 1928 also 3 Gesellen und 2 Lehrlinge beschäftigt. Der gesamte kaufmännische Bereich wurde auch nach meiner Geburt von Mutter wahrgenommen. Zur Unterstützung im Haushalt und zu meiner unumgänglichen Pflege war eine Hausgehilfin eingestellt.

Zu der bereits erwähnten Motorradvertretung NSU kamen die Marken DKW (1928) und BMW (1930) hinzu. Mit den genannten Vertretungen war das Angebot an Motorrädern komplett. Für jeden Käuferwunsch vom kleinen PS-schwachen Hilfsmotorrad bis zur 750er BMW-Maschine war ein Angebot da.

In das Jahr 1928 fiel auch die Anschaffung des ersten eigenen Autos, eines 6/30PS-NSU, (Sechszylinder, 30 PS). Es war ein Vorführwagen, denn Vater drängte jetzt auch verstärkt in den Verkauf von Autos. Doch schließlich sollte nicht NSU die Wagenvertretung heißen, es wurde die Auto-Union. Und auch den Klein-Lieferwagenbereich konnte Vater abdecken. Er nahm dazu das Tempo Dreirad der Firma Vidal & Sohn in Hamburg hinzu. Es laufen selbst noch heute gut restaurierte Einzelstücke dieser Fahrzeuge.

Die sogenannten goldenen zwanziger Jahre waren aber nicht so golden. Die Wirtschaft florierte, es war Kaufkraft und damit Umsatz vorhanden, doch die gesamte Konjunktur stand in jenen Jahren jedoch auf tönernen, besser gesagt papierenen Füßen. Es hatte etwas mit Wechseln und Schuldverschreibungen zu tun. Kreditformen, wie sie damals beliebt waren. Die Automobilwerke litten in jenen Jahren unter einer gleichen Entwicklung, wie wir sie in dem Jahrzehnt von etwa 1970 bis 1980 wieder erleben konnten - Billig-Importe aus dem Ausland. Damals waren es Importe aus Amerika, in unseren Tagen jene aus Fernost, die unserer Automobilindustrie das Fürchten lehrten. Sie zwangen damals wie heute die Industrie zum Umdenken, zur Rationalisierung, zum weltweiten Mitziehen. In den Jahren nach der Jahrhundertwende war zweifellos Amerika das Land des Automobils. Henry Ford war weltweit der erste Produzent, der durch eine ausgeklügelte Fließbandarbeit Autos fertigen ließ, die vom Preis her jede Konkurrenz aus dem Felde schlagen konnte. Während zu jener Zeit Autos in Deutschland

fast in Handarbeit als wahre Luxuskarossen für einen begüterten Käufer-
kreis hergestellt wurden, hatte man jenseits des großen Teiches bereits
erkannt, daß die Zukunft des Automobils in der Motorisierung der Massen
lag. Billig zu produzierende Transportmittel für jedermann - wie die
sagenhafte Blechliesel, das T-Modell der Ford-Werke - gaben den Ton in
der Fertigung an. Diese Modelle wurden zu Preisen produziert, die letztlich
manchen in die Lage versetzten, sich ein Automobil anzuschaffen. Doch
davon war man in Europa und Deutschland auch Mitte der 30er Jahre noch
weit entfernt.

Es begann eine Entwicklung, die schließlich zum Ende der 20er und
Anfang der 30er Jahre zum sogenannten Markensterben führte. Es traf in
erster Linie die Industrie, nicht so sehr das Handwerk. Es war ganz einfach
so, daß die Kunden des Preises wegen auf ausländische, in der Mehrheit
amerikanische Erzeugnisse umstiegen. Aber diese Fahrzeuge waren naturgemäß dem gleichen Verschleiß ausgesetzt wie die der deutschen Firmen.
Auch sie erforderten in festen Intervallen die Inspektionen. Ihre Auspuff-,
Brems- oder andere Anlagen hatten in jenen Jahren genau so kurze Stand-
zeiten, wie die der Fahrzeuge aus europäischer Produktion. Die deutschen
Automobilwerke aber traf es schwer. Von 51 im Jahre 1925 existierten
1930 noch ganze 12 Autowerke.

Die positive Entwicklung im elterlichen Betrieb ging weiter. Fast jähr-
lich wurden weitere An- und Umbauten getätigt. Die Firma OLEX - eine
damals größere Kraftstoffgesellschaft - baute eine Tankstellenanlage ein.
Vater betrieb die Station in Kommission. Nun hatte er eigentlich das, was
Großvater Hartwig einst in Heringsdorf begonnen hatte, zur Vollendung
gebracht: Aus den Anfängen einer Faßbenzinpumpe war eine komplette
Auto-Werkstatt und sogar eine richtige Tankstelle geworden. Mit allen den
Kennzeichen, wie wir sie auch in unseren Tagen kennen. Für ihn besonders
erfreulich: Sein Vater konnte diese Entwicklung miterleben.

Auch der Fahrzeugverkauf gestaltete sich trotz der Wirtschaftskrise
1929/30 noch immer zufriedenstellend. Die deutschen Hersteller hatten
auf die Bedrohung aus Amerika in erster Linie mit dem Zusammenschluß
ihrer Werke reagiert. So wurde aus den vier sächsischen Einzelfabriken
Audi, Horch, Wanderer und DKW die Auto-Union. In Stettin betrieb
diese Firma eine Filiale, heute würde man Werksniederlassung sagen.
Vater erhielt das Allein-Vertriebsrecht für beide Inseln für die DKW-
Fahrzeuge, einen zu jener Zeit sehr beliebten und vor allem auch für Leute

mit geringerem Einkommen bezahlbaren Kleinwagen. Die anderen genannten Markennamen der Auto-Union prangten auf Fahrzeugen für den größeren Geldbeutel.

Der in den 30er Jahren sich abzeichnende Niedergang, besonders der Großindustrie, hatte in erster Linie eine böse Folge: Arbeitslosigkeit. Die großen Werke - auch die der Automobil-Industrie - paßten ihren verminderten Absatz durch Entlassungen dem Marktgeschehen an. Diese Maßnahmen wirkten damals noch viel rigoroser als in den späten 80er Jahren. Die Massenproduktion beruhte damals nicht so sehr auf Maschinen, sondern vielmehr auf Menschen. Anfang der 30er Jahre waren zeitweise etwa sieben Millionen Arbeitslose registriert, und das ohne solche soziale Absicherung, wie wir sie heute für selbstverständlich halten. Die Not wurde durch karitative oder private Hilfsorganisationen gemildert. Begriffe wie Armenhaus als Wohnstätte, Notküchen zur Linderung des Hungers kamen auf und prägten den Alltag vieler Familien. Die existenzbedrohenden Gefahren wirkten auch bei meiner Mutter noch lange nach. Es war eine ihrer beständigen Feststellungen, sobald irgendwelche Notsituationen in Sicht oder im Gespräch waren: "Zum Schluß kommen wir noch ins Armenhaus!"

Die Regierung stand dieser Entwicklung hilflos gegenüber. So schlug also bald die Stunde einer bis dahin gar nicht so bedeutenden Partei: Der NSDAP, der Nationalsozialistischen Deutschen Arbeiterpartei. Vater hörte ihren Führer - Adolf Hitler - das erste Mal in Anklam auf einer Kundgebung.

Trotz aller wirtschaftlichen Misere - oder vielleicht gerade deswegen - hatten gewisse Leute Zeit, Geld und Muße, sich mit weniger lebenswichtigen Dingen zu befassen. Als Beispiel sei hier die jährlich während der Saison in Swinemünde abgehaltene Auto-Schönheits-Konkurrenz genannt mit anschließender Prämierung und Siegesfeier der gekürten Fahrzeuge.

Im Zusammenhang mit der weiteren verkehrsmäßigen Anbindung der Inseln Usedom-Wollin waren zwei Brückenbauten wichtig. Die Straßenbrücke bei Usedom (Zecherin, Mai 1931) über den Peenestrom und eine zweite bei Wolgast (Wolgaster Fähre, 1934). Die Insel Usedom hatte jetzt direkten Straßenanschluß (heute B 110 und B 111). Das zeitraubende Übersetzen mit den Fähren entfiel. Die Fahrzeit über die Straße nach Berlin verringerte sich beträchtlich und machte Usedom auch für einen Wochenendbesuch interessant. Das erhöhte Aufkommen von Kraftfahrzeugen brachte auch der väterlichen Firma weiteren Auftrieb. So etwas wie einen freien Sonnabend kannte man ja noch nicht, und so war besonders an den Wochenenden der Andrang in der Werkstatt groß.

Im Betrieb wurde nun mit 6 Gesellen und 5 Lehrlingen gearbeitet. Zur Unterstützung im kaufmännischen Bereich - den Mutter nach wie vor in Alleinherrschaft verwaltete - kam ein kaufmännischer Lehrling. Räumlich platzte die Werkstatt wieder einmal aus allen Nähten. Als erste Maßnahme brachte die Aufgabe des Fahrradgeschäftes - sowohl im Verkauf als auch in der Reparatur - einige Abhilfe. Im Ladengeschäft dominierten jetzt Motorräder und Autos, deren Zubehör und Ersatzteile. In der frei gewordenen Fahrradwerkstatt - die bereits früher erwähnte Schmiede von Vaters Vorgänger - wurden Maschinen aufgestellt. Es war damals durchaus erforderlich, bestimmte Ersatzteile wie Buchsen, Lagerbolzen usw. auf einer Drehbank anzufertigen und sie für den Einbau weiter zu bearbeiten. Die unbedingte Austauschbarkeit und Verfügbarkeit praktisch jedes Einzelteiles wurde erst in den 50er und 60er Jahren verwirklicht.

Der allgemeine Aufschwung der Motorisierung in den Jahren nach 1933 beschränkte sich natürlich nicht nur auf die Inseln. Im gesamten Reiche hatte man die Bedeutung der Kraftfahrzeugindustrie erkannt. In Berlin wurde eine eigenständige Handwerker-Innung für das Kraftfahrzeugwesen geschaffen. Vater trat dieser Innung bei, die zunächst von Stettin aus verwaltet wurde. Auf den beiden Inseln befanden sich zu dieser Zeit bereits 26 Betriebe, die sich mehr oder weniger ausschließlich mit der Reparatur von Kraftfahrzeugen befaßten. So ergab sich die Notwendigkeit, diesen Betrieben eine zentrale Verwaltungsstelle zuzuordnen. Als Inhaber eines der ältesten und zwischenzeitlich größten Betriebes, dazu in der zentralen Lage beider Inseln, trug man Vater das Amt eines Innungs-Obermeisters an. Zu den täglichen betrieblichen Verpflichtungen kamen nun neue. Vorbereitung und Durchführung von Gesellenprüfungen, das Abhalten von Verbandstagen, Beratungen und Unterstützung von Kollegen in allen mit dem neuen Berufsstand im Zusammenhang stehenden Fragen.

Aber diese an sich positive Entwicklung hatte auch ihre Schattenseiten, denn nach der sogenannten Machtergreifung im Januar 1933 waren die Männer der neuen Partei, der NSDAP, von der Reichshauptstadt aus am Werk. Der Reichsinnungsmeister hieß Stupp. Seine Aufgabe bestand nicht nur in der rein fachlichen Orientierung und Neugestaltung des Kraftfahrzeug-Handwerks. In jenen Jahren wurde durchorganisiert. Alles hatte sich einzuordnen in eine große Linie, in die Partei-Linie. Es war nicht nur das fachliche Wissen und Können eines Handwerksmeisters gefragt, auch seine sogenannte weltanschauliche Gesinnung wurde ein Prüfungsfach.

Auch für Vater ergab sich daher alsbald die Notwendigkeit, sich mit den neuen Machthabern zu arrangieren, wollte er die weitere positive Entwicklung des Betriebes nicht in Frage stellen. Er trat in die NSDAP und ihren kraftfahrzeugtechnischen Verband, das NSKK, das Nationalsozialistische Kraftfahr Korps ein. Doch wie damals üblich, mußte er den lückenlosen Nachweis seiner arischen Abstammung darlegen. Vater war zwischenzeitlich zu einem angesehenen Geschäftsmann geworden, dazu im steigenden Maße mit Ehrenämtern der Berufsorganisation bedacht. Es war mein Onkel Albert, der Mann von Mutters Schwester Grete, der diesen Ariernachweis zustande brachte. Er suchte Amtsstuben, Kirchenämter und sonstige Einrichtungen auf, um die benötigten Daten, Bescheinigungen und Beweise zusammen zu bekommen.

Im Frühjahr 1935 war wieder einmal eine umfassende Betriebserweiterung, der Bau einer Werkstatthalle, zu verwirklichen. Das Kraftfahrzeug-Handwerk hatte sich zu einem wirklich modernen Handwerkszweig entwickelt. Hinzu kam, daß die Kraftfahrzeugindustrie für die im Ausbau sich befindliche Wehrmacht eine immer größere Rolle spielte. Die Automobil-Hersteller bauten eigene Kundendienstnetze auf. Alles, was uns auf diesem Gebiet heute als selbstverständlich erscheint, nahm damals Gestalt an. Die Hersteller schufen systematisch ein Marken-Image. Es begann mit einheitlichen Farben vom Gebäude bis zum Briefkopf, die Ausrüstung der Vertrags-Werkstätten überließ man nicht mehr dem einzelnen Meister. Spezialwerkzeuge und Ausrüstungen wurden zwingend vorgeschrieben. Um allen diesen Anforderungen in vorbildlicher Weise Genüge zu tun - schließlich war er Innungs-Obermeister - nahm Vater das neue Bauvorhaben auf sich.

Eine 22 Meter breite, das gesamte Grundstück überspannende freitragende Halle erstellte eine Firma, die sich bereits in jenen Jahren auf Hallenbau spezialisiert hatte. Installations- und Ausbauarbeiten führten ortsansässige Firmen durch, die nicht selten im Gegenzug Fahrzeuge für den gewerblichen oder privaten Bereich übernahmen. Da ich in jenen Jahren bereits das ABC-Schützenalter hinter mir hatte, kann ich mich noch gut an den Bau erinnern. Nicht wenige Erlebnisse spielten auf dieser Baustelle. Erstaunlich ist für mich heute der Preis des gesamten Vorhabens, 13.500,-- Reichsmark. Der gesamte Hofraum wurde nun betoniert. Kfz.-Waschplatz, Nebenräume für Lager, Maschinen usw. wurden entsprechend modernisiert und angepaßt. Ein Ausstellungsraum für Neufahrzeuge fand an der Längsseite des Hofraumes Platz.

Es waren für Motorräder - jetzt in einer eigenen Abteilung untergebracht - die Firmen NSU und BMW. Für Fahrzeuge die Auto-Union und das Lieferwagen-Programm der Firma Vidal & Sohn, die zwischenzeitlich auch vierrädrige Fahrzeuge baute. Zum Kundenkreis zählten viele Swinemünder Geschäftsleute und Handwerksmeister. Aber auch Marine-Offiziere, deren Einheiten im ständig erweiterten Hafen stationiert waren und Offiziere der im Fliegerhorst Garz (heute Flugplatz Heringsdorf) stationierten Jagdstaffel, die den beliebten Kleinwagen DKW sich leisten konnten, gehörten zu den Kunden. Auch Wernher von Braun, der in dieser Zeit bereits in Peenemünde wirkte und sich der Entwicklung von Raketenwaffen widmete, nahm die Dienstleistungen meines Vaters in Anspruch. Ebenso Dr. Morell, der Leibarzt des Führers, der seinen Sommersitz in Heringsdorf hatte, tauchte mit seinem Fahrzeug auch des öfteren in der Werkstatt auf.

So waren der weiteren geschäftlichen Entwicklung des väterlichen Unternehmens eigentlich kaum Grenzen gesetzt, doch die Aufrüstung lief bereits im Hintergrund, der Krieg wurde systematisch vorbereitet.

Mit einem weiteren Ereignis im Jahre 1935 will ich dieses Kapitel beschließen. Noch einmal führt uns der Weg in die Lindenstraße nach Heringsdorf. Es ist der vorletzte Tag des Jahres, der 30. Dezember 1935. Wieder sind alle Familienmitglieder versammelt, diesmal kann ich aus eigenen Erinnerungen berichten: Der Raum war mit vielen Blumen geschmückt, an den Fenstern hingen schwarze Tücher. Großvater ist abberufen worden. In den gut 40 Jahren seiner Schaffenszeit in Heringsdorf und auf der Insel Usedom war er zu einem geachteten Handwerksmeister geworden. Die große Anteilnahme bewies es. Anschließend ging es den Weg zum Heringsdorfer Friedhof. Und ich möchte noch einmal daran erinnern, daß er es war, der die Familie an das Automobil brachte.

Die Brautleute im Sommer 1920 am Strand. Im Hintergrund die Seebrücke Ahlbeck. Es war die Zeit der Wochenendwanderungen von Swinemünde nach Ahlbeck (darum wohl der Spazierstock?) Nein - das galt damals schlicht als fein.

Erinnerungs-Meduille an den Beginn des Bäderverkehrs.
Eröffnung der Bäderbrücke bei Zecherin 1931.

Erinnerungs-Medaille an den Beginn des Bäderverkehrs.
Auto-Schönheitswettbewerb 1930.

6/30 PS-NSU-Sechszylinder-Phaeton, viersitzig mit Allwetterverdeck

Das erste eigene Auto der Familie Hartwig. Ein NSU, Baujahr 1928. Es sollte fast unzählige Nachfolger finden. Dieser Wagen war auch in meinem jungen Leben das erste Auto.

Seebad Bansin mit Musikpavillon, links davon die Seebadeanstalt (heute nicht mehr vorhanden) und die Seebrücke. Letztere in ganz einfacher, zweckmäßiger Ausführung, nur ein Landungssteg.

Seebad Bansin aus der Luft. Besonders gut zu erkennen die Strandpromenade. Da die Seebäder sich aneinanderreihten, verbanden sich auch deren Strandpromenade, und man konnte von Swinemünde bis Bansin auf diesen promenieren. Hinter Bansin endet der Fußweg, das nächste Seebad ist zu weit entfernt. Im Hintergrund der Lange Berg. Hier spielen später einige Geschichten aus meiner Jugendzeit.

Eine frühe Aufnahme Ahlbecks (1929).
Die Seebrücke in ihrer ursprünglichen Form mit dem bis in die See hinausragenden Landungssteg.

Motorräder in den 20er Jahren. Ganz links am Bildrand die jungen Brautleute.
Das Motorrad Georg Hartwigs, wie die meisten dieser Zeit, ohne Lichtanlage.
Die Marken kennt heute kaum jemand mehr.
Das Kennzeichen IH stand für Swinemünde.

Der Motorsportverein Swinemünde 1930. Diese Fahrzeuge wären - falls sie noch
existierten - echte Oldtimer. Im zweiten Fahrzeug von links die Familie Hartwig.
Mutter und ich mit Lederkappe. Man fuhr, wenn es nur immer ging, offen.
Es ist Vaters NSU, sein erstes Auto.

64

*Von Anfang an mit der Motorisierung verbunden - Verkehrsunfälle! Vaters
Anmerkung zu diesem Bild: 1925, kaum verkauft, schon kaputt - Alkohol! Alles
schon einmal dagewesen. Zum Technischen: Ein großer Karbid-Scheinwerfer mit
Wasser/Karbidbehälter dahinter angeordnet. Die Pumpe im Tank - Öl und
Kraftstoff waren gemeinsam in einem Behälter - diente der Versorgung mit einer
Extra-Ration Motoröl bei Belastung. Der kleine Hebel vor dem Sattel bewirkte die
Zündverstellung. Seitlich am großen Werkzeugkasten unter dem Sattel eine
Ölkanne. Irgend etwas mußte ständig geschmiert werden. Deutlich erkennbar
auch der Riemenantrieb zum Hinterrad. Links, wo er beginnt, die außenliegende
Kupplung. Zunächst gab es zwei Gänge, später drei.*

*Firma Hartwig, Herbst 1928, so steht es auf dem Bild. Das Motorrad in der Mitte
bereits mit elektrischem Licht und Horn. Beide Maschinen links mit Knieschutz.
Wegen der schlechten Straßenverhältnisse damals ein beliebtes Zubehör.*

Das Wohn- und Geschäftshaus Hindenburgstraße in Swinemünde. Im Anbau rechts wohnten die Eheleute Sch. Der Laden hatte damals noch zwei kleine Fenster, sie werden später zu einem großen erweitert. Eine Aufnahme von 1926.

Der Laden nach dem Um- und Ausbau. Motorräder stehen jetzt im Vordergrund. Nur für den Fachmann: Die untere Maschine - alles NSU - wechselgesteuert (Einlaßventil von oben, Auslaßventil von unten betätigt). In der Mitte eine untengesteuerte Maschine und oben - technisch der letzte Schrei - eine obengesteuerte. Stößelstangen und Kipphebel noch draußen. Alle Motorräder ohne Beleuchtung, die Karbidlampen als Zubehör stehen im Fenster. Obwohl links oben bereits ein Plakat für Bosch-Horn wirbt. Für Motorräder Ende der 20er Jahre noch kein Thema, aber bald!

Georg Hartwig

Kraftfahrzeug-Handlung ✦ Instandsetzungswerkstatt

FERNSPRECHER NR. 2271

Bank-Konten: Pommersche Bank AG., Swinemünde /Stadtsparkasse Swinemünde

FABRIK-VERTRETUNGEN

Original-Rechnungskopf aus jenen Jahren. Eines der heute noch existierenden Firmenembleme ist der stilisierte Propellerkreis von BMW. Diese Firma war zunächst eine Flugmotoren-Fabrik (Bayrische Motoren Werke). Das Emblem stellt einen rotierenden Flugzeugpropeller dar und hat sich so bis heute erhalten. Und des weiteren die vier Ringe der Auto-Union, die in ähnlicher Form bekanntlich Audi verwendet.

Die Anfahrt auf die Insel Usedom über die Bundesstrasse 110. Hier anläßlich der Brückeneinweihung bei Zecherin im Mai 1931 mit unserem NSU. Von einer Überlastung der B 110 kann noch keine Rede sein.

KAPITEL 5

Es ist schön, ein Kind noch zu sein

Meine Jugendzeit auf Usedom spielte in Swinemünde. Die ehemalige Kreisstadt der Insel Usedom liegt heute auf polnischem Staatsgebiet. Sie schreibt sich Šwinoujšcie und ist auf dem Landweg nur von Ahlbeck aus über einen einzigen Grenzübergang erreichbar. Es ist ein Personenübergang, so daß man innerhalb der Stadt auf Taxen oder seine Füße angewiesen ist. Doch zwischenzeitlich gibt es auch wieder den aus der Vorgeschichte bekannten Seeweg von den Seebrücken der Nachbarbäder.

Man schrieb also - wie bereits erwähnt - den 7.10.1927, als ich das Licht der Welt erblickte. Meine Mutter war Jahrgang 1900, mein Vater Jahrgang 1897. In jenen Jahren war es durchaus üblich, in der eigenen Wohnung zu entbinden. Eine Hebamme kam ins Haus, bei Zwischenfällen wurde ein Arzt hinzugezogen. Für meine Mutter hatte das Erlebnis einer Geburt - da mit einigen Komplikationen verbunden - jedoch eine gewisse Schockwirkung. Sie wollte jedenfalls nie wieder ein solches Risiko auf sich nehmen. Das Resultat für mich: Ich blieb allein.

Mutter hatte bald wieder ihren gewohnten Rhythmus gefunden, es hieß täglich 10 bis 12 Stunden in Vaters ständig expandierendem Geschäft tätig zu sein. Bis 19 Uhr war das Ladengeschäft geöffnet. Schriftverkehr, Buchführung, Bestellungen usw. füllten mehr als genug den Rest des Tages, damals 6 Tage die Woche. So war es unausweichlich, daß eine Haushaltskraft eingestellt wurde. Solange ich im Hause war und später noch bis zum Kriegsende, war eine solche Stütze im Hause.

In der Hindenburgstraße betrieb unser Nachbar ein Kolonialwarengeschäft (heute: Tante- Emma- Laden). Zum Einkaufen hatte Mutter es also nicht weit. Bereits zitierte Gerda war meine direkte Pflegerin, sie war noch im Hause, als ich bereits zur Schule ging.

Das erste einschneidende Erlebnis hatte ich im Alter von knapp zwei Jahren. Natürlich habe ich daran keine Erinnerung, aber es ist belegt sowohl durch mündliche Überlieferung als auch durch Bilder. Die Geschichte trug sich folgendermaßen zu: Bei Tante Minna - es handelt sich um die Familie R. im Seitengebäude unseres Wohnhauses - wurde ein Geburtstag gefeiert. Nach dem Kaffeetrinken ging man auf den Hof hinaus, um einige Fotos zu machen. Irgend jemand fand es fotogen, mich auf ein Motorrad zu setzen, welches wohl zufällig unter dem Fenster der Wohnung stand. Daß dies eine Rennmaschine vom letzten Rennsonntag war, beachtete man nicht weiter, obwohl mir gerade dieser Umstand zum Verhängnis werden sollte.

An solchen zum Rennen präparierten Maschinen hatte man in erster Linie zur Gewichtseinsparung alles abmontiert, was nicht unbedingt zum Fahren notwendig war. Unter anderem auch den Kippständer, auf dem ein solches Motorrad sonst recht sicher stand. Man ersetzte während der Reparaturzeit diesen Ständer durch einen Holzklotz, den man auf dem Foto deutlich sieht. Nach dem Fotografieren bettelte ich - laut Überlieferung - darum, noch etwas auf dem Motorrad sitzen bleiben zu dürfen. Es wurde gewährt, und die Geburtstagsgesellschaft wandte sich anderen Dingen zu. Natürlich blieb ich nicht lange ruhig sitzen, verlagerte dabei wohl mein Gewicht. Und obwohl ich sicher nur wenige Kilogramm auf die Waage brachte, reichte es aus, das Motorrad zum Umfallen zu bringen. Ich stürzte aus dem Sattel, und die Maschine begrub mich unter sich. Mein Geschrei brachte zunächst die Geburtstagsgäste und dann meinen Vater auf den Plan. Gemeinsam bekam man die Maschine - die immerhin etwa 150 Kilogramm gewogen haben dürfte - wieder hoch und mich darunter heraus. Vater fuhr mich ins Krankenhaus. Diesmal ging es mit einem Armbruch ab, doch es hätte schlimmer kommen können.

Die Geburtstagsgesellschaft wird wohl nach überstandenem Schrecken noch einigen Kaffee, wenn nicht sogar stärkeres Getränk zu sich genommen haben. Einige Wochen ging ich nun mit geschientem Arm spazieren, es sollte nicht der einzige Knochenbruch bleiben.

Bevor ich in der Familienchronik fortfahre, möge mir der Leser bei einem Stadtrundgang durch meine Heimatstadt Swinemünde folgen. Wir wollen einige prägnante Punkte im Stadtbild kennenlernen, die auch in meinen Geschichten eine Rolle spielen.

Eine der Hauptstraßen Swinemündes war die Hindenburgstraße. Sie begann an der Christuskirche - dort bin ich getauft worden - und endete am Hauptbahnhof. Gegenüber der Christuskirche befand sich zu meiner Jugendzeit ein Feinkostgeschäft. In dortigem Hause verbrachte Theodor Fontane einige Jahre seiner Kindheit. Sein Vater führte ab 1827 eine Apotheke.

Den eigentlichen Stadtkern bildete früher- und es ist auch heute noch unverändert so - ein großer Platz mit einem Kreisverkehr. Geschäfte umsäumten den Platz, der zunächst Kleiner Markt und später dann Adolf-Hitler- Platz hieß.

Zur Hafenseite ging dieser Platz in einen zweiten über - den Skagerrakplatz. (Der alte Name war Großer Markt.) Dort lagen die Anlegestellen der Stettin-Swinemünder Dampfschiffahrts-Gesellschaft.

Am Skagerrakplatz lag das Haus meines bereits erwähnten Onkels Albert, der dort eine Samen- und Futtermittelhandlung führte.

In Swinemünde wurde der Nahverkehr mit Omnibussen bewältigt, die Stadtwerke verwendeten zwei Arten von Bussen. Einen Bus mit Dieselmotor - das war für mich der Reek - und einen mit Elektromotor - den bezeichnete ich als Kind mit Ülwer. Diese Begriffe standen seit frühester Kindheit für mich fest, und die Familie kam damals nie dahinter, weshalb das so war. Später fragte mich Vater einmal, was es mit diesen Bezeichnungen auf sich hatte, und ich erklärte dies wie folgt: Ich unterscheide diese Omnibusse an den Hinterrädern. Der Dieselbus hat ein Speichenrad - technisch korrekt: eine Trilex-Felge. Ülwer hat dagegen ein mit einem glatten Deckel verkleidetes Hinterrad. Dort befand sich der Elektro-Radnabenmotor. Da diese Omnibusse bis in die Kriegszeit hinein bei uns liefen, behielten sie auch diese Namen für uns Eingeweihte. Manchmal standen die Fahrzeuge auch in Vaters Werkstatt zur Reparatur, und ich nutzte, wenn immer es ging, die Probefahrten als einziger Passagier.

Swinemünde war nicht nur eine Kreis- und Hafenstadt, es war auch ein Seebad. Zum Badeort war es ab 1813 geworden, als der preußische König seine Offiziere zur Genesung an die See schickte. Allerdings konnte es als Badeort nicht mit den Attributen eines Kaiserbades aufwarten, wie wir es in Heringsdorf gesehen haben. Dafür hatte Swinemünde etwas anderes aus der Kaiserzeit in die Neuzeit hinübergerettet. Wir haben bereits davon gehört, daß der Kaiser seine Flotte über alles liebte, und dazu war ein großer Hafen vonnöten. Den bot auf beiden Inseln nur Swinemünde, und so hatte es aus dieser Zeit ein Kaiserbollwerk vorzuweisen.

Vom Kleinen Markt aus führten zwei ziemlich geradlinige Straßen, die Blücher- und die Bismarckstraße zum Strand. An ihnen lag die Tirpitzschule, ein Gymnasium. Für mich war dies später der tägliche Schulweg. Die Bismarckstraße endete unmittelbar im Kur- oder Strandviertel. Im Kurbereich gab es viele kleine Straßen mit Pensionen, Hotels, Ferienheimen und all den Einrichtungen, die ein Kurbetrieb mit sich bringt. Unter anderen lag inmitten des Kurparks auch die Warmbadeanstalt. Für Mutter und mich war dort einmal wöchentlich ein Besuch angesagt, der ausschließlich der körperlichen Reinigung diente. Während die Kurgäste dieses Haus sicher aus medizinischen Zwecken aufsuchten, denn dort wurden See- und Solebäder verabreicht. In den Badekabinen waren an der Wand eine Reihe von Hähnen mit den verschiedenen Bezeichnungen angebracht. Die Bademeisterin ließ die Wanne ein, wozu sie einen abziehbaren Schlüssel verwendete (damit man nicht etwa das kostbare Naß selbst nachfüllte!). Die Badezeit war vorgeschrieben, und wenn man sie etwas überzog, klopfte sie an die Tür und mahnte: "Die Badezeit ist um." Solche Begebenheiten bleiben im Gedächtnis haften. Diese Reinigungstouren endeten, als Vater ein eigenes Bad in unser Wohnhaus einbaute.

Einen großen Teil des Strandviertels nahm das Kurhaus ein. Es war an einer der Längsseiten von den Kolonnaden eingerahmt. Einem Wandelgang, in dem sich Geschäft an Geschäft reihte. Innerhalb dieses Gebäudekomplexes befand sich auch ein großer Saal mit einer Bühne, auf der viele Veranstaltungen stattfanden.

Inmitten des Kurviertels direkt hinter den Dünen stand ein Pavillon (Er hat den schweren Bombenangriff 1945 überstanden und steht heute noch so.), in dem es während der Saison täglich Kurkonzerte gab.

Ein unverzichtbares Attribut des Strandviertels war die Seebrücke. Sie befand sich etwa auf der Höhe des bereits erwähnten Pavillons. Es war der Strandmittelpunkt, der Hauptstrand, wie man auch in den Bädern sagt. Etwas seitlich versetzt am Strand stand das Familienbad. Ein auf Pfählen errichteter Holzbau, mit Umkleidekabinen, Duschen, Kiosken, und was man sonst als Badegast noch so benötigt. Es war ein großes, zur Seeseite offenes Viereck und umschloß einen Strandabschnitt, der nur den Gästen dieser Badeanstalt vorbehalten war. Weit genug in die See hinaus erstreckten sich Drahtzäune, die von dieser Seite her ein unbefugtes Betreten verhindern sollten. Denn im Wasser befanden sich auch so herrliche Einrichtungen wie eine Rutsche, ein Karussell und Stege zum Springen. An der Vorderseite des Gebäudes war eine Einrichtung, die wir als Kinder überhaupt nicht schätzten - eine Kasse. Wer gab denn Geld aus fürs Baden, wenn man an der See wohnte? Das konnte doch nur den Badegästen passieren. Aber wie gelangte man unentgeltlich dort hincin?

Dabei kann ich mich gut an ein Erlebnis erinnern, denn wir Kinder fanden heraus, wie man auch ohne Geld dort hinein kam. Ich werde etwa vier oder fünf Jahre alt gewesen sein. Meine Mutter und Tante Grete - es war ja bereits von dieser Schwester die Rede - verstanden sich ihr Leben lang recht gut und unternahmen vieles gemeinsam. Auch die Männer hatten sich schätzen gelernt , und so blieb es nicht aus, daß auch ihre Tochter Hilde und ich streckenweise sehr oft zusammen waren. Sie war die Ältere, und so blieb ihr sicher auch die Rolle der Verantwortlichen. Wir trafen uns mit einigen anderen Kindern am Strand unmittelbar neben der erwähnten Badeanstalt. Die Eltern schätzten diesen Hauptstrand wegen seiner dichten Belegung überhaupt nicht. Sie fuhren etwas weiter weg, wo sich die Badegäste verloren. An Sonntagen sogar bis hinter Bansin, wo wir am Langen Berg sozusagen einen Privatstrand hatten.

Nun zurück zu dem Versuch, ohne Eintritt zu bezahlen, in die Badeanstalt zu gelangen. Es gab nur einen einzigen Weg. Es hieß sich an dem langen Drahtzaun entlang bis in die See hinaushangeln und auf der Gegenseite wieder zurück. Das war zwar sicher, aber umständlich. Wir hatten entdeckt, daß besagter Drahtzaun nicht an allen Stellen bis auf den Meeresboden hinunterreichte. Solch eine Stelle galt es zu finden. Hinzufügen muß ich, daß die Ostsee in jenen Jahren - ich rede ja hier von Anfang der 30er Jahre - so klar und sauber war, daß man tatsächlich unter Wasser bei Sonnenschein einige Meter weit sehen konnte.

Ich hatte also, unter Wasser suchend, eine solche Stelle entdeckt. Schnell tauchte ich hinunter und zwängte mich eben durch die Lücke, als ich mit der Badehose am Draht hängen blieb. Zur Hälfte innerhalb und außerhalb des Zaunes liegend, versuchte ich verzweifelt frei zu kommen, es gelang nicht. Zum Glück war Hilde zur Stelle. Sie tauchte ebenfalls, brachte mich frei und an die Wasseroberfläche, wo ich, nach Luft schnappend, bald wieder zu mir kam. Für den Tag glaube ich kaum, daß wir noch einen weiteren Versuch machten, danach war es immer wieder unser Eingang in die Badeanstalt. Zu Hause beichteten wir erst sehr viel später solche Ereignisse.

Selbst in der Hochsaison beschränkte sich das Strandleben auf den Bereich unterhalb der Kurpromenade, in unseren Augen kein Platz zum Verweilen. Aber einige hundert Meter weiter stand uns Kindern ein fast menschenleerer Strandabschnitt zur Verfügung, der sich für jede Spielart nutzen ließ. Unser bevorzugtes Strandrevier war der Abschnitt zwischen dem Ende des Hauptstrandes Swinemünde in Richtung auf Ahlbeck. Da wir meistens - jedenfalls in den späteren Jahren - mit dem Fahrrad unterwegs waren, kam es auf ein paar hundert Meter nicht an.

Nur sonntags änderte sich das Bild. In den Jahren vor meiner Schulzeit ging es meistens bereits frühzeitig mit den Eltern zum Strandleben.

Wie bereits erwähnt, an einen Strandabschnitt hinter Bansin. Der Anmarsch war von Swinemünde aus nur mit dem Auto zu bewerkstelligen. Einige Kilometer hinter Bansin auf der Landstraße gab es einen Waldweg, den man gut mit dem Auto befahren konnte. Er erweiterte sich unmittelbar vor den Dünen zu einem natürlichen großen Parkplatz, wo man bereits an den abgestellten Fahrzeugen erkennen konnte, wer am Strand war.

Die Familien verstreuten sich weitläufig am hier nicht allzu breiten Strand, bauten mehr oder weniger Sandburgen oder schützten sich mit Decken und Gestrüpp gegen Wind und Sand. Da weit und breit keine Einkaufsquelle für Getränke oder Imbiß vorhanden war, hieß es vorbeugen. Belegte Brote, Kartoffelsalat und Limonaden wurden mitgebracht, und so stand einem unbeschwerten Strandsonntag nichts im Wege. Damit es dennoch nicht so einsam war, fanden diese Ausflüge in aller Regel zusammen mit Bekannten statt. Auf unzähligen Fotos ist dies über viele Jahre hinweg andauernde Strandleben festgehalten.[2]

Da wir uns gedanklich am Badestrand befinden, möchte ich in diesem Zusammenhang auch einmal ein paar Worte über das Wetter verlieren. Damals wie heute ein nicht endender Gesprächsstoff besonders für die Urlaubsgäste. Wenn ich an den heute etwa 60 Jahre zurückliegenden Zeitabschnitt denke, möchte ich doch feststellen, daß früher Sommer und Winter von der Wetterlage her zeitlich deutlicher abgegrenzt waren. Das Klima an der Küste - und auf den Inseln noch ausgeprägter - wird heute wie damals von der umgebenden See geprägt. Der Sommer läßt lange auf sich warten. Denn die See, im Winter damals fast immer monatelang vereist, gibt noch viel Kälte ab. Die Sommer aber - etwa ab Juni - waren damals welche. Schlimmstenfalls unterbrach ein Gewitter den Sommertag, ohne eine empfindliche Abkühlung wie heute üblich zu hinterlassen. Im Herbst badeten wir - als Kinder ohnehin an fast tägliche Badefreuden gewöhnt - bis in den Oktober hinein.

2.)   *Den bevorzugten Strandabschnitt besuchte ich nach über 50 Jahren. Während der Zeiten des DDR-Tourismus war unser Geheimplatz zu einem umfangreichen Ferienpark für erholungssuchende Werktätige geworden. Zahlreiche Holzhütten waren hinter den Dünen installiert, verbunden mit Kiosken und Räumlichkeiten für sanitäre Belange. Der Strand war mit Masten bestückt, an deren Spitzen Lautsprecher angebracht waren. Eine Arbeitskolonne bemühte sich gerade, die Anlagen für eine neue Saison vorzubereiten. Jedoch die Mühe schien vergebens. Denn als ich 1997 und auch 1999 noch einmal die mir aus den Tagen der Kindheit so vertraute Stelle besuchte, fand ich von den Bungalows nur noch die Fundamente, der Parkplatz mit dem Kassenhäuschen lag verwaist.*

Während das - in diesen Jahren noch von den Eltern dominierte - Sonntagsvergnügen am Strand von uns Kindern durchaus begrüßt wurde, waren die Kaffeefahrten für uns oft ein echtes Ärgernis. In Abwechslung führten diese zu beliebten Ausflugsstätten auf beiden Inseln. Eine dieser viel besuchten Ausflugsstätten war der Fangel, eine bereits in meinen Jugendjahren bekannte und vielbesuchte Waldgaststätte im Hinterland von Bansin, idyllisch an den Krebssseen gelegen. Zu dieser Gaststätte gehörten Spargelanbauflächen, und so blieb das unvermeidliche Spargelessen an manchen Sonntagen nicht aus. Nach einem Spaziergang an den See oder durch den Kiefernwald, war es dann fast Zeit zum Kaffeetrinken. Welches zwar bei uns Kindern beliebter als das Mittagessen war, jedoch durch die großen Pausen vor und nach dem Genuß von Kakao und Kuchen ebenso anstrengend wurde. Hieß es doch über Gebühr lange am Tische, und zwar gesittet, auszuharren. Und selbst wenn man anschließend die Erlaubnis zum Entfernen erhalten hatte, ging man mit den Ermahnungen wegen der Sonntagskleidung keinen Unfug zu unternehmen, die zumindest dieser Schaden konnten. Eine zweite Stätte sonntäglicher Ausfahrten war das Restaurant an der Fährstelle bei Wolgast. In den ersten Jahren meiner Kindheit verkehrte hier tatsächlich noch ein Fährschiff. 1934 wurde die Brücke gebaut, nun gab es keine Fähre mehr, aber das Fährhaus blieb. Ein weiteres Ziel dieser Kaffeefahrten lag bei der Ortschaft Misdroy auf der Nachbarinsel Wollin, am sogenannten Kaffeeberg. Es war eine Ausflugsgaststätte an der Steilküste. Bereits damals durch herbstliche Stürme vom Unterspülen und damit Abstürzen bedroht. Die Küste sah hier vergleichsweise wie auf der Insel Rügen aus.

Auch die Insel Rügen wurde des öfteren von uns besucht. Bereits in meinen jüngeren Jahren war ich mit den Eltern auf dieser Insel. Ein- bis zweimal im Jahr führte uns eine längere Autofahrt dorthin. Ich kann mich noch an die Zeit erinnern, wo eine Fährverbindung nach Rügen bestand. Die Wartezeit an der Fährstelle in Stralsund war im Sommer beträchtlich. Dann wurde der Rügendamm gebaut, und man konnte ungehindert auf die Insel fahren. Obwohl Rügen auch Badeorte besitzt, fuhren wir stets nur an die Stellen mit der Steilküste, also Stubbenkammer und Kap Arkona.

Eine wesentliche Zuneigung wurde mir in den frühen Jahren meiner Kindheit von einer Stelle zuteil, die nicht familiären Ursprungs war. Während der Beschreibung des Lebensweges meines Vaters habe ich auch davon berichtet, daß dieser von den Verwandten meiner Mutter das Wohnhaus und das Betriebsgrundstück kaufte. Diese Familie mit ihrem Sohn

Arthur wohnten im Nebengebäude auf dem Hof. Bereits als kleines Kind hatten diese beiden älteren Leute - zu jener Zeit Rentner - für mich so etwas wie die Stelle von Großeltern übernommen. Es war in erster Linie die fast unbegrenzte Zeit dieser Beiden, die ihnen im Gegensatz zu meinen Eltern, welche rundum im Geschäftsstreß standen, Gelegenheit gab, sich um mich zu kümmern. Ein Erlebnis mit Tante Minna - wie ich sie nannte - ist mir deutlich im Gedächtnis geblieben. Wie bei älteren Menschen üblich, waren auch bei Tante Minna die Zähne wohl in jenen Jahren nicht mehr im besten Zustand. Der Weg zum Zahnarzt war sicherlich allein aus finanziellen Erwägungen heraus kaum gangbar. So schritt Tante Minna zur Selbsthilfe. Sie schlang einen dünnen Faden um den schlechten und sicher schon lockeren Zahn, befestigte dann das andere Ende am gewaltigen Schlüssel, der in der massiven Haustür im Korridor steckte. Sie öffnete die Tür, trat etwas zurück und warf dann mit Schwung die Tür in das Schloß. Es war sicher nicht viel schlimmer als beim Zahnarzt, der Zahn war draußen! Sie spülte sich den Mund aus, und der Fall war erledigt. Ich weiß noch, daß sie mir anbot, meine Milchzähne auf die gleiche Weise zu ziehen. Entsetzt lief ich zum Vater, der sagte: "Zeig mal her, welcher ist es denn?" Im gleichen Augenblick drückte er mit dem Finger den im Zahnfleisch schaukelnden Milchzahn nach hinten, und im nächsten Moment hielt er ihn auch schon in den Händen. Der Weg zu dieser Familie führte nur quer über den Hof, und so ergab es sich, daß ich viel öfter bei ihnen, als bei meinen wahren Großeltern weilte, die mütterlicherseits zwar nur zwei Straßen weiter und väterlicherseits in Heringsdorf wohnten. So befand sich von Anfang an manches Spielzeug in ihrem Hause, und es hatte für mich den unschätzbaren Vorteil, daß ich - sobald ich zum Essen oder anderen Dingen nach Hause zitiert wurde - alles stehen - oder liegenlassen konnte. Tante Minna räumte dann schon auf. Während es hier in erster Linie die weibliche Hälfte der Familie war, die mir besonders aufgeschlossen entgegen kam, war es bei der im Vorderhaus lebenden Familie der männliche Teil. Ihn nannte ich Onkel Robert, obwohl sie mit uns in keiner Weise verwandt waren. Er war in meinen Kinderjahren der große Märchenerzähler und wurde nicht müde, mir aus den Kinderbüchern vorzulesen. Ob er selbst meine Vorliebe für die Eisenbahn teilte oder nur mir zuliebe Stunden am Bahnhof stehend mit der Betrachtung der Dampflokomotiven verbrachte, kann ich heute nicht mehr sagen. Jedenfalls tat er es.

Soweit zu den Betrachtungen meiner frühen Kindheit bis etwa zum Schulbeginn 1934.

*Hafenpartie am Bollwerk in Swinemünde. Eine Radierung aus dem Jahre 1900.
Der Schienenstrang - auf den Vorseiten erwähnt - führte vom Hauptbahnhof zum
Kaiserbollwerk. Das Gebäude mit dem eckigen Turm war das ehemalige
Hotel Drei Kronen.*

*Die Hindenburgstraße verläuft etwa parallel zum Hafen. Links hinten die
Christuskirche, rechts davon der Marktplatz. Die schwarze Fläche am oberen
Bildrand sind die Plantagen, eine Parkanlage. Sie spielen in den Büchern
Theodor Fontanes (Meine Kinderjahre, Effi Briest) eine Rolle. Rechts ein Teil des
Hafens. Im Bogen die Anlegestelle der Stettin-Swinemünder Dampfschiffahrts-
Gesellschaft. Gegenüber die Spitze der Grünen Fläche.*

Dieser Blick heißt unter den Kolonnaden. Geschäfte mit Angeboten, ohne die
scheinbar kein Urlauber in den schönsten Wochen des Jahres damals auskam
oder heute auskommt.

Unmittelbar am Hauptstrand: Das Kurhaus als Mittelpunkt des Swinemünder Kurviertels.
Am Turm wehen Hakenkreuzfahnen, es ist Mitte der 30er Jahre.

Der Blick über den Kleinen Markt, als es noch der Adolf-Hitler-Platz war.
Das Emblem auf dem Lichtmast beweist es.
Der Turm der Lutherkirche ist links vom Mast zu sehen.

Die Christuskirche auf einer Aufnahme von 1963. Jetzt ist sie eine polnische Kirche und katholisch. Über die Jahrzehnte hinweg blieb meine Taufkirche gut erhalten.

Das war die Höllenmaschine, die mir zum Armbruch verhalf. Deutlich sieht man den Klotz unter dem Auspuff, die Maschine stand also mehr als wackelig. Zum Technischen: Eine wassergekühlte Zweizylinder (etwa 500 cm³), der Benzintank erweitert, um die Langstreckenrennen ohne Tankstop zu absolvieren. Das Getriebe ist vom Motor getrennt, die Kupplung (unterhalb meines linken Beines) freifliegend, wie wir später sagten. Alles, was Gewicht einspart, ist abmontiert: Die Scheinwerfer, Gepäck- und - für mich fast verhängnisvoll - der Kippständer.

Kurz darauf aus dem Krankenhaus zurück. Der Unterarm war gebrochen. Auf der Rückseite des Fotos steht das Datum: August/September 1929, ich war also knapp zwei Jahre alt. Mutters Hut war um diese Zeit äußerst modisch.

80

Blick von der Steilküste am Langen Berg. Dies ist eine Postkarte aus der Nachkriegszeit. Aber hier verändert nur die Natur die Landschaft und das sehr langsam.

Das Bild zeigt mich vor dem Familienbad. Es dürfte in dem Sommer gemacht sein, als ich beim unerlaubten Eindringen an den Haken des Zaunes hängen blieb. Das hölzerne Bad ist 1948 durch Brandstiftung vollständig zerstört worden. Nach Aussage polnischer Bewohner wurde es ein Opfer polnisch-russischer Streitigkeiten.

Kapitel 6

Die liebe Verwandtschaft

Von einer Familie war hier schon die Rede, von meiner Tante Grete und meinem Onkel Albert. Wir müssen sie näher kennenlernen, denn ihre Geschichte ist auch zeitweise die Geschichte meiner Eltern und damit auch meine Geschichte. Diese Verwandten - ich erwähnte es bereits - wohnten am ehemals Großen Markt, später Skagerrakplatz. In ihrem Haus befand sich im Untergeschoß die Samen- und Futtermittelhandlung des Onkels. Dahinter lagen Büroräume, und im 1. Stock des Hauses hatten sie ihre Wohnung. Ganz kurz zum Werdegang des Onkels Albert. Er war viele Jahre - wahrscheinlich Jahrzehnte - zur See gefahren und hatte es zum 1.Offizier auf Segelschiffen gebracht. Allein diese Tatsache verschafft ihm im nachhinein meinen uneingeschränkten Respekt und meine Bewunderung. Leider war damals noch keine Rede davon, und so habe ich sicher ungezählte Geschichten - darunter wahrscheinlich auch manch Seemansgarn verpaßt.

Aber an eine seiner Erzählungen erinnere ich mich genau: Nach einer Sturmfahrt im Indischen Ozean wurde sein Schiff - wobei sich das "sein" natürlich nicht auf die Besitzverhältnisse bezieht - auf die Klippenküste der Insel Madagaskar geschleudert. Wenigen Besatzungsmitgliedern gelang es, sich bis zur Rettung von Land aus in der Takelage des Schiffes festzuklammern, wobei ein Seil dem Onkel drei Finger einer Hand abschnitt. Bei der Bergung seiner persönlichen Habe nach dem Sturm montierte er auch das Steuerrad, den großen im Messinggehäuse befindlichen Kompaß und die Schiffsglocke ab und reiste mit diesen Dingen in die Heimat. Weiter hatte er im Gepäck einen Zeitungsausschnitt mit dem Foto des gestrandeten Viermasters. Es hing zeitlebens über dem Sofa in seiner Wohnstube. Die genannten Utensilien standen auf dem Speicher seines Hauses. Durch dieses Erlebnis - geschockt oder geläutert, ich weiß es nicht - hängte Albert seinen Seemannsberuf an den Nagel und blieb an Land. Letztlich ankerte er - um bei einem typischen seemännischen Begriff zu bleiben - auf der Insel Usedom in Swinemünde.

Einen Kardinalfehler der meisten Seeleute hatte Albert nicht gemacht: Sein sauer verdientes Geld in fremden Häfen nach einschlägigem Klischee verjubelt. Er kehrte sicher nicht als reicher, dennoch als wohlhabender Mann von See zurück. Es reichte für das ansehnliche Haus und für den

Grundstock besagter Samen- und Futtermittelhandlung. Er war zu jener Zeit auch nicht mehr der Jüngste, heiratete alsbald Margarethe (eine der drei Schwestern meiner Mutter) - für mich Tante Grete. Sie hatten besagte Tochter Hilde als einziges Kind.

Noch heute sehe ich vor meinen Augen die Gegebenheiten der Futtermittelhandlung von Onkel Albert: Der Laden war ein länglicher Raum mit einer ebenso langen Verkaufstheke. Dahinter an der Wand entlang standen große Kisten und auch Säcke, in denen eben diese Futtermittel, aber auch loses Getreide aller Art, Mehl und - für mich besonders wichtig - Erdnüsse waren. Es verging natürlich kein Besuch beim Onkel, ohne einen Griff von ihm in den Sack mit Erdnüssen, womit man bekanntlich eine Kinderhand leicht füllen kann.

Zu den schönen Erinnerungen gehörten auch die jährlich auf dem Platze vor seinem Hause stattfindende Kirmes. Da der Besuch der verschiedenen Buden, Fahrgeschäfte oder der Geisterbahn etwas Kleingeld erforderte - das von zu Hause mitgegebene Taschengeld war schnell aufgebraucht -, drückte ich mich dann etwas im Bereich vor der Ladentür des Onkels herum. In der Hoffnung, von ihm erspäht zu werden und einen weiteren Obolus für die Vergnügungen zu erhalten - es klappte meistens. Von zu Hause gab es für einen einmaligen Besuch der Kirmes einen Fünfziger - also ein Fünfzig-Pfennig-Stück. Es waren jedoch während der Dauer der Kirmes - meist eine Woche - noch Nachschläge möglich. Die Preise für die meisten Fahrgeschäfte, Losbuden und weitere Attraktionen bewegten sich von 5 bis 10 Pfennig.

Ein weiterer Teil der Swinemünder Verwandtschaft wohnte im mütterlichen Elternhaus in der Mühlenstraße in Swinemünde. Großvater betrieb dort einen kleinen Fuhrbetrieb, hatte eine Pferdedroschke und ein Lastfuhrwerk. Beides und die zugehörigen Pferde standen in Ställen auf dem Hof hinter dem Wohnhaus. Während ich an Großmutter kaum Erinnerungen habe, sehe ich Großvater Albert noch heute deutlich vor mir. Besondere Erlebnisse wurden es für mich, wenn ich seiner ansichtig wurde und er gerade einen Taxenauftrag auszuführen im Begriff war. Nicht selten bat er mich dann zu sich auf den Kutschersitz, und ich absolvierte stolz die Fahrt durch die Straßen, das große schwarze gußeiserne Taxameter neben mir.

Jahre später sehe ich ihn in der Wohnstube im Schaukelstuhl sitzen und an einer langen Pfeife saugen, deren gewaltiger Tabakkopf auf dem Boden stand. Großvater hatte durch Zucker bereits ein Bein verloren, und auch das zweite war einige Zeit später nicht mehr zu retten. Zuckerkrankheit kam in jenen Jahren wohl einem Todesurteil gleich. Sehr viel später - besonders in den Jahren, da ich ein Erinnerungsbuch über meine Heimatstadt zusammentrug - habe ich oft darüber nachgedacht, welche Quellen ich damals nicht erschlossen habe. Wenn ich - statt der stummen Bewunderung des Pfeife schmauchenden Großvaters - mich mit ihm unterhalten hätte! Großvater war Jahrgang 1862, und sicher hätte er von Erlebnissen aus seiner Jugendzeit und der seines Vaters allzu gern berichtet. Diese Geschichten hätten dann rein rechnerisch in den Jahren um 1830 und damit in einer Zeit gespielt, als Theodor Fontanes Vater die Apotheke in Swinemünde betrieb, und sein Sprößling als 10jähriger in den Pfützen vor der Christuskirche mit Stelzen herumsprang. Aber leider haben weder Urgroß- noch Großvater mütterlicherseits Geschichten oder Aufzeichnungen hinterlassen.

Die Schwester der Großmutter - für mich die Tante Anna - betrieb in jenen 30er Jahren und auch noch in den Kriegsjahren auf dem Hofe ihres Anwesens eine kleine Räucherei. Sie bezog Fisch - meist Flundern und Schollen, Aale und Heringe von den Kleinfischern, räucherte diese und verkaufte sie weiter. Ich kann nicht sagen, ob Tante Anna jemals verheiratet war.

Eine weitere Verwandte aus dieser mütterlichen Linie war eine Tante Else. Ihr genaues Verwandtschaftsverhältnis kann ich nicht rekonstruieren. Sie verschwand auch etwas später vollständig aus dem Gesichtskreis der Familie. Ihr Mann war - wie man so landläufig sagt - ein Nichtsnutz. Ein arbeitsscheuer Zeitgenosse. Die politische Einstufung war damals einfach, natürlich ein Linker- ein Kommunist. In den 30er Jahren sicher auch keine Grundlage für beruflichen oder gesellschaftlichen Aufstieg. Jener Mann also versuchte, seine finanziellen Verhältnisse durch Kohlenfischen aufzubessern.

Dazu muß ich vorab jedoch einiges erklären. Im Hafenbereich von Swinemünde umströmt die Swine eine längliche Insel, die Grüne Fläche. Sie entstand in den Jahren nach 1820 beim Ausbaggern der Fahrrinne für die Schiffahrt. Auf ihr befanden sich in erster Linie einige kleinere Werften. Eine weitere Einrichtung hatte ebenfalls auf dieser Insel ihren Platz, eine Bunkerstelle für Dampfschiffe (eine Anlage zum Übernehmen - Bunkern - von Kohle). Da dies mit einem Kran von an Land liegenden Kohlebergen zum Schiff geschah, verschwand alles, was daneben ging, im Wasser des Hafens. Bevor die Betreiberfirma in gewissen Abständen diese Fehlmengen wieder ans Tageslicht baggerte, begannen besagte Kohlenfischer ihr Werk. Mit langen Stangen, an denen Netze befestigt waren, versuchten sie von Ruderbooten aus, sich dieser Kohlen zu bemächtigen. Es geschah notwendigerweise in dunklen Nächten. So stellte die Kohlenfirma Wachmänner an, die eben dieses verhindern sollten.

Als besagter Verwandter eines Nachts mit Kollegen dieser Fischerei nachging, erschien ein Wachmann und wollte die Identität der Männer feststellen. Diese versuchten, sich der Sache zu entziehen, indem sie aus einer mitgeführten Pistole einen Warnschuß abgaben. Die Warnung hatte allerdings zur Folge, daß der Wachmann tödlich getroffen zu Boden ging, und damit standen die Männer - die wahrscheinlich aus vorhergehenden Ermittlungen bereits polizeilich bekannt waren - unter Mordanklage. Tante Else versteckte wohl über geraume Zeit hinweg den mißratenen Ehemann hinter einer Wandverkleidung ihrer Wohnung. Eines Tages aber flog die Sache auf, der Übeltäter kam vor Gericht und schließlich ins Gefängnis. Womit für den übrigen Teil der Verwandtschaft auch Tante Else aus dem Ahnenregister gestrichen wurde.

Eine weitere der Albert-Töchter, für mich die Tante Elisabeth, wohnte mit ihrem Mann zunächst in Anklam. Aus dieser Ehe entstammte ein Sohn, der uns später regelmäßig besuchte. Er war einiges älter als ich und während meiner Schulzeit bereits Soldat. Kurt brachte es bis zum Offizier der Luftwaffe, und auch in den Kriegsjahren besuchte er stets meine Eltern. Bei einem solchen Besuch hatte er einmal seine Schirmmütze und sein Jackett in der Garderobe abgelegt, und während er mit den Eltern im Wohnzimmer weilte, machte ich mit den Teilen seiner Offiziersuniform Maskerade. Die Garderobe hatte einen direkten Ausgang zur Straße, und so konnte ich der Versuchung nicht widerstehen, mich, solchermaßen eingekleidet, wenigstens im Hauseingang sehen zu lassen. Da es in Swinemünde als Kriegshafen in jenen Jahren von Militär wimmelte, kamen auch sogleich zwei Matrosen des Weges, die wahrscheinlich nur die Uniform im Hauseingang sahen, ohne auf das Milchgesicht zu achten. Sie grüßten zackig und stramm, was mich nicht wenig erschreckte. Ich flüchtete zurück in die Garderobe und zog irritiert die Uniformstücke aus. (Was ich aus dieser Episode fürs Leben gelernt habe: Es ist eben immer nur die Uniform, die man grüßt, kaum jemals den Menschen darin!)

Von meiner Tante Elisabeth gibt es jedoch noch einiges zu berichten. Die erste Ehe hielt nicht, Elisabeth ging nach Berlin. Sie wurde zunächst einmal, muß ich hier gleich einfügen, Haushälterin bei einem relativ hohen Beamten, der sie bald darauf heiratete. Für mich war er damit der Onkel

Ferdinand. Er war in Berlin bei der Reichsbahn beschäftigt. In seiner Position war er federführend für einen Bereich tätig, der in den Jahren des S-Bahn-Ausbaues für den Aufkauf der dazu benötigten Grundstücke zuständig war. Es ging den beiden recht gut, sie hatten in Berlin ein schönes Haus. Wann immer wir - meist Mutter und ich allein - in Berlin waren, besuchten wir sie, und wir wohnten dann auch dort. Es blieb meist bei einer Übernachtung. Für mich war Onkel Ferdinand der Inbegriff eines preußischen Beamten. Er war von großer, stattlicher Figur. Seine Haltung - sicherlich auch die innerliche - kerzengerade. Das Gesicht wurde von einem gewaltigen Schnurrbart unterstrichen, ein Zugeständnis an seinen ersten Dienstherrn, den Kaiser Wilhelm. In voller Erinnerung sind mir die Szenen am Frühstückstisch. Als ich den Onkel Ferdinand erstmalig erlebte, ging er sicherlich bereits auf die Sechzig zu. Er erschien aus dem Bad zum Frühstück, den Bart mit einer Bartbinde zu einem kunstvollen Gebilde hochgebunden, was ihm ein martialisches Aussehen verlieh. Er setzte sich kerzengerade an den Tisch, legte seine - bestimmt echt goldene - Taschenuhr neben den Teller in Sichtweite und begann das Frühstück. Es wurde nur unterbrochen von Bemerkungen wie: "Frau, das Ei ist zu weich" oder "Frau, gieße mir bitte den Kaffee nach!" (Er nannte meine Tante stets nur Frau). Nach mehreren Blicken auf die Uhr und der Feststellung, daß es nunmehr wohl 7.28 Uhr sei und damit Zeit, zur S-Bahn zu gehen, verabschiedete er sich von uns allen, ließ sich von "Frau" in den Mantel helfen, ergriff einen Spazierstock und ging zum Dienst. Ich kann mir nicht vorstellen, daß er jemals im Leben eine Minute zu spät in sein Büro gekommen ist. Seine Untergebenen werden es nicht einfach gehabt haben. Mutter versäumte es nie, auf der Heimreise zu bemerken, daß es ihr in seiner Gegenwart eiskalt den Rücken hinunterliefe und sie nicht verstehen konnte, wie Elisabeth das durchhielt.

Ich will die Geschichte von diesen beiden Verwandten auch gleich zu Ende erzählen, da bleibt der Zusammenhang besser gewahrt. Es war am 65. Geburtstag des Onkels Ferdinand. Für ihn als Beamten gleichzeitig der letzte Diensttag. Ich gebe hier die Erzählung der Tante wieder. Ferdinand hatte sich an diesem Morgen noch etwas Besonderes vorgenommen, ein Fußbad. Während er auf dem Stuhle saß und seine Füße im warmen Wasser bewegte, wurde ihm schlecht, er sackte in sich zusammen und war in der nächsten Minute tot! Als Beamter war er pensionsberechtigt, ebenso auch seine Witwe, und nun setzte ein Gerangel mit der Pensionskasse ein, ob er bereits seine Ruhebezüge hätte oder ob er noch im Dienst verstorben wäre. Eine der Leistungen wäre wohl ungleich höher ausgefallen. Nach vielem Hin und Her erhielt Tante schließlich den Bescheid, daß sie den Anspruch auf die höheren Bezüge hätte.

Eine weitere verwandtschaftliche Beziehung muß noch erwähnt werden, sie zieht sich dann weit durch meine jüngeren und auch späteren Jahre. Es ist die Familie K. Für mich Tante Emmy und Onkel Fritz. Sie lebten in Genthin, einer Kleinstadt in Mitteldeutschland, der Ort liegt an der Bundesstraße 1 zwischen Brandenburg und Magdeburg. Wir besuchten bei Gelegenheit gern diese Verwandten, genau wie sie bei Familienfesten oder dergleichen nicht den Weg an die Ostsee scheuten, für beide die eigentliche Heimat. Onkel Fritz war aus Koserow, einem Badeort auf der Insel Usedom. Und Tante Emmy als geborene Swinemünderin hatte sicher dort viele alte Bekannte und weilte auch gern an der See. Onkel Fritz betrieb zunächst eine Schmiede und später eine Kraftfahrzeug-Werkstatt. Der Betrieb lief in den aufstrebenden 30er Jahren sehr gut. Genthin war ein Ort mit viel ländlicher Umgebung und in jenen Jahren gut verdienenden Bauern. Sie alle kauften Liefer- oder Personenwagen, und so blieb auch für den Onkel nichts weiter übrig, als den Betrieb immer wieder den neuen Erfordernissen durch Anbauten anzupassen. Er vertrat als Vertragshändler die Firma Ford. Sein beruflicher Werdegang war mit dem meines Vaters zu vergleichen, auch er hatte zwei Meistertitel, den eines Schmiede- und den eines Kraftfahrzeugmeisters. Wir wohnten bei Besuchen im Obergeschoß seines Hauses, und für mich bleibt da eine Erinnerung an eine kleine Dachmansarde, in welcher ich morgens durch unmäßig lautes Glockengeläut geweckt wurde. Die Kirche war nur einen Steinwurf weit entfernt.

Was ich damals in keiner Weise ahnte - ausgerechnet meine Wenigkeit sollte es sein, die nach dem Kriege den zwischenzeitlich durch Altersschwäche verstummten Mechanismus instandsetzen und damit die Glocke wieder zum Läuten bringen sollte. Und in eben dieser Kirche würde ich getraut werden. Meine Mutter bezeichnete die Kleinstadt immer abwertend als Ackerbürgerstadt, zumal das Straßenbild in jenen Jahren durch das ländliche Umfeld tatsächlich durch Bauern und deren Fuhrwerke und später Traktoren geprägt wurde. Mit dem Badeort Swinemünde dieser Jahre sicher nicht zu vergleichen. Was aber meine Mutter damals in keiner Weise voraussah: Für sie sollte es nach dem Kriege die zweite Heimat werden und schließlich für beide Elternteile der Ort der letzten Ruhe.

Zum Schluß dieses Kapitels muß noch etwas zur väterlichen, der Heringsdorfer Verwandtschaft gesagt werden. Das erste Viertel dieser Familiengeschichte endete mit dem Tod des Glasermeisters Wilhelm Hartwig in Heringsdorf. Dort wohnten jetzt in der Villa Hartwig seine Witwe Meta, meine Großmutter, zunächst noch mit ihren beiden Kindern Willy und Paul. Sie führte das Haus weiterhin als Pension, in der Glaserwerkstatt übernahm nach dem Tode Großvaters ein Meister die Leitung.

Kurz noch etwas zu beiden Söhnen. Zu Paul hatte mein Vater kein gutes Verhältnis, es besserte sich erst in den Nachkriegsjahren. In den braunen Jahren hatte Paul sicher keinen leichten Stand, denn er war überzeugter Kommunist. Willy, wie bereits erwähnt, lernte bei Vater, machte sich später in Swinemünde selbständig und reparierte hauptsächlich Lastkraftwagen. Auch nach dem Kriege betrieb Willy eine Lkw-Werkstatt, zunächst in Heringsdorf, später in Ahlbeck. Die Familie hatte einen Sohn, der bereits als Dreizehnjähriger verstarb. Auch Onkel Willy wurde nicht sehr alt. Sie alle fanden in Ahlbeck ihre letzte Ruhe.

Die für mich einigermaßen sorglose Vorschulzeit ging zu Ende.

Blick über den Kleinen Markt auf die Christuskirche.
Die Straße in Blickrichtung ist die Hindenburgstraße.

Diese Postkarte heißt: Die Pankgrafen kommen! Zu den Pankgrafen habe ich
keinen Bezug, aber im Hintergrund sieht man die Futtermittelhandlung meines
Onkels Albert. Aus den Fenstern beobachten das Treiben auf dem Markt, außer
einigen Besuchern, auch meine Eltern und die Familie R. Die Häuser standen bis
1996 in alter Form und waren bewohnt. 1997 waren das Haus des Onkels und das
Nachbarhaus abgerissen und wurden durch einen Neubau ersetzt.

Familie R. etwa Ende der 30er Jahre. Man sieht ihnen förmlich den Wohlstand an! So hatte man sich in den Jahren vor dem Kriege eine gutbürgerliche Familie vorzustellen. Pelzjacke und Krokodilledertasche - damals wohl noch von keinen Umwelt- und Tierschützern angeprangert - waren Pflicht. In Onkel Albert erkennt man zu dieser Zeit den Segelschiffsoffizier auch nicht mehr.

Ein Foto von Tante Emmy und Onkel Fritz, etwa Mitte der 30er Jahre. So habe ich sie erlebt, und so sind sie mir auch in Erinnerung geblieben - wenn bis zu unserer Familienzusammenführung auch noch mehr als 10 Jahre vergehen sollten.

Kapitel 7

Schulzeit - Dienstzeit - Freizeit

So stand ich also am Tage nach Ostern 1934 - damals begann das Schuljahr noch Ostern - vor der Schule Steinbrückstraße in Swinemünde, einer Grundschule für Jungen. Es ist möglich, daß diese Schule bereits damals Adolf-Hitler-Schule hieß.

Mein Klassenlehrer hieß F.. In meiner Erinnerung ein gütiger, verständnisvoller Lehrer, der seine Klasse fest im Griff hatte, ohne zu irgendwelchen Zuchtmitteln greifen zu müssen. Wir befanden uns ja in einer Zeit, wo dem Lehrer durchaus handgreifliche Mittel, sprich: Schläge, zugebilligt und diese oft auch genutzt wurden. Damals begleitete der Klassenlehrer die Grundschulstufe - also über vier Jahre hinweg - seiner Klasse allein. Ich weiß nicht mehr genau, ob Fächer wie Singen, Sport, Religion usw. von anderen Lehrkräften unterrichtet wurden.

Zu mir als Schüler darf ich bemerken, daß ich in diesen Jahren der Grundschule durchaus ein sehr guter Schüler war (es wird sich später ändern, leider). Meine damaligen Zeugnisse belegen dies. Der Unterrichtsstoff fiel mir leicht, ich ging gern zur Schule. Es war nicht zuletzt ein Verdienst besagten Klassenlehrers. Ich war in jenen Jahren auch sicher ein sehr schüchternes, leicht zu lenkendes Kind. Auf einen Vorfall kann ich mich besinnen, der dies verdeutlicht. Als eine der wenigen Strafen verhängte unser Lehrer das Nachsitzen, etwa eine Stunde über das Unterrichtsende hinaus. Die Maßregelung wurde jedoch dadurch gemildert, daß man in dieser Zeit die Hausarbeiten machen durfte, was überdies den Vorteil der Nachfragemöglichkeit in sich barg. Über eine gewisse Zeit war ich ohne diese Strafmaßnahme hinweggekommen, bis es mich eines Tages dennoch erwischte und das sozusagen kollektiv. Es war irgendeine Unregelmäßigkeit vorgekommen, wobei sich die Übeltäter wohl nicht ganz genau ermitteln ließen, und so geriet ich in den Kreis der Mitschuldigen. Es ist mir in Erinnerung geblieben, daß ich bitterlich weinte und wohl auch um Erlaß der Strafe gebeten habe, es nutzte aber alles nichts. Wir saßen gemeinsam unsere Zeit ab. Vielleicht war es aber auch, daß ich mich ungerecht behandelt fühlte.

Herausragende Ereignisse in diesen Jahren auf der Grundschule gab es nicht, so daß ich mich hier einigen Dingen zuwenden will, die außerhalb der Schulzeit spielten und die mir deutlich - jedenfalls mehr als der Unterrichtsstoff - in Erinnerung geblieben sind.

Irgendwann in diesen ersten Schuljahren ging ein lang gehegter Wunsch von mir in Erfüllung - nämlich eine Bahnfahrt. Ich war bestimmt schon sieben oder acht Jahre alt, als die Familie mir zu Gefallen mit der Bahn von Swinemünde nach Heringsdorf zu den Großeltern fuhr.

Dabei war es im Gegensatz zu heute damals ja durchaus nicht normal, daß die Eltern ein Auto besaßen. Es war bei uns ausschließlich durch den Beruf meines Vaters bedingt. Diese Zusammenhänge sah ich natürlich so nicht. Und auch ein anderes Kriterium meiner Umwelt begriff ich erst viel später. Ich wuchs - wir haben es bereits bei der Geschichte mit dem Motorrad und dem gebrochenen Arm gesehen - mit, unter und neben Autos und Motorrädern auf. Auch bei meinem Onkel Fritz war der Erwerbszweig eine Autovertretung. Und der Bruder meines Vaters, der Onkel Willy, betrieb seit 1936 in Swinemünde eine Lkw-Werkstatt. So wurde ich in meiner Kindheit bei Verwandtenbesuchen immer wieder mit Autos konfrontiert. Dadurch gewann ich zeitweise den Eindruck, daß alle Menschen sich ausschließlich mit der Instandsetzung und dem Verkauf von Automobilen jeder Art beschäftigt haben.

1934 traten Ereignisse ein, welche für mich einige Bedeutung haben sollten. In diesem Jahr, zeitlich sogar dicht hintereinander, starb zuerst der Herr R. und danach seine Frau, meine Tante Minna. Als sie den Sarg aus der Wohnung über den Hof trugen, lag ich auf der Fußmatte vor ihrem Hause und weinte. Ich habe an dieser Frau, die verwandtschaftlich meine Großtante war, sehr gehangen. Was sollte nur aus ihrem Sohn Arthur werden? Eine weitere Schwester meiner Großmutter - die auch bereits eingeordnete Tante Anna - erbarmte sich seiner und nahm ihn zu sich. Arthur war aufgrund seiner geistigen Behinderung für ein Berufsleben nicht geeignet. Er war gutmütig, willig zu allen möglichen Arbeiten, die einfacher Natur waren. Vater beschäftigte ihn schon mal im Haus und Hof, zumal er ständig greifbar war. Nun zog er also zu Tante Anna, es war aber auch nur eine Straßenecke weiter, und er blieb uns weiterhin erhalten. Irgendwie hatte Arthur immer das Gefühl - und es war ja auch nicht ganz unbegründet, denn das Grundstück hatte ja einmal seinen Eltern gehört - daß er für die Belange von Haus und Hof verantwortlich war. Da er sich gegenüber Erwachsenen nicht durchsetzen konnte, spielte er sich uns Kindern gegenüber als Herrscher aller Reußen auf, was naturgemäß unseren Widerspruch herausforderte. Er sprach nur plattdeutsch, und seine Flüche über unsere Untaten hätten sicherlich manch heimatkundliches Werk gefüllt. Da er jedoch nicht so schnell laufen konnte wie wir, zog er uns gegenüber stets den kürzeren. Doch ebenso schnell, wie er in Rage kam, vergaß er auch.

Und ich will seine Geschichte gleich zu Ende erzählen, obwohl sie eigentlich kein Ende hat - wenigstens kein gutes. Nach 1945 hatte sich Tante Anna mit Arthur nach Bansin abgesetzt. Dort hatte sie eine kleine Wohnung gemietet. Da auch für Arthur irgendeine Beschäftigung gefunden werden mußte, gab sie ihn zu einem Bauern ins Hinterland der Insel. Eine Zeitlang hatten sie noch Kontakt, Anna besuchte ihn auch auf dem Bauernhof. Eines Tages war er schlicht weg. Keiner wußte wohin, keiner wußte genau wann und wie, er war und blieb weg. Es spricht für die Nöte und Sorgen dieser Nachkriegszeit. Ein Mensch war verschwunden, damit hatte es sich. Es forschte wohl auch niemand nach.

Die Wohnung der Familie R. stand nicht lange leer. Vater vermietete sie an eine Familie K., und das blieb nicht ohne Folgen für mich. Die neuen Bewohner hatten zwei Söhne. Einen im Verhältnis zu mir etwa drei Jahre älteren namens Horst, der keine größere Bedeutung für mich hatte, und den Lothar, ein Jahr älter als ich. Wir beide umkreisten uns zwei, drei Tage, dann hatten wir Freundschaft geschlossen. Eine Freundschaft, die uns vieles gemeinsam erleben ließ und die - wie man so sagt - bis zum Tode ging. (Nur, der Tod war gar nicht mehr so fern für unsere Generation.) In erster Linie war es unsere gemeinsame Liebe zum Basteln, zum etwas Bauen. Sei es aus Holz, Eisen oder anderen Materialien, die man zu diesen Dingen gebrauchen konnte. In der Folgezeit sollten wir fast alles anfertigen, was man, seinem jeweiligen Kenntnis- und Entwicklungsstand angepaßt, so ausführen konnte. Diese Bauvorhaben erstreckten sich über mehrere Jahre, die Zeit von 1934 bis 1942. In den Kriegsjahren endeten nach und nach diese Jugendaktivitäten.

Ich beginne zunächst mit den frühen Werken unserer Baukünste. Altersmäßig dürfen wir diese Schaffensperiode zwischen acht und zehn Jahren einordnen. Die Hälfte unserer Freizeit verbrachten wir auf dem Hof und in der Werkstatt. Für uns eine immerwährende Quelle von Erfahrungen und Erlebnissen im Reiche der Auto- und Motorradtechnik. So stand sicher nicht von ungefähr als erstes der Wunsch nach der Beherrschung dieser

Vehikel an. Im Klartext: Wir wollten fahren lernen, zunächst Motorrad fahren. Natürlich hatten wir hundertfach beobachtet, wie die Gesellen es anstellten, ein solches Ding zu starten und in Gang zu setzen. Sicher haben wir auch viele dumme Fragen gestellt. Aber schließlich war ich der Sohn vom Chef, und so blieb den Mitarbeitern im Betrieb gar nichts anderes übrig, als uns zu dulden. Zumal es ja Vater auch keinesfalls verboten hatte.

Für unsere erste Fahrstunde wählten wir einen Sonntag aus. Ich wußte, daß die Eltern stets den Sonntag nutzten, um einmal gut auszuschlafen, und so war morgens etwa um 7 Uhr nicht mit dem Auftauchen Vaters in der Werkstatt zu rechnen. Wir hatten beobachtet, welches Motorrad am Sonnabend zwar fahrfertig, aber nicht abgeholt wurde.

Die Motorradwerkstatt war ein längliches Gebäude seitlich am Hofraum, es standen an jenem Sonntag aber außer den Motorrädern auch ein oder zwei Autos darin. Der Raum hatte zur Reparatur von Fahrzeugen eine mit einem Bretterbelag abgedeckte Grube. Damals in Autowerkstätten eine Grundausstattung, heute mehr durch Hebebühnen ersetzt. Das muß ich vorausschicken, um die Ereignisse verständlich zu machen. Schnell war die Maschine gestartet, und die Fahrt durch die Werkstatt begann. Ich hatte die Initiative übernommen und segelte zunächst mehr als unsicher vorbei an abgestellten Motorrädern durch die Maschinenwerkstatt. Nachdem die ersten zwei oder drei Touren durchaus zufriedenstellend verliefen, dehnte ich den Aktionsradius aus und geriet dabei mit dem Vorderrad der Maschine auf die Abdeckung der Grube. Sicher lagen die Bretter nicht so dicht wie sie sollten, jedenfalls gelangte der schmale Reifen dazwischen, und die Maschine sackte mit ihrem Vorderteil in die Grube. Es war gerade ein unpassender Moment.

Das Motorengeräusch am ruhigen Sonntagmorgen hatte Vater auf den Plan gerufen, der sich die Geräusche aus der Werkstatt zunächst nicht erklären konnte. Nun sah er die Ursache. Trotz allem Verständnis war eine Strafpredigt fällig, zumal es sich ja um eine Kundenmaschine handelte. Zum Glück war kein Schaden im eigentlichen Sinne an der Maschine entstanden, es hätte schlimmer enden können. Die anschließende Diskussion über das Warum unseres Vorhabens - den Wunsch, Motorradfahren zu lernen - nahm dann sogar für uns erfreuliche Züge an. Vater versprach, nach einem geeigneten Objekt zu suchen, um unsere Fahrleidenschaft auf ungefährliche Weise verwirklichen zu können. Damit begann nun ein weiteres, diesmal längeres Kapitel unserer Bauleidenschaft.

Bereits einige Tage darauf durchforsteten wir mit Vater zusammen den Dachboden über der Werkstatt nach einem geeigneten Objekt. Auf diesem Boden hatte sich alles angesammelt, was sich etwa aus den Baujahren der Jahrhundertwende an Motoren und Teilen als nicht mehr reparierbar, aber dennoch nicht sofort in die Schrottkiste zu werfendes Gerät erwiesen hatte. (Man muß heute in das Deutsche Museum nach München oder das Motorradmuseum nach Neckarsulm bzw. auf Schloß Augustusburg gehen, um derartigen Raritäten nachzutrauern.) Damals war es weder mir noch anderen bewußt, was hier für Werte lagerten. Unter anderem befanden sich darunter einige komplette Fahrräder mit Hilfsmotoren, damals und nach dem 2. Weltkrieg noch einmal eine beliebte Spezies der Motorisierung. Schließlich verdichtete sich unser Interesse auf einen von der Firma NSU hergestellten Einzylinder-Kleinmotor. Er war ohne jede Gangschaltung, die Kupplung an der Seite, mit einem auf den Motor aufgebauten Benzintank.

NSU als Fahrrad- und Motorradhersteller jener Tage hatte diesen Motor im Zusammenhang mit einem speziellen Fahrrad entwickelt. Es war entsprechend verstärkt, der Auspuff des Motors wurde im vorderen Schutzblech nach unten geführt. Der Motor befand sich oberhalb des Vorderrades und trieb dieses über eine Kette an. Es sollte für unser Vorhaben dennoch ein längerer Weg werden, in einer Kiste befand sich allein der total zerlegte Motor. Von dem zugehörigen Fahrrad keine Spur. Trotzdem entschieden wir uns schließlich für dieses Objekt. Vater ließ uns bereitwilligst mit dem Schrott ziehen, wohl annehmend, daß zwar unsere Bastelleidenschaft fürs erste befriedigt sei, der Motor aber so schnell nicht laufen würde.

Auf dem Dachboden des elterlichen Hauses hatten Lothar und ich über viele Jahre unser eigenes Refugium. Man gelangte aus unserer Küche über eine seitlich an die Wand klappbare Leiter und eine Dachluke dorthin. Sie war mit Gegengewichten kombiniert und ließ ein Öffnen mit einer Stange zu. Wir hatten eine Möglichkeit geschaffen, über die Leiter auf den Boden zu gelangen, die Leiter von oben hochzuklappen und die Luke zu schließen. So sah keiner von der Küche aus, daß sich jemand auf dem Dachboden aufhielt. In den Anfangsjahren unserer Freundschaft unterhielten wir auf den Sparren oberhalb des Dachbodens eine kleine Plattform aus Brettern, die nur über eine selbstgefertigte Strickleiter - und damit nur für uns - zugänglich war. Hier fanden auch die ersten Rauchversuche - mit einer Pfeife - statt. Wie spätere Rauchversuche endeten, für mich auf Lebenszeit, will ich auch gleich berichten. Selbst wenn wir dadurch etwas von dem

Motor abkommen. Hier also die Raucher-Verhinderungs-Zeremonie, durchaus jedem Jugendlichen zur Nachahmung empfohlen:

Vater hatte einen Tierarzt als Kunden, der ein Cabriolet fuhr. Der Doktor kaufte sich 1934 ein neues Auto, Vater nahm den Altwagen in Zahlung und behielt ihn eine Zeitlang für sich. Denn im Sommer war es schon eine feine Sache, mit solch einem Vollkabrio zu fahren. Nach der Inzahlungnahme inspizierten Lothar und ich diesen - jetzt unseren - Wagen und fanden im Handschuhfach eine dicke schwarze Zigarre, die wohl der Doktor mit Vorliebe rauchte. Wir teilten die Zigarre brüderlich in zwei Teile und verzogen uns damit sinnigerweise auf eine der Toiletten für das Werkstattpersonal. Bald standen wir unter Dampf und wurden nicht müde, kräftig an dem Ding zu saugen. Es kam, wie es wohl kommen mußte. Uns wurde so etwas von schlecht, wie es einem nur werden konnte. Zum Glück waren wir am rechten Ort, denn bald entleerte es uns den Magen, abwechselnd nach oben und nach unten. Kreidebleich verließen wir schließlich die Stätte unserer Schmach. Für mich hatte das Erlebnis Langzeitwirkung, ich blieb passionierter Nichtraucher.

Nach dieser Einflechtung geht es mit dem Motor bzw. dessen Teilen weiter, wozu wir ihn auf den häuslichen Dachboden in unsere kleine Werkstatt holten. Nach und nach in den Jahren waren wir ganz gut eingerichtet. Sicher stammte nicht jedes Werkzeug, was wir hier benutzten, aus ausrangierten Beständen der Werkstatt. Manches blieb einem einfach an den Fingern hängen. Wir reinigten alle Teile gründlich und stellten zunächst einmal fest, aus welchem Grunde der Vorbesitzer diese Rarität weggeworfen hatte. Wir kamen bald darauf. Die kleine Schwungscheibe, die außerhalb des Motors lief und auch die Zündanlage enthielt, war auf der Kurbelwelle mit einer sogenannten Konus-/Keilverbindung befestigt. Die Kurbelwelle war an dieser Stelle leicht ausgebrochen, solch eine Reparatur ist aufwendig und hatte sicher den Wert des Motors überstiegen. Es überstieg jedoch auch unsere Fertigkeiten, und so baten wir Vater um Hilfe. Er fertigte uns einen kleinen Keil an, der genau in die Konturen der Kurbelwelle paßte, schliff das Ganze mit Schleifpaste aufeinander ein und ließ uns weiterbauen.

Wir haben den an sich einfachen Zweitakter wohl zwei- oder dreimal zerlegt und zusammengebaut. Dann blieb nichts Wesentliches mehr übrig, und wir machten den ersten Startversuch. Normalerweise wurde der Motor über das Fahrrad durch Antreten gestartet, eine Anlaßvorrichtung hatte er nicht. Nach einiger Übung entwickelten wir eine Methode, ihn von Hand an der Schwungscheibe anzuwerfen, und springend und zitternd lief das kleine Motorchen auf unserer Werkbank. Aber das reichte natürlich nach der ersten Freude über unser Werk nicht aus, wir dachten über einen sinnvollen Einsatz nach. Vaters Vorschlag dazu war, ein Gestell zu bauen, auf dem der Motor thronte, und eine Anlaßmöglichkeit zu schaffen. Es fand naturgemäß nicht unseren Beifall. Wir setzten einen anderen Plan in die Tat um.

Für die Werkstatt und die Tankstelle wurde Öl in Büchsen angeliefert, die in großen länglichen Holzkisten verschickt wurden. Die Kisten waren so groß, daß man bequem in einer solchen sitzen konnte.Vom Schrottplatz besorgten wir ein Kinderwagengestell und demontierten beide Achsen. Die Vorderachse wurde in der Mitte durchbohrt und auf einen kleinen Klotz unterhalb des Kistenbodens mit einer Schraube befestigt. Sie bekam links und rechts einen starken Bindfaden. Dieser wurde in die Kiste geführt und über einen drehbaren Stecken abwechselnd links und rechts betätigt. Das war die Lenkung. Der Motor fand im hinteren Teil der Kiste Platz. Er trieb über eine Kette die Hinterachse, die sich in zwei Kugellagern drehte. Die Räder dieser Achse hatten wir kurzerhand von einem Gesellen auf dieser festlöten lassen.

Der Wagen wurde an Vaters Tankstelle betankt, und nachdem Feierabend auf dem Betriebsgrundstück eingekehrt war, begannen wir die Fahrerprobung. Das Gefährt wurde bei gezogener Kupplung angeschoben, und sofort nach dem Loslasssen des Kupplungshebels sprang der Motor an. DieFahrt konnte beginnen. Die Kiste war zwar nicht schnell, sie fuhr jedoch ausgezeichnet, und auch die primitive Lenkung ließ uns auf dem weitläufigen Hof, der ja vollständig zementiert war, kühne Runden fahren. Wir waren stolz auf uns und auf unser Werk. Einen kleinen Dämpfer bekam die Freude dadurch, daß in Ermangelung eines richtigen Auspuffs der Motor in Relation zu seiner Größe einen Heidenkrach verursachte. Die Fahrversuche konnten also immer nur solange anhalten, wie die Anwohner es duldeten. Aber da im Vorderhaus allein meine und im Haus auf dem Hof Lothars Eltern wohnten, dürfte es jeweils lange genug gewesen sein, unsere Fahrleidenschaft auszuleben. Dies ging sicher über eine längere Zeitspanne hinweg so, aber schließlich genügte es unseren Ansprüchen nicht mehr. Wir wollten - mit dem gleichen Motor, der sich so bewährt hatte - ein Motorrad schaffen. Ein neues Bauvorhaben war fällig.

Unser Motorradbau begann mit der Suche nach einem geeigneten Fahrrad-rahmen. Auf dem bereits beschriebenen Dachboden oberhalb der Werkstatt weiter kein Problem. So etwas fand sich dort leicht. Auf das Hinterrad mit Freilauf und Kettenrad verzichteten wir bewußt. Während ein Rad einfach hinten in den Rahmen eingebaut wurde, erhielt das Vorderrad ein Ketten-ritzel. Der Motor fand seinen Platz auf zwei Streben und einer Halterung an der Gabel. Wir hatten ja einige dieser Original-Motosulm-Hilfsmotor-räder gesehen und wußten in etwa, wie es aussehen mußte. Obwohl diese Art Kleinstmotorräder bereits in den 30er Jahren nicht mehr modern und völlig aus dem Straßenverkehr verschwunden waren. Da wir nicht einmal die nötige Körpergröße hatten, um ein normales Herrenrad vom Sattel aus zu bedienen, ersparten wir uns auch diesen. Schraubten statt dessen ein schmales Brett auf die Rahmenstange, welches später mit einigen Putzlap-pen gepolstert wurde. Anstelle der Tretkurbeln und Pedale steckten wir ein Rohr durch die Rahmenöffnung und fertig war unser Motorrad. Bremse und Licht waren reiner Luxus, auf der rechten Lenkerseite fanden der Gashebel und links der Kupplungshebel Platz. Nach kurzem Anlauf sprang unser zuverlässiger Motor an, und unter dem gleichen Geknatter wie vorher mit der Ölbüchsenkiste drehten wir Runde um Runde auf dem Hof. Soweit uns die Arbeitsruhe in der Werkstatt abends oder am Wochenende dazu Gele-genheit bot. Die Maschine fuhr wirklich so gut, daß es uns bald nach größeren Taten drängte.

Es muß in der Herbstzeit gewesen sein, und der menschenleere Strand außerhalb der Promenade lud uns geradezu ein. Wir bauten einen Gepäck-träger auf, stülpten einen Sack über den Motor, so daß unser Vehikel auf den ersten Blick nicht als motorisiert zu erkennen war. Die Kette zum Vorder-rad nahmen wir ab und schoben das Gefährt an den Strand etwas außerhalb Swinemündes. Schnell war die Kette wieder montiert, schon knatterte unser Motörchen, und wir versuchten das Anfahren aus dem Stand mit zwei Mann. Es sollte ja schließlich eine längere Fahrt werden. Der PS-schwache Motor brachte uns jedoch auf dem Sandboden nicht von der Stelle - auf dem Hof hatte es geklappt, aber da war Betonboden. Doch wir wußten auch hier Abhilfe. Einer fuhr an, der Mitfahrer stand etwa 10 Meter weiter bereit und sprang auf das vorbeifahrende Vehikel auf. Die Fahrt, wenn auch in Schlangenlinien am festen Sandstrand entlang in Richtung auf Ahlbeck, war ein Genuß. Wir wechselten uns in der Rolle des Fahrers und Beifahrers ab, es war ein Heidenspaß. Doch wir wurden, schneller als gedacht, buchstäblich auf den Boden zurückgeholt, denn wir sollten über etwas stolpern. Der Küstenabschnitt zwischen Swinemünde und Ahlbeck diente in diesen Jahren vor dem Kriege nicht allein friedlichen Zwecken. In bestimmte Strandabschnitte waren Flugabwehr-Geschütze eingebaut, und die Soldaten übten natürlich auch. Sie schossen auf Luft- und Seeziele. Für die Flugabwehr wurden sogenannte Schleppsäcke, die an langen dünnen Drahtseilen hingen, von vergleichsweise gemütlich fliegenden Maschinen gezogen. Ab und zu wurden diese Zielscheiben auch getroffen und stürzten mitsamt dem Schleppdraht in die See. Die niemals ruhende Dünung brachte dann über kurz oder lang diese Dinge an den Strand, der Schleppsack wurde meist geborgen. Der Draht blieb liegen.

Lothar fuhr, ich saß mit weit abgespreizten Beinen auf dem Gepäckträger, und so kamen wir dicht an einer solchen Drahtrolle vorbei, die halb in den Sand eingespült war. Mein Fuß verfing sich im Draht. Noch einen Moment lang zog ich die Rolle hinter mir her, dann straffte sich die Schlinge und riß mich vom Gepäckträger. Lothar kam ins Schleudern, konnte sich ebenfalls nicht mehr halten und stürzte in den Sand. Der Schaden war begrenzt, uns war so gut wie nichts geschehen. Auch unser Motor nahm die Behandlung nicht so übel. Am Fahrgestell befand sich kaum etwas, was hätte Schaden nehmen können. So rappelten wir uns schnell wieder hoch, und bald nahmen wir den Fahrbetrieb wieder auf. Doch dann nahte ein neues Unglück, diesmal war es das Auge des Gesetzes. Denn am Strand entlang patroullierte ein sogenannter Landjäger, eine Art Polizist. Er war mit dem Fahrrad unterwegs, stoppte uns pflichtgemäß und betrachtete zunächst einmal unsere Fahrmaschine. Dann stellte er fest, daß das Fahren am Strande ohnehin verboten und mit einem solchen verkehrs-untauglichen Gerät mindestens zweimal verboten war. Er müsse eine Anzeige erstatten.

Doch davor rettete mich der Name meines Vaters. Besagter Landjäger kannte ihn - vielleicht hatte er ein Fahrrad oder Motorrad bei ihm gekauft? Er drohte uns jedoch damit, es meinem Vater zu sagen, falls wir uns hier noch einmal erwischen ließen. Wir zogen kleinlaut den Sack über unser Motörchen und anschließend in der bereits hereinbrechenden Dämmerung heimwärts. Dem Vater gestanden wir unser Abenteuer und mußten das Versprechen abgeben, solche Ausflüge nicht mehr zu machen. Nur noch als Nachtrag: Unserem Motorrad verpaßten wir einen besseren Schalldämpfer, und es tat noch lange auf dem elterlichen Hofe Dienst. In irgendeinem

Keller überlebte es alle Zeiten und blieb schließlich nach dem Kriege unter allem anderen in der alten Heimat.

Wir schreckten vor nichts zurück, so auch nicht vor dem Bau einer Flugmaschine. Kleinmotorräder wurden in jenen Jahren in Lattenverschlägen angeliefert, die beidseitig zum Schutz vor Beschädigungen mit einer festen Pappe verkleidet waren. Der Verkauf lief gut, und so herrschte an Verpackungsmaterial nicht nur kein Mangel, es stellte sich vielmehr die Frage: Wohin mit dem Zeug? Wir wußten Abhilfe. Aus den Latten bauten wir den Rumpf und benagelten dann die Tragflächen und das Höhenruder mit besagten Pappen. Als Startplatz wählten wir das Werkstattdach - etwa vier Meter hoch. An einem ruhigen Abend, wir fühlten uns unbeobachtet, erfolgte der Erstflug. Bald stand ich auf dem Dach, hielt das Flugzeug mit beiden Armen über meinen Kopf und sah mich im Geiste über den gesamten Hofraum sanft nach unten schweben. Statt dessen ging es nach dem Absprung abrupt abwärts. Die Pappe riß aus allen Nägeln, ich schlug unsanft auf dem Betonboden auf, das Holzgestell zersplitterte und zerbrach über mir. Der Flug fand so ein schnelles Ende, und unsere Begehrlichkeiten auf weitere Flugabenteuer fanden es auch.

Ein neues Betätigungsfeld wurde ausgesucht. Wozu befanden wir uns eigentlich an der See und dazu noch auf einer Insel? Was lag denn da näher, als das Wasser zu befahren? Der Bootsbau war angesagt. Zunächst diente uns in den frühen Jahren der Schlauch des Hinterrades eines Traktors als sogenanntes Boot, womit wir Jungen am Strand im Laufe der Jahre so manchen Spaß hatten. Mit einer Motorrad-Luftpumpe pumpten wir ihn prall auf. Er wurde in die Nähe des Wassers gerollt, man zwängte sich in den Innenraum des Schlauches, stützte sich mit Händen und Füßen ab, und zwei oder drei Mitspieler brachten diese Fuhre in Richtung auf das Meer zum Laufen. Das menschliche Rad lief dann letztendlich ins Wasser hinein, wo es aufschwamm und zur Seite kippte. Durch etliche Umdrehungen reichlich schwindelig, fand man sich dann im Wasser liegend wieder und wußte zunächst kaum, wo unten oder oben war - es war ein herrlicher Spaß. Nicht nur für uns, sondern sicher auch für die Badegäste, die diesem Treiben zusahen. Diesen Schlauch bauten wir wahlweise auch zum Segelboot um.

In das Mittelteil kam ein Bretterboden, der einen Mast aufnahm. An diesem ersetzte ein Stück Bettlaken das Segel. Mit einem Brett wurde gesteuert, und wir segelten - oftmals mehrfach umeinander kreisend - bei günstigem Wind an der Küste entlang. Es lag in der Natur der Sache, daß diese Fahrten nicht bei auflandigem und schon gar nicht bei ablandigem Wind erfolgen konnten. Das Hinaustreiben auf die offene See mit Schwimmreifen aller Art war genau wie heute eine ständige Gefahr beim Baden. Aber wir waren dort aufgewachsen. Wir wußten relativ viel von Strömung und Wind, und ich kann mich nicht erinnern, daß irgend jemand aus dem Bekanntenkreis zu Schaden oder in Gefahr gekommen wäre. Da also das Segeln in dieser Form nicht so ergiebig war, sannen wir auf Abhilfe. Es mußte nun ein richtiges Boot her.

Ein erster Schritt zur Verwirklichung führte in einen Buchladen, wo wir ein Buch etwa mit dem Titel: "Wie baue ich selbst ein Paddelboot" erstanden. Darin waren einige Baupläne mit Anleitungen. Wir entschlossen uns für einen Zweisitzer mit der Möglichkeit einer Besegelung - also ein durchaus ehrgeiziges Vorhaben. Beim Studium der Materialliste stellten wir alsbald fest, daß wir einige Dinge wohl würden kaufen müssen, und damit begann bereits das Problem. Das Taschengeld war, wie zu allen Zeiten, auch bei uns zu knapp bemessen. Von den Eltern war für solche Vorhaben kein Pfennig zu erwarten. Vater stellte jedoch stets alles zur Verfügung, was Lager und Werkstatt boten, und das war im Einzelfall schon eine ganze Menge. Beim Zusammentragen der Materialien fand sich schließlich fast alles an, nur das Wichtigste fehlte. Sozusagen das Rückgrat des Bootes, sein Kiel. Eine etwa vier Meter lange kräftige Holzleiste war zu beschaffen. Der Preis dafür beim Holzhandel war für unsere Begriffe astronomisch, das Projekt drohte daran zu scheitern. Auf der Suche nach geeignetem Material durchstreiften wir natürlich auch den Hafenbereich, und schließlich wurden wir fündig. In diesen Jahren wurde gegenüber der Grünen Fläche ein Seefliegerhorst gebaut. Die Baufirma hatte einen Lagerplatz eingerichtet und erstellte Baracken, wohl zur Unterbringung der Bauarbeiter. Und da lag dann unser Kiel. Angesichts der großen Menge Baumaterials fiel uns der Diebstahl wohl nicht allzu schwer. Dennoch galt es, ihn geschickt anzustellen. Praktisch unter den Augen der Bauarbeiter, am hellen lichten Tage schoben wir nach und nach eine geeignete Holzleiste durch das hohe Gras in Richtung auf den Kai. In einem passenden Moment fiel dann diese in das Wasser des Hafenbeckens. Hier wurde sie mit einer Stange langsam weitertransportiert und gelangte so schließlich aus dem Sicht- und Einflußbereich der Baustelle. Die Leiste dann an geeigneter Stelle buchstäblich an Land zu ziehen und heimwärts zu transportieren, war dann nur noch eine Kleinigkeit.

Der Bau des Paddelbootes machte nun gute Fortschritte. Wir bespannten das Gerippe mit einem kräftigen Leinengewebe, strichen es wiederholt mit roter Ölfarbe und machten es so wasserdicht. Schließlich war der Stapellauf. Wir trugen das Boot zum Hafen hinunter - von unserem Haus etwa knappe 10 Minuten - und ließen es zu Wasser. Es schwamm ausgezeichnet, für zwei Satz Paddeln hatte das Taschengeld gereicht, und von nun an stand der Sommer im Zeichen der Bootsfahrten. Etwas später besegelten wir das Boot mit einem kleinen Mast, bauten ein Seitenschwert an , und mit diesem Gefährt trauten wir uns sogar aus dem Hafenbereich hinaus auf die letzten Kilometer der Oder, die hier Swine hieß. Das Paddelboot diente uns zuverlässig bis in das Jahr 1940, wo es durch die Anschaffung eines richtigen Segelbootes abgelöst wurde. Wir verkauften es an Schulkameraden für 15,-- Reichsmark. Ein für das damalige Preisniveau durchaus angemessener Preis.

Im Hafen- und Strandbereich fanden so manche unserer damaligen Streiche und Jugendspiele statt, die auch nicht immer für uns Kinder ungefährlich waren.

In Gedanken gehe ich dabei noch einmal den Weg von der Hindenburgstraße bis zur nächsten Querstraße, der Grünestraße. An der Ecke befand sich ein Fischgeschäft. Draußen vor dem Laden standen in Fässern Heringe verschiedener Preisklassen, Gurken und auch Sauerkraut. Ein Salzhering kostete in jenen Jahren 0,05 bis 0,10 Reichsmark, eine Gurke 0,05. Für mich damals das Größte: Ein Salzkuchen - ein mit Salz bestreutes großes Brötchen - zu 0,05 und eine Salzgurke dabei. Für einen Groschen also eine komplette Mahlzeit.

Solchermaßen gestärkt, ging es dann weiter in Richtung Hafen. Man befand sich dort im Bereich des Bauhafens. Einem Teil, in dem Betriebe für den Schiff- und Hafenbau ansässig waren. Die gesamte Hafenanlage zog sich in Richtung auf die See etwa parallel zur Hindenburgstraße und stieß dann an dem bereits früher angesprochenen Großen Markt fast an den Stadtkern heran. Hier befanden sich die Anlegestellen der Stettin-Swinemünder Dampfschiffahrtsgesellschaft. Kurz hinter dieser Anlegestelle seewärts geht der Hafeninnenteil dann auf die eigentliche Swine über, die an dieser Stelle etwa 500 Meter breit ist. Von hier aus gesehen, fließt der Strom nun in etwa gleicher Breite seewärts. Er erreicht das Meer zwischen der Ost- und der Westmole gut zwei Kilometer weiter. Nahe der Ostmole - der größeren - stand und steht so auch heute der weithin sichtbare

Leuchtturm. Ein Wahrzeichen sowohl von See als auch von der Flußseite her. Hier befand sich früher ein kleiner Fischerhafen. Er hieß Osternothafen - was man wohl gut mit östlichem Nothafen interpretieren kann. Im westlichen Hafenteil befanden sich damals und befindet sich auch heute der Kriegsmarinehafen. Die Schiffe der Flotte lagen entlang dem Eichstaden, der Grünen Fläche und am Kaiserbollwerk. Letzteres weist darauf hin, daß auch die Kriegsschiffe Seiner Majestät Kaiser Wilhelm an diesem Hafen schon anlegten. In unseren Jahren machten dort auch oft die Großsegler der Kriegsmarine fest. So die "Gorch Fock", Schulschiff "Deutschland" und wie sie alle hießen. Diese imposanten Dreimaster waren und sind immer wieder nicht nur für wassersportbegeisterte Menschen ein wirklich herrlicher Anblick.

Wenn die Segler zu Flottenparaden erschienen, ein Teil der Mannschaft aufgereiht auf den Rahen stand oder die Schiffe unter vollen Segeln vor der Küste kreuzten, blieb kaum jemand davon unberührt. Für mich bleibt es der Begriff der Seefahrt schlechthin. Und auch die Werbung bediente sich damals wie heute des Blickfanges Segelschiff. Damals war es ein Segler, dessen blaue Segel Reklame für Nivea machten. In den Sommermonaten, wenn zehntausende Menschen die Strände der Inseln bevölkerten, fuhr er dicht unter der Küste entlang oder ankerte vor den Badestränden. Für uns ein Anlaß, dorthin zu schwimmen, um Reklameartikel zu ergattern. Oftmals sahen wir auch den Mannschaften zu, damals Schiffsoffiziers-Nachwuchs, wenn einige von ihnen von den obersten Rahen im Kopfsprung in das Hafenbecken hechteten. Unserer Bewunderung konnten sie gewiß sein.

Für uns als Bootseigner zog sich an dieser Hafenstelle eine unsichtbare - aber dennoch nicht überfahrbare - Grenze über die Swine, die Fährlinie. Fährschiffe hatten (und haben) fast in jeder Situation Vorfahrt. Sie nahmen diese auch in Anspruch und vertrieben Boote und Schiffe jeder Art und Größe mit endlosem Getute aus ihrer Fahrtrichtung.

Mit den Fähren hatten wir Kinder auch unsere Späße. Zunächst ging es ganz einfach darum, umsonst mitzufahren. Die Fahrzeuge fuhren quer zur Fährrichtung auf. Es bot sich also an, im Schatten eines größeren Fahrzeuges zunächst auf die Fähre zu gelangen und sich dann unauffällig unter die Passagiere zu mischen. Diese waren im Mittelteil der Fähre, zum Teil sogar in einem geschützten Raum, untergebracht. Wurde man erwischt, war es auch kein Beinbruch, man versuchte es eben später noch einmal. Auf den neuen größeren Fähren gab es aber solche Spielchen nicht mehr, man mußte zahlen.

Schlimmere Folgen hatten Unfälle für Autofahrer, die über den Rand der Fähre hinausfuhren und nicht selten im Hafenbecken verschwanden. Wohl dem, der dann kaltblütig im geschlossenen Fahrzeug ausharrte, bis das Wasser im Innern soweit anstieg, daß der Druckausgleich erreicht war und sich eine Tür öffnen ließ. Die Swine war im Bereich der Fährlinie etwa drei bis vier Meter tief. Einige Fahrzeuglenker ertranken samt aller Insassen. Diese Unfälle passierten, weil durch wechselnden Wasserstand der Unterschied zwischen Fährenauffahrt und Fähre oftmals zwischen 20 bis 30 cm betrug. Die Auffahrtrampe ließ sich zwar entsprechend dem Wasserstand einstellen, aber das konnte nur durch mühsames Kurbeln von Hand erreicht werden. So wurde es nur im Extremfall durchgeführt. Die Fährenbesatzung hatte sich Holzkeile beschafft, die sie zum Ausgleich des Höhenunterschiedes auf die jeweils niedrigere Seite legte. Ungeübte und ortsunkundige Fahrer bekamen dann Schwierigkeiten, die Stufe zu überwinden. Sie befuhren die Fähre mit solch einem Schwung, daß sie an der gegenüberliegenden Seite die Absperrung, die aus ein paar Eisenstangen mit Ketten bestand, durchbrachen und im günstigsten Falle mit den Vorderrädern über dem Fährenrand hängenblieben. Die Bergungsaktionen für verunglückte Fahrzeuge zogen jeweils viele Schaulustige an den Hafen.

Der Höhenunterschied wurde auch dem damaligen Kreisleiter während der Kriegszeit zum Verhängnis. Er fuhr einen DKW, dessen Kofferraumboden - wie die gesamte Karosserie - aus Holz bestand. In diesem Kofferraum lag ein Schwein, vom Bauern schwarz geschlachtet und bereits fachgerecht zerlegt. Beim Überfahren der Fährenschwelle gab der Kofferraumboden nach, und das Schwein lag vor aller Augen auf der Fähre. Der Vorfall stand natürlich gleich in der Zeitung und lieferte auch sonst sehr viel Gesprächsstoff.

Abgetrennt war der innere Hafenteil von der Swine durch die Grüne Fläche und den Eichstaden. Hier befanden sich Werften und einige Betriebe für die Schiffsversorgung, es wohnten wohl nur wenige der Besitzer auf dieser Insel. In meinen jüngeren Jahren war die Grüne Fläche eine Insel, später wurde sie und der Eichstaden durch einen aufgespülten Damm mit dem Festland verbunden - wobei Festland für die Insel Usedom steht-, damit wurden diese Hafenteile sozusagen zu einer Sackgasse. Der gegenüberliegende Teil dieser Sackgasse war der Seefliegerhorst. Die Seeflugzeuge dampften mit eigener Kraft aus diesem Hafenteil in den Unterlauf der Swine, die sich in ihrem natürlichen Flußbett hier ziemlich verbreiterte und in Richtung Kaseburg zu befahren war. Wenn ich das natürliche Flußbett hier so betone, hat das seinen Grund darin, daß für die Schiffahrt eine künstliche Fahrrinne geschaffen war. Im Gegensatz zur Swine war dies ein schnurgerader Kanal, der auf kürzestem Wege die beiden Haffs und damit die Fahrrinne nach Stettin erreichte. Wie so vieles auf der Insel Usedom hatte auch dieser Kanal etwas mit dem Kaiser zu tun. Er hieß die Kaiserfahrt, der Bau war also bereits zu dessen Lebzeiten erfolgt, die Eröffnung fand am 20. August 1880 statt. Zwischen der Schiffs-Fahrrinne und der Swine liegt eine weitere Insel, die Mellininsel. Sie war unbewohnt, einige Bauern machten Heu auf der Insel. Wozu sie sonst noch diente, erfahren wir später. Für uns war es eine Trauminsel schlechthin, es wird noch die Rede davon sein. Wir mußten also bei jeder Ausfahrt den Swinestrom überqueren, was besonders in Zeiten hohen Wasserstandes und damit hoher Stromgeschwindigkeit für ein Paddel- oder Segelboot nicht so einfach war. Besonders dann nicht, wenn hintereinander Dampfer in der Fahrrinne waren, die auf dem Wege zwischen der Ostsee und Stettin ja alle hier hindurch mußten. Das alles sollte man wissen, um die nun folgenden Geschichten räumlich einordnen zu können.

Das gesamte Swinedelta - welches sich für uns mit zunehmendem Alter und vor allem mit der Anschaffung des Segelbootes räumlich noch wesent-lich mehr erschloß - war naturgemäß ein ideales Spielgebiet für uns Jungen. Daß diese Bereiche nicht ohne Gefahren waren, liegt auf der Hand. Im nachhinein muß ich meinen Eltern - und ebenso natürlich den Eltern meiner jeweiligen Spielkameraden - für das unbegrenzte Vertrauen danken, das sie unserem Spieltrieb entgegenbrachten. Natürlich wußten sie uns im Hafen- und Flußbereich, sicherlich nicht immer genau, was wir dort trieben. Als Beispiel will ich ein Erlebnis schildern, welches ich schätzungsweise im Alter von sieben Jahren hatte, ich ging bereits zur Schule.

Im Bereich des Bauhafens lagen zu großen Flößen verbundene Baum-stämme, die zum Bau von Spundwänden, also Uferbefestigungen, verwen-det wurden. An den Wochenenden, wenn die Arbeiter nicht dort waren, lösten wir die eisernen Haken oder Leinen mit denen diese Stämme verbunden waren. Besonders hatten es uns hier flach bearbeitete Stämme angetan, weil sie im Wasser nicht rollten. Ein solcher Stamm trug leicht zwei von uns. Ein Brett ersetzte die Paddel, und schon stand einer Rundrei-se im Hafenbereich nichts im Wege. Ich sollte erwähnen, daß ich zu diesem Zeitpunkt kaum richtig schwimmen konnte, wenn man einmal von den

Übungen in der See absah, wo man zur Not ja immer noch Grund unter den Füßen hatte. Es waren sicher auch größere Jungen mit von der Partie, und wir kurvten mit den Stämmen umeinander und rammten uns gelegentlich. Bei einer solchen Aktion verlor ich, auf dem Stamm sitzend, das Gleichgewicht und fiel ins Wasser. Mein Stamm trieb schnell ab, und bis zum Ufer war es ein ganzes Stück. Automatisch fing ich an zu paddeln wie ein Hund. Mit allen Vieren ins Wasser tretend und greifend, erreichte ich das rettende Ufer und konnte von Stund an schwimmen. Ich habe es nie mehr zu lernen brauchen, irgendwann später in der Schulzeit machte ich dann die Schwimmprüfung. Es ging jedoch nicht immer so gut aus.

Ein weiteres beliebtes Spiel im Bereich des Bauhafens war das Baden und Springen im Bereich der Rammen. Da war ich bestimmt schon 10 oder 12 Jahre alt. Um die eben angesprochenen Holzstämme in den Flußboden einzutreiben - um Uferbefestigungen oder Anlegestellen für Schiffe zu schaffen - hatte eine solche Ramme ein etwa 10 Meter hohes Gerüst. An diesem lief in einer Führung der sogenannte Rammbär, ein schweres Eisengewicht. Hochgezogen wurde der Bär mit einer Stahltrosse von einer dampfgetriebenen Winde. Dann löste man mit einer Leine die Winde aus, und der schwere Eisenklotz fiel auf den Stamm, der ebenfalls an dem Gerüst hochgezogen und dort gehalten wurde. So wurde Pfahl neben Pfahl eingerammt, eine langwierige Arbeit. Unmittelbar neben diesen Rammen lagen die zu Flößen zusammengebundenen Stämme, und sowohl auf als auch unter diesen spielten wir Kriegen.

Ich muß dazu erwähnen, daß das Wasser auch hier im Innenhafen in diesen Jahren sehr sauber und völlig klar war. Im Sonnenlicht sah man an flachen Stellen gut bis auf den Grund, und auch unter Wasser konnte man meterweit sehen. Zu unserem Spiel gehörte auch, daß man mehr oder weniger hoch auf das Gerüst der Ramme kletterte, ins Wasser sprang, ein Floß untertauchte und damit einen großen Abstand zwischen sich und den Verfolger brachte. Dieser versuchte natürlich seinerseits den vermeintlichen Weg des Verfolgten abzuschneiden. Wer durch Berühren erreicht wurde, mußte nun den Verfolger machen. Wenn auch acht bis zehn Jungen an einem solchen Spiel teilnahmen, war es in dem weitläufigen Firmengelände dennoch nicht so einfach, einen Mitspieler zu erreichen. Das Laufen über die Stämme gehörte natürlich ebenso dazu wie das Untertauchen. Da die Stämme oft moosig und damit glatt waren, kam es schon mal zu Blessuren an Beinen und Armen. Schlimmer aber ging es an einem Nachmittag aus.

Mitten im Spiel bemerkten wir, daß einer unserer Kameraden länger als üblich nicht zu sehen war. Entweder hatte er ein besonders gutes Versteck gefunden oder sich weiter, als es die Spielregeln erlaubten, entfernt. Allmählich beunruhigte uns dann doch sein Verschwinden. Wir stellten zunächst einmal das Spiel ein und machten uns gemeinsam auf die Suche nach dem Verschollenen. Der vermißte Junge war der Sohn eines Schrott-händlers, der in der Hindenburgstraße fast genau gegenüber von unserem Grundstück eine Altwarenhandlung führte. Oftmals waren wir auf diesem Platz und in den Lagerräumen auf der Suche nach irgendwelchen brauch-baren Gegenständen für unsere schon beschriebenen Bauvorhaben. Wir kannten uns und spielten manchmal auf seinem oder unserem Hof. Nun also blieb unser Spielkamerad verschwunden, und wir bekamen es mit jeder verstrichenen Minute mehr mit der Angst zu tun. Schließlich wurde die Wasserpolizei benachrichtigt.

Sie rückten mit einem Ruderboot an und hatten eine sogenannte Leichenangel, ein etwa drei Meter langes Eisenrohr mit kurzen Seilen daran, die an ihren Enden kleine ankerähnliche Fanghaken besaßen. Dieses Gerät wurde an einer längeren Leine von dem Ruderboot langsam über den Hafengrund geschleppt, der an dieser Stelle des Hafens etwa drei Meter tief war. Allein der Gedanke, an welcher Körperstelle sich einer dieser Fang-haken festhaken konnte, ließ uns einen kalten Schauer den Rücken hin-unterlaufen. Während wir und inzwischen noch weitere Schaulustige zusa-hen, wie die Männer Streifen um Streifen des Hafengrundes absuchten - wir hatten ihnen inzwischen die Grenzen unserer Spielfläche bezeichnet - tauchte auch der Vater des Jungen auf. Zwischen Bangen und Hoffen wurden die Versuche der Männer in dem Boot verfolgt.

Schließlich bemerkten wir an den Rufen und der Unruhe, daß sie unseren Spielkameraden gefunden hatten. Sie zogen ihn langsam nach oben, und an der Wasseroberfläche tauchte der mit einer Badehose bekleidete Körper auf. Einer der Haken saß im Stoff der Badehose fest. Schnell brachten sie den Jungen an Land und begannen sofort mit Wiederbelebungsversuchen. Wir standen alle im näheren oder weiteren Abstande und sahen, daß eine Menge Wasser aus dem Mund des Jungen herausgepreßt wurde. Nach einer uns endlos erschienenen Zeit stellten sie ihre Bemühungen ein. Wir wußten es alle - das war das Ende für ihn. Ich werde den Moment nie vergessen, als der Vater seinen toten Jungen nach Hause fuhr. Er hatte unser aller Mitgefühl, irgendwie glaube ich, fühlten wir uns alle schuldig. Das war kein Spiel mehr, das war bodenloser Leichtsinn, es hätte einen jeden von uns treffen können.

Daß es nicht immer so böse enden mußte, soll eine weitere kleine Geschichte belegen. Ich hatte einen Schulfreund mit Vornamen Heinz. Er wohnte nicht weit von uns etwas näher zum Hafen. Mit Vorliebe angelten wir zusammen im Hafengebiet, mit einfachen, selbstgefertigten Angelgerätschaften. Eines Tages wollte ich ihn zum Angeln abholen. Heinz hatte jedoch so etwas Ähnliches wie Stubenarrest. Er sollte auf einen kleinen, etwa dreijährigen Verwandten aufpassen, während die Eltern wohl einer Familienfeier nachgingen. Da wir keine Lust hatten, den ganzen Nachmittag bei dem schönen Wetter in der Stube mit dem kleinen Jungen zu verbringen, konnten wir seine Mutter überreden, diesen mit zum Angeln zu nehmen. Hoch und heilig versprechend, daß wir unentwegt auf ihn aufpassen würden. Bald saßen wir auf einem der Anlegestege im Hafengebiet und tauchten unsere Angeln ins Wasser.

An den Jungen dachten wir erst wieder, als in einer kleinen Wasserfontäne ein Körper im Hafenbecken verschwand, der nur unser kleiner Freund gewesen sein konnte. Heinz geriet augenblicklich in Panik, ließ seine Angel ins Wasser fallen und lief laut rufend auf dem Steg dorthin, wo Luftblasen im Wasser noch die Stelle markierten, wo der Junge hineingefallen war. Irgendwie blieb ich erstaunlich ruhig. Ich wußte auch in dem Alter, daß jeder Körper mindestens ein bis zweimal wieder kurz an die Oberfläche kam, bevor er endgültig versank. Als die Umrisse des Körpers im Wasser sichtbar wurden, sprang ich dicht daneben hinein und packte im gleichen Moment den Jungen. Ich brachte ihn bis an einen Pfahl des Steges heran, ihn jedoch nicht aus dem Wasser heraus. Doch nun hatte sich auch Heinz wieder gefangen, der Anblick des inzwischen schon schreienden Kleinen verlieh ihm Bärenkräfte. Auf dem Bauche liegend, konnte er ihn packen und auf den Steg ziehen. Der Junge spuckte einiges Wasser wieder aus, erholte sich aber erstaunlich schnell, und wir hatten eigentlich nur noch das Problem, seine Sachen - und unsere auch - wieder einigermaßen trocken zu bekommen, bevor wir nach Hause mußten. Ich kann mich daran erinnern, daß wir dem kleinen Kerl unter Androhung von Strafen einschärften, um Himmels willen nichts zu Hause zu erzählen. Ich weiß aber nicht mehr, ob er überhaupt den Ernst der Situation begriffen hatte und ob Heinz wegen dieser Geschichte größeren Ärger bekam.

Auch im Winter hatten für uns die Ostsee und besonders der Hafen starke Anziehungskräfte. Meist im Laufe des Dezembers fror zunächst der Hafen, im Januar und in sehr kalten Wintern auch die Ostsee - hier allerdings nur der strandnahe Abschnitt - zu. Im Winter 1939/40 war die Ostsee über weite Küstengebiete hinweg mit einer geschlossenen Eisdecke versehen. Es wurde sogar behauptet, man könne zu Fuß nach Schweden gehen. Probiert hat es aber wohl niemand. Der Binnenhafen jedoch - und hier besonders der bereits mehrfach angesprochene Bauhafen - fror schnell und vollständig zu. Da die Hafenbautätigkeiten im Winter weitgehend ruhten, zerstörte kein Schiff die geschlossene Eisdecke. Die Grüne Fläche war nun keine Insel mehr, auf den Werften beschäftigte Arbeiter konnten ihre Arbeitsstätte täglich über das Eis erreichen.

Wir schnallten uns die Schlittschuhe an und hatten eine herrlich glatte und weite Eisfläche zur Verfügung. In der Gruppe beliebt war hier das Eishockey-Spiel. Die Schläger waren selbstgefertigt, als Puck diente eine Konservendose. Da mehrere Gruppen spielten, waren besonders glatte Eisflächen sehr gefragt. Mit dem Frost aber kam auch der Schnee, und oft über Nacht hatten sich unsere mühsam geräumten und gefegten Eisflächen wieder in nicht bespielbare Schneeflächen verwandelt. Unfreiwillige Abhilfe schafften hier die Brauereien. Über viele Wochen des Winters hinweg ergänzten diese ihren Natureisvorrat zur Kühlung ihrer Keller mit Eis aus dem Hafenbereich. Es wurden dazu einige Löcher im Viereck geschlagen. Mit langen Sägeblättern sägten anschließend die Arbeiter Streifen von Loch zu Loch aus dem Eise heraus und zerteilten die Eisfläche in größere Blöcke. Das Eis wurde immerhin 20 bis 30 cm stark. Um diese Blöcke schlangen sie Seile und zogen die Eisblöcke mit Pferdekraft an den sogenannten Klappen an Land.

Die solcherart ausgeschnittenen Wasserflächen froren natürlich innerhalb einiger Tage wieder zu, und zwar spiegelglatt. Sie blieben - zumindest bis zum nächsten Schneefall - eine ideale Spielfläche. Es hieß nur, sich eine solche Fläche zu sichern, und sie dann gegen eine später kommende Gruppe zu verteidigen. Das bedeutete aber auch, früher als andere Gruppen die Fläche zu betreten - und darin lag die Gefahr. Wann trug das Eis, und wann vor allen Dingen hielt es den Beanspruchungen von acht oder zehn tobenden Jungen stand? Ich hatte für mich eine einfache und, wie sich herausstellte, auch sichere Methode entwickelt. An meinen Schlittschuhen ragte die Kufe hinten etwa 3 cm über. Ich setzte mich auf das feste Eisteil und schlug mit dem Schlittschuh in die neue dünne Eisfläche ein Loch. Kam an dieser Stelle Wasser hindurch, war das Eis noch nicht stark genug. Blieb dagegen diese Stelle trocken, konnte man ohne Gefahr das Eis betreten.

Ein weiterer Spaß, der auch nur bei dünner Eisfläche klappte, war das Fische Dröhnen. Man brauchte hierzu ein Beil und einen schweren Stein. Auf den dünnen und damit durchsichtigen Eisflächen konnte man Fische beobachten, die von unten an das Eis heranschwammen und irgendwie daran saugten. Auf diese Stelle warf man dann mit Wucht den Stein, der Fisch blieb regungslos darunter liegen, und man konnte mit dem Beil ein Loch in das Eis schlagen und ihn herausnehmen. Die auf diese Art erbeuteten Fische dienten weitgehend unserem Kater Jumbo zur Ernährung wie auch die im Sommer geangelten. Das Dröhnen rief allerdings keine Freude bei den echten Anglern hervor, die auch im Winter diesem Sport nachgingen. Sie schlugen sich hierzu ein Loch in das Eis und hielten dort ihre Angel hinein. Meist auch mit gutem Erfolg. Angeln konnte man im gesamten Hafengebiet, besser aber noch im unteren Lauf der Swine.

Mit beginnendem Tauwetter im Frühjahr brach dann zuerst der Außenhafenbereich, da fast täglich als Schiffahrtsweg genutzt, vollständig auf. Er wurde auch in der Hauptfahrrinne den ganzen Winter über durch Eisbrecher frei gehalten. Auch die Swinemünder Fähre erkämpfte sich stündlich durch das Treibeis hindurch ihren Weg auf die andere Swineseite.

Ein besonderes Wintervergnügen war für uns das nicht ganz ungefährliche Eisschollenfahren. Irgendwann im Frühjahr kam der Tag, an dem ein Schiff im Binnenhafen den Winterschlaf beendete und eine Fahrrinne anlegte. Meist, um reparierte Schiffe von den Werften zu holen. Zurück blieb dann eine mehr oder weniger breite Wasserrinne, in der sich kleinere und größere Eisschollen bewegten. Wie bereits gesagt, war am Ende des Winters das Eis durchaus 30 cm oder mehr stark. Eine größere Scholle trug leicht zwei bis drei von uns Jungen. Man brauchte noch ein Brett oder auch eine längere Holzstange, und schon konnte das gefährliche Spiel beginnen. Diese Schollen ließen sich mit den Brettern rudern. Man stieß zwangsläufig auch an andere Schollen an, und die eigentliche Gefahr war das Zerbrechen einer großen Scholle in zwei bis drei kleinere. Es gehörte immer viel Glück dazu, daß man sich auf einem ausreichend großen Teilstück befand, im schlimmsten Fall mußte man durch schnelles Springen eine größere Scholle erreichen, bevor sie zu weit auseinandertrieben.

Und auch das war eine weitere Sportart. Wir überwanden diese Fahrrinnen, indem wir von einer Eisscholle auf die nächste sprangen. Durch den Aufsprung nahm die Scholle dann Fahrt auf und erreichte eine andere. Dennoch muß ich zu diesen Spielchen sagen, wir waren sehr vorsichtig. Wir hatten durchaus einen Blick für das Tragbare. Wir erkannten schnell und sicher, ab welcher Größe eine Eisscholle einen oder mehrere von uns trug, ob sie zum Spalten neigte oder schon Schlagseite hatte und damit eventuell sogar umschlug. Ich kann das heute sogar behaupten, denn es ist niemals etwas passiert. Wenigstens nicht uns und unseren Spielkameraden.

Während wir diese Spielchen nur im Binnenhafen auf eng begrenzten Flächen trieben, bestand die gesteigerte Form des Eisschollen-Fahrens im Außenhafenbereich. Dort beförderte die Swine im Frühjahr, dicht mit Eisschollen bedeckt, große Wassermassen zur Ostsee. Es galt hier als besondere Mutprobe, auf einer möglichst großen Eisscholle ein Stück vom Ufer aus auf dem Fluß mitzufahren und - bevor diese sich ständig drehende und mit anderen Schollen zusammenstoßende Eisfläche zerbrach oder vom Ufer abtrieb - die feste Eisdecke im Uferbereich wieder zu erreichen. Das war halber Selbstmord, wie gesagt, wir haben das nicht praktiziert. Es hieß einmal in einem Winter, drei Jungen hätten mit Mühe und Not durch die Wasserpolizei gerettet werden können.

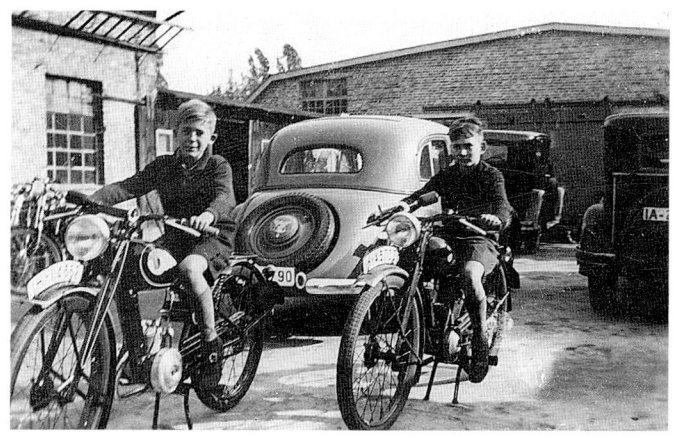

*Links vorne Lothar, dahinter ich. Beide auf DKW RT 100, also ein
Motörchen mit 100 cm³. Ein in jenen Jahren erschwingliches und
damit gern gekauftes Motorrad. Hinter uns ein Wanderer W 36.
An den Autobaujahren kann ich in etwa die Zeiten einordnen.*

*Das Cabriolet, damals nannte man so etwas ein Landaulet, des Herrn
Doktor. Ein bildschönes Auto seiner Tage, mit Speichenrädern und
viel Chrom. Im Fond nur mit zwei Notsitzen ausgestattet, die
Innenausstattung selbstverständlich alles in Leder.*

*Auf den Fotos ist unser Eigenbau zu bewundern. Deutlich erkennbar der Sattel, hier noch ohne Polsterung.
Auch der abgesägte Auspuff ist zu sehen, die Quelle des Ärgernisses mit den Anwohnern.*

113

Die Grundschule für Jungen in Swinemünde. Zunächst Schule Steinbrückstraße, später Adolf-Hitler-Schule. Heute eine polnische Schule.

*Die gesamte Klasse mit ihrem Lehrer F. Ich erwähne einmal diejenigen, welche -
zum Teil erst nach mehr als 60 Jahren - wieder aufgetaucht sind. Links an der
Tafel (verwackelt) Klaus O, daneben Hartmut S. der Sohn der Gärtnerei und
Volkmar L. In der ersten Bank der rechten Bankreihe links außen: Erich H.
Sein Verdienst sollte es sein, die Übriggebliebenen und noch Aufzuspührenden
1997 zu einem Klassentreffen zu vereinigen. Eine Bank dahinter: In der Mitte
Heinz H, rechts daneben an der Außenseite der Bankreihe blicke ich
treuherzig in die Kamera. Vielleicht findet sich noch jemand?*

*Ein Bild aus etwa diesen Jahren.
Oftmals bin ich jetzt in einem
Matrosenanzug zu sehen. Schließlich
wohnten wir ja auf einer Insel und in
einer Hafenstadt, Matrosenkleidung war
also im Stadtbild etwas ganz normales.
Als Junge hatte man meist einen Anzug
in blau und einen in weiß. Erst
wesentlich später habe ich zufällig
einmal gelesen, woher diese
Kindermode eigentlich kam.*

115

Kapitel 8

Von den Pimpfen zur Hitlerjugend

Die sonnige Kindheit mit Spaß und Spiel am Strand und im Hafenbereich ging zu Ende. Mit zunehmendem Alter traten Verpflichtungen an uns heran, denen man sich in einem totalitären System nicht ganz so einfach entziehen konnte. Es waren seitens der Staatsführung an diese Jugend Erwartungen geknüpft, denen es zu entsprechen galt.(Von den rein familiären Verpflichtungen eines Heranwachsenden einmal abgesehen.) Dennoch bleiben wir zunächst noch einmal im Hafenbereich.

Der Kriegshafen Swinemünde spielte als Flottenstützpunkt im Ostseebereich eine wichtige Rolle. Mit der zunehmenden Aufrüstung in den Vorkriegsjahren und später dann auch während der gesamten Kriegszeit war er ein ständiger Treffpunkt von Flotteneinheiten. Die von uns Jungen gewonnenen Eindrücke wirkten auch auf unsere Kinder- und Jugendzeit. Waren es zur Kaiserzeit die kaiserliche Flotte mit ihren Flottentagen und Flottenparaden, die stets ein militärisches Spektakel und gesellschaftliche Höhepunkte waren, so waren es in den 30er Jahren die Großkampfschiffe der deutschen Wehrmacht. Das Staatsschiff des Führers war die "Aviso Grille". Dieser Führer jedoch stand seiner Flotte wesentlich distanzierter gegenüber als sein Vorgänger Kaiser Wilhelm. Am Tag der Wehrmacht waren Schiffe und Mannschaften frisch herausgeputzt und zur Besichtigung freigegeben. Für uns war es schon ein Erlebnis, an Bord eines Großkampfschiffes zu sein. Bereits beim Betreten tauchte man ein in das eigentümliche Summen und Brummen von Dutzenden Lüftern und Generatoren. Diese Anhäufung von Stahl und Zerstörungskraft in Gestalt von schweren Drillingstürmen, die gewaltigen Maschinenanlagen, welche diese Kolosse auf Geschwindigkeiten um die 30 Knoten brachten. Es war - wenn auch im schrecklichen Sinne - faszinierend. Doch so sahen wir das damals nicht. Wir waren 12 oder 15 Jahre alt, in diesem Staate aufgewachsen und erzogen. Es war der Ausdruck von Macht und Stärke einer Nation. So krochen wir dann durch die Decks dieser Schiffe. Ließen uns Anlagen erklären, die in letzter Konsequenz alle nur einem Ziele dienten - der Vernichtung irgendeines Feindes. Mich beeindruckte die Technik auf diesen Schiffen.Wenn dann in den Kriegsjahren nach und nach alle diese

Großkampfschiffe mit meist Tausenden von Marineangehörigen auf den Meeren dieser Welt blieben, traf es mich jedesmal. Ich konnte es wirklich behaupten, viele dieser Schiffe hatte ich nicht nur gesehen, ich war in den Räumlichkeiten gewesen, wo immer man uns hinließ.

Mein größter Wunsch, eine U-Boot Besichtigung, ging damals allerdings nicht in Erfüllung. Diese Dinger waren so geheim, daß man keinem Unbefugten den Zutritt erlaubte. Erst, als ich mit Vater in Berlin weilte und die Ausstellung "Gebt mir vier Jahre Zeit" besuchte, gab es diese Möglichkeit. In einer Ausstellungshalle hatte man ein komplettes U-Boot aufgebaut (ein kleines der 250-Tonnen-Klasse). Man konnte zum Turmluk hinein und aus einem vorderen Einstieg wieder hinaus, und das ließ ich mir natürlich nicht nehmen. Aber die Enttäuschung blieb dennoch. Man hatte das Innere des Bootes mit Holzwänden abgeschottet. Wo noch etwas zu sehen war, standen Wachmannschaften. Vollständig und in Ruhe betrachten konnte ich ein U-Boot erst weit nach dem Kriege.

Doch noch war ja Frieden, und wir verbrachten nicht alle Zeit am Hafen. In den Sommerferien zelteten wir für einige Wochen und das ganz privat. Das "wir" schließt hier immer meinen Freund Lothar mit ein. Während andere Jungen im Ferienlager waren, fuhren wir mit den Fahrrädern nach Bansin zum Langen Berg. Es war unser Lieblingsplatz. Wir bauten unser Zelt dort auf, wo die Steilküste nicht allzu steil war, so daß man gut zum Wasser laufen konnte. Unser Zelt war ein Eigenbau. Es war der Rest einer Lkw-Plane, vom Autosattler zu einem Zwei-Mann-Zelt umgebaut. Mit gesammelten Bretterresten schufen wir uns einen Sitz- und Eßplatz. Einen Kühlschrank buddelten wir in die Erde. Verpflegung und Frischwasser brachte Vater im Abstand von drei bis vier Tagen abends nach Geschäftsschluß mit dem Auto. So führten wir ein echtes Robinsonleben. Es waren kaum Leute dort in der Woche, nur wenige Ortsfremde kannten den Platz.

Das Konfirmationsbild vom Lothar erinnert mich daran, daß ich gar nicht konfirmiert wurde. Wir bekamen von der Schule her und auch durch die Hitlerjugend soviel Druck, daß wir es vorzogen, zur Jugendweihe zu gehen. Dennoch möchte ich eines betonen: Wer Wert auf eine Konfirmation legte, konnte sie auch in Anspruch nehmen, es war meist durch das Elternhaus bedingt. Soweit einige Begebenheiten der mittleren Jugendjahre. Ich möchte sie bis in die ersten Kriegsjahre, also etwa bis 1942, datieren. Unser Leben bestand ja nicht nur aus Spaß und Spiel, sondern die Schule nahm einen großen Raum ein.

Ostern 1938 erfolgte die Umschulung auf das Gymnasium. Es war die Tirpitz-Schule in Swinemünde, Oberschule für Jungen, wie sie im Untertitel hieß. Hier wehte ein anderer Wind. Die Anzahl der Fächer vervielfältigte sich, besonders waren es auch Fremdsprachen, die dazu kamen. Englisch und Latein - wahlweise auch Französisch - standen auf dem Stundenplan. Biologie und Geschichte wurden eigenständige Lehrinhalte, aus dem simplen Rechnen wurde Mathematik. Während ich in den ersten Jahren auf dem Gymnasium noch ein ganz guter Schüler war, ließen die Leistungen im Laufe der Schuljahre nach. Es ist im nachhinein wohl schwer zu sagen, war es Dummheit oder Faulheit, es wird wohl mal so und mal so gewesen sein. Wenn dann in den Zeugnissen der schöne Satz auftauchte: "Wenn sich die Leistungen in ... nicht bessern, ist seine Versetzung gefährdet", setzte es Strafpredigten und Ermahnungen. Nach entsprechenden Vorhalten besserte ich jedoch immer wieder meine Leistungen, es war also - zum Glück, muß ich heute sagen - wohl meistens doch nur Faulheit. Es half auch immer wieder. Doch dann machte je eine Fünf in Biologie und Erdkunde den Versetzungen ein Ende, ich mußte eine Klasse wiederholen. Mutter hat später dieses Zeugnis vernichtet, aber davon wurde es auch nicht besser! Ich will jedoch berichten, durch welche Wunder ich schließlich auch in diesen beiden Fächern zu einem wenigstens mittelmäßigen Schüler wurde.

In Erdkunde hatten wir einen jungen, recht forsch, besser gesagt: zackig auftretenden Lehrer. Seinen Namen habe ich einmal sowenig geliebt, daß ich ihn bewußt vergessen habe. In jenen Jahren hatte der deutsche Junge - wie unser großer Führer meinte - zu sein: "Rank und schlank - flink wie die Windhunde - hart wie Kruppstahl - und zäh wie Leder". In seinem - des Führers - Sinne war ich höchstens rank und schlank. Als Einzelkind war ich eher still und verschlossen. Die Gruppe lag mir gar nicht. Vielmehr war ich ein Einzelgänger, ein Individualist könnte man sagen. Wie aber aus der Geschichte bekannt, war das Dritte Reich in der Hauptsache geprägt von seinen Massen. Massenaufmärsche - Massenkundgebungen - zum Schluß Massenvernichtung. Politisch denken konnte ich sicher in jenen Jahren nicht, war ebenso wie Hunderttausende zum Gehorsam und im Glauben an die "gerechte" Sache erzogen.

Um nun auf jenen Erdkundelehrer zurückzukommen, will ich eine Begebenheit schildern, die viel besser als alle Worte an einem praktischen Beispiel aufzeigt, wie es im täglichen Leben damals zuging.

Vielleicht gerade deshalb, weil ich ein stiller, zum Ausgleich neigender Junge war, wählte mich die Klassenmehrheit über einige Jahre hinweg zum Klassensprecher. Als solcher hatte man die Belange der Schüler zu vertreten. Man nahm an Konferenzen teil, in denen die Lehrer bestimmte Inhalte an die Schüler vermitteln wollten. Hierzu wurde nicht selten die große Pause genutzt. Womit man, zwar entschuldigt, jedoch zu spät in die nächste Stunde kam. So erschien ich einmal etwas verspätet im bereits begonnenen Erdkunde-Unterricht. Man hatte sich das damals so vorzustellen, daß man in die Klasse eintrat, die Hacken zusammenknallte und nach einem lauten Heil Hitler kurz die Entschuldigung für das Zuspätkommen aufsagte. Mit dem Knallen der Hacken war es schon bei mir nichts. Der Gruß wird auch nicht sehr laut und besonders freudig herausgekommen sein, und so schickte er mich zunächst wieder nach draußen, um das Ganze - diesmal natürlich besser - zu absolvieren. Aber auch jetzt klappte es nicht sonderlich. Er erkannte dann selbst wenigstens einen der Gründe - an diesem Tage trug ich Turnschuhe. Das Hacken-Knallen war also schlicht unmöglich. Dennoch meinte er mir vor versammelter Klasse eine Lektion über den "deutschen Jungen" erteilen zu müssen. Solcherart demoralisiert, zitierte er mich sofort an die Landkarte, und es prasselte Frage auf Frage auf mich hernieder, die ich wohl kaum richtig beantwortet habe. Mit der Eintragung eines "mangelhaft" in sein Notizbuch beendete er die Fragerei.

Zu Beginn einer anderen Erdkundestunde sollte ich die zusammengerollte Landkarte an einem dafür in der Klasse befindlichen Ständer aufhängen und in die Höhe befördern. Irgendwie hatte ich oben und unten an der Karte verwechselt, sie hing auf dem Kopf, und die Klasse lachte darüber. Der Lehrer meinte, ich hätte es mit Absicht getan. Wiederum betrieb er sein Fragespiel mit mir, und auch diese Geschichte endete mit der Note "mangelhaft". Von dieser Zensur kam ich nun nicht mehr herunter.

Der Krieg erlöste uns alle von diesem Lehrer und speziell mich von der Fünf in Erdkunde. Er wurde zu den Soldaten eingezogen. Sicher hatte er sich bei seiner Einstellung freiwillig gemeldet. Wir hörten nie wieder was von ihm.

Ein anderer Lehrer und damit das andere "mangelhaft" erwischte mich in Biologie. Den Lehrer nannten wir - wir hatten es von unseren Vorgängern übernommen - Dixi. Es ist das lateinische Wort für: "Ich habe gesprochen", und er beendete fast jede Rede mit diesem Begriff - also wurde er auch für uns kurz Dixi. Dieser Lehrer war bereits etwas älter, er war ein kleiner dicklicher Typ. Für Biologie hatte ich nun wirklich keinen Sinn. Es war mir damals - und ist mir auch noch heute - völlig egal, woran man eine bestimmte Insekten- oder Vogelart erkennt, wie die Blätter einer Buche oder eines anderen Laubbaumes beschaffen sind, kann auch nicht den Innenaufbau einer Butterblume hersagen. Also damals wie heute völlig verdient: Mangelhaft! Falls ich damals ein gläubiger Mensch gewesen wäre, hätte ich gesagt: "Die Wege des Herrn sind wunderbar!" Es blieb aber auch hier beim Irdischen. Eines guten Tages nahm mich Dixi beiseite und schilderte mir, daß er bei der Verdunkelung - es war ja mittlerweile Krieg - so Schwierigkeiten ohne Taschenlampe hätte. Batterien dafür, das muß man wissen, gab es kaum und nur auf Bezugschein, den ein Lehrer natürlich nicht erhielt. Da Vater im Laden mit Batterien handelte, war es eine Kleinigkeit für mich. Vater drückte mir die Batterie in die Hand. Bis zum Ende der Schulzeit 1944 versorgte ich Dixi damit und ersparte ihm das Stolpern im Haus und auf der Straße. Wie die Zeugnisse es beweisen , hatte ich nie wieder Schwierigkeiten in Biologie. Es blieb ausreichend, und das war sicher geschmeichelt.

In den ersten Jahren auf der Tirpitz-Schule hatten wir ein durchaus junges Lehrerkollegium. Wie es sich damals für eine Jungenschule gehörte, unterrichteten ausschließlich Männer. Im nachhinein kann ich mir vorstellen, daß aus der Sicht des Staates nur solche Kräfte die Hochschulen verließen und in den Lehrdienst kamen, die auch aus parteipolitischer Überzeugung die Gewähr gaben, die deutsche Jugend "richtig", d. h. im Sinne der nationalsozialistischen Weltanschauung zu unterrichten. Mit dem weiteren Fortgang des Krieges "alterte" unsere Lehrerschaft zügig. Nach und nach wurden die Wehrpflichtigen unter ihnen eingezogen, an ihre Stelle rückten nicht wenige nach, die bereits pensioniert waren und jetzt sozusagen dienstverpflichtet wurden. Wir bekamen jetzt auch Frauen an die Schule. An eine von ihnen erinnere ich mich besonders, sie unterrichtete Englisch. Sie hatte es sicher nicht leicht in einer Jungenklasse. Schon mit einer Bemerkung wie: "Frau T., Ihr Unterrock guckt heraus" (damals trugen die Frauen noch einen) konnte man sie schwer in Verlegenheit bringen. Aber unsere Späße mit ihr hielten sich in Grenzen, was man bei anderen Lehrern nicht sagen konnte.

So will ich von einem berichten, der seinen Namen mit einem gleichnamigen Schüler unserer Klasse teilte. Den Schüler titulierten wir mit dem Spitznamen Iker, warum auch immer. Also erhielt natürlich auch der Lehrer diesen Spitznamen. Mit Iker trieben wir böse Spielchen.

Iker mußte auch Sport unterrichten. Im Sommer nutzten wir für dieses Fach ausschließlich den Sportplatz, wo in der Regel Ballspiele auf dem Programm standen. Der Weg von der Schule zum Sportplatz war gar nicht so gering, weshalb Iker ihn auf dem Fahrrad zurücklegte, während wir unter Mitnahme der Sportartikel den Weg zu Fuß absolvierten. Unter anderem hatten wir auch einen oder zwei Medizinbälle dabei. Um den Weg kurzweiliger zu gestalten, warfen wir sie uns zu oder traten sie auch mit dem Fuß. Allmählich steigerte sich dieses Spielchen dahingehend, daß wir versuchten, den radelnden Iker zu treffen, was schließlich auch gelang. Durch den schweren Ball aus dem Gleichgewicht geworfen, stürzte er mit samt dem Fahrrad, während wir uns scheinheilig beeilten, ihm wieder auf die Beine zu helfen. Eine direkte Absicht war nicht zu unterstellen, und so blieb es ohne Folgen. Aber scheinbar hatte er es nicht vergessen, denn als auf dem Sportplatz die Mannschaften für das Ballspiel gewählt wurden, rief einer der Mannschaftsführer den Schüler mit dem Namen Iker. Während wir der Meinung waren, daß der Lehrer dieses schon mal überhörte, machte er diesmal einen Staatsakt daraus. Er erklärte, daß er schon wisse, wie sein Spitzname laute und es nicht mehr dulden werde. Er wolle es dem Direktor melden, eine Eintragung ins Klassenbuch vornehmen. Aber schließlich verlief es im Sande.

Wir kehren gedanklich wieder in die Tirpitz-Schule zurück, wo es noch einige Streiche zu beichten gibt. Besonders zu leiden hatte bei uns auch Onkel Bohne, unser Englisch- und Erdkundelehrer. Bei ihm kam ich in Erdkunde besser weg. Er schockte jeden Schüler im Laufe der Jahre nur mit der Fangfrage: "Welches ist die am meisten nach Norden vorspringende Halbinsel Nordamerikas?" Und es kam wie aus der Pistole geschossen von uns: "Boothia-felix" - wobei das "Boooothia" mit vielen O gestreckt wurde. Postwendend folgte dann die nächste Frage: "Und was befindet sich auf Boothia-felix?" Die Antwort weiß ich auch heute noch im Schlaf: "Der magnetische Nordpol!" Da es lediglich diese Standardfragen waren, auf die man vorbereitet sein mußte, war es zu verkraften. Er konnte sich der Klasse gegenuber schwer durchsetzen. Seine einzige Drohung blieb dann mehr die Frage: "Wen soll ich ins Klassenbuch eintragen?" Worauf wir entweder gar nicht antworteten oder uns alle anboten. So oder so blieb es nur bei der Drohung.

An einen Tag kann ich mich besonders gut erinnern, es war der 20. April 1941. Schließlich war es "Führers Geburtstag", und das spielt auch in der Geschichte eine Rolle. In einer der Stunden an besagtem Tage hatten wir das Schiffe-Versenken-Spiel vorbereitet. Dazu wurden unter einigen

Schulbankfüßen Knallkörper plaziert und die Bänke mit den Knien hoch-gehalten. Dann rief jemand aus der hinteren Reihe den aus zahllosen Wochenschauen jener Tage bekannten Befehl der U-Boote: "Rohr 1 - los!"

Onkel Bohne stutzte. Es kam die unvermeidliche Frage: "Wen soll ich ins Klassenbuch eintragen?" Aber noch bevor eine Antwort zu hören war, begann das Zählen. Die gesamte Klasse zählte nun im Chor die Laufzeit des abgeschossenen Torpedos, was ungefähr von "21" bis "34" andauerte. Dann ließ die erste Gruppe die Schulbank auf den Knallkörper fallen. Ein scharfer Knall ertönte, und kleine Rauchwolken stiegen auf. Doch bevor Bohne noch reagieren und mit einer Klassenbucheintragung zur Tat schrei-ten konnte, ertönte das neue Kommando: "Rohr 2 - los!" Dieses Spielchen wiederholte sich nun einigemal. Der Klassenchor schwankte zwischen dem Zählen der Sekunden und den Hurra-Rufen für die erzielten Treffer. Der Qualm mehrerer Knallkörper hatte sich allmählich verdichtet, die Klasse geriet in einen Siegestaumel.

Bohne stammelte herum, versuchte es erst mit Bitten, dann mit Drohun-gen. Schließlich schien er die rettende Idee zu haben. Er packte uns bei der Ehre. Es war, wie gesagt, "Führers Geburtstag", und wir trugen alle unsere HJ-Uniform. Bohne flehte: "Jungs, ihr tragt das Ehrenkleid des Führers" - das war auch eine gebräuchliche Umschreibung für die Uniform -, "und ihr benehmt euch so disziplinlos." Aber auch dieser Hinweis nutzte nichts. Irgend jemand sagte: "Dem kann abgeholfen werden" und nahm sich den Schlips ab. Schnell folgten diesem Beispiel sämtliche Schüler. Denn ohne Schlips und Knoten war es tatsächlich keine Uniform mehr, wir trugen halt zufällig alle braune Hemden. Bohne war ratlos. Da sich die gesamte Klasse an dem Spektakel beteiligte, konnte er auch keine Namenseintragung ins Klassenbuch vornehmen. Die Drohung, alles dem Direktor zu melden, verpuffte ebenfalls, und so blieb die Sache ohne Folgen.

Und mit dem nächsten Streich, der einen anderen Lehrer betraf, wollen wir es dann auch fast genug sein lassen. Wir spannten einen dünnen Draht von dem Fuß der vorderen Schulbank hinüber zum Tafelständer, dicht hinter dem Klasseneingang. Ein Junge hatte vor jeder Schulstunde draußen an der Tür zu stehen, beim Nahen des Lehrers diese aufzumachen und laut "Achtung!" zu rufen. Hierauf sprang die gesamte Klasse auf, wartete den Gruß des Lehrers ab, erwiderte diesen, und nach seinem Kommando "Setzen!" konnte der Unterricht beginnen. Unser Opfer nahte mit großen Schritten, blieb prompt am Draht hängen und schlug der Länge nach in die

Klasse, dabei den Tafelständer mit sich reißend. Die Tafel zerbrach in zwei Teile. Er ließ den Direktor holen. Unser Direx war ein körperlich kleiner Mann. In Situationen wie der eben geschilderten zeigte er sich eigentlich nicht besonders streng und durchgreifend. Sicher wird er zu einer größeren Ausführung abgehoben haben, in deren Mittelpunkt Worte wie Disziplin, Achtung vor den Lehrkräften und insbesondere auch das Zusammenleben in der Gesellschaft - womit natürlich immer die nationalsozialistische Volksgemeinschaft gemeint war - eine besondere Rolle spielten. Aber das war es dann auch. An eine Bestrafung für derartige Zwischenfälle kann ich mich nicht erinnern.

Gleich noch einige Worte zu unserem Direktor. Er war nicht nur Parteigenosse, sondern darüber hinaus SS-Mann und im Laufe der Jahre einer der höchsten Repräsentanten dieser Zunft in unserer Stadt. Aber ohne eine gewisse weltanschauliche Gesinnung konnte man sicher in diesen Jahren nicht Direktor eines Gymnasiums sein. Ich erinnere mich, daß er bei den jährlichen Sonnenwendfeiern passende Worte sprach, und auch auf der Thingstätte in Heringsdorf - meist unser Marschziel am 1. Mai - hörte ich ihn reden. Da er zudem nicht selten in Uniform unterwegs war, blieb einem als Schüler und HJ-Angehöriger ein strammer Gruß nicht erspart. Seine große Liebe fand er bereits während seiner Zeit als Studienrat an dem unserer Tirpitz-Schule gegenüber liegenden Lyzeum in einer Schülerin. So war ein beträchtlicher Altersunterschied gegeben. Er verbrachte nach der Zeitwende seinen Lebensabend in Husum, wo er im begnadeten Alter von 91 Jahren 1976 verstarb.

Bevor ich hier unsere Untaten seitenweise ausbreite, will ich nur noch eine kurze Episode schildern, die beweisen soll, wie einfallsreich wir waren. Diesmal war wiederum Iker unser Opfer. Im Klassenraum stand ein Schrank, in dem hauptsächlich die Utensilien der Schüler für die Zeichen- und Malstunde aufbewahrt wurden. Unter anderem auch die Blechtöpfe für das Wasser. Über diesem Berg von gut dreißig Blechbüchsen befestigten wir an einer Schnur ein schweres Stück Eisen, welches wir dem Altmaterial entnommen hatten. An diese Schnur wurde eine zweite geknotet, die weit hinunterhing. Sobald Iker auf dem Flur in Sicht kam, zündeten wir diese Lunte, und der Schrank wurde geschlossen. Der Unterricht begann, und die verdächtig ruhige Klasse wartete gespannt, bis das Feuer den Knoten und damit die zweite Schnur erreicht hatte. Diese brannte dann durch, und mit Riesengepolter schlug das Eisenstück in die Blechbüchsen.

Iker sprang zum Schrank, in welchem er natürlich einen Übeltäter vermutete. Er riß die Tür auf, machte mit dem Arm eine Drohgebärde in Richtung Innenraum, dann erst wandelte sich seine Wut in Erstaunen. Der Schrank war leer. Ob er die Überbleibsel der Fernzündung gesehen und als solche erkannt hatte, blieb uns verborgen. Er überging die Sache, es war wohl besser so für uns alle.

Die Marotte eines Lateinlehrers muß ich noch erwähnen. Sie hatte und hat Auswirkungen für mich bis auf den heutigen Tag. Es war ebenfalls ein älterer Jahrgang, der als Ersatz für einen eingezogenen Lehrer wieder in den Schuldienst trat. Nicht selten begann er den Unterricht mit der Feststellung, daß der eine oder andere von uns sehr blaß im Gesicht sei. Dann hob er zu einem Vortrag an über Mangelerscheinungen im allgemeinen und die durch falsche Ernährung verursachten im besonderen. Der Vortrag gipfelte stets in der Feststellung, daß mit einem Teller Haferflockensuppe am Morgen allen diesen Dingen vorzubeugen sei. Er ging dann noch näher auf die Zusammensetzung der Haferflockensuppe ein, die er selbst natürlich seit Jahren genoß. Bis zu einer halben Stunde war die ohnehin nicht beliebte Lateinstunde so gerettet.

An Tagen, wo eine der gefürchteten Latein-Klassenarbeiten ins Haus stand, mußten wir manchmal nachhelfen. Bevor er noch in den Unterricht einsteigen konnte, sagte ein Schüler: "Herr Lehrer, haben Sie schon gesehen, wie blaß der Sowieso heute aussieht?" Ganz in Fürsorge, widmete er sich nun jenem Schüler. Fragte dann uns alle: "Habe ich denn in dieser Klasse noch nicht über die Vorzüge der Haferflockensuppe gesprochen?" Was natürlich verneint wurde. Nun hob der allseits bekannte Vortrag an. Schließlich stellte er mit einem Blick auf die Uhr betrübt fest, daß für eine Klassenarbeit wohl keine Zeit mehr wäre. Der Zweck war erreicht.

Kurze Zeit darauf waren wir ja sämtlich Marinehelfer. Hier stand uns als minderjährigen Soldaten täglich ein halber Liter Milch zu, und der wurde in Form einer Haferflockensuppe gereicht. Im daran anschließenden Arbeitsdienst wiederholte sich die Sache, so daß wir mehr oder weniger freiwillig/unfreiwillig zu Suppen-Essern wurden. Nach Krieg und Gefangenschaft diktierte dann oftmals die Not eine solch kräftigende Suppe, und schließlich hatte ich mich daran gewöhnt. Jeden Tag meines Lebens beginne ich mit einer Haferflockensuppe. Sonn- und Feiertage sowie der Urlaub sind davon ausgenommen. Mein Vater hatte ebenfalls diese Gewohnheit, er wurde damit über 90 Jahre alt, und da ich auch bereits ohne weitere Probleme ein recht ansehnliches Alter erreicht habe, muß an der Haferflockensuppe etwas dran sein. An dieser Stelle möchte ich auch die Kindheitserinnerungen Theodor Fontanes zitieren. Bereits dessen Vater - das war 1827 ! - bemerkte immer dann, wenn sein Sprößling mit saurem Gesicht die Haferflockensuppe löffelte: "Wer lang suppt, der lebt lang! Nur nicht kiesätig!" (kiesätsch, wie es meine Mutter immer aussprach. Es ist ein pommerscher Ausdruck für wählerisch). Ich lächle heute nicht mehr über den Lateinlehrer.

Mit diesen Schulstreichen bin ich der Zeit schon ein ganzes Stück voraus. Sie zogen sich über Jahre hin und endeten in dieser Form erst im Oktober 1943. Solange währte der Unterricht in der Tirpitz-Schule. Dann kam ein Wandel in die Schulstunden und auch in unser Leben. Doch vorerst bleiben wir noch etwas in der eigentlich, im nachhinein betrachtet, sonnigen Schulzeit. Auch die körperliche Bestrafung gehörte noch zu unserem Schulalltag. So kann ich mich an den Englischlehrer jener Tage erinnern. Nach dem Gruß, noch während wir neben den Bankreihen standen, schritt er an uns vorbei und hörte Vokabeln ab. Für jeden nicht gewußten Begriff gab es eine saftige Ohrfeige, es konnte ganz schön schmerzhaft werden. Die Folge: Man lernte seine Vokabeln. Andere Lehrer machten durchaus vom Rohrstock Gebrauch, den sie nicht selten im Ärmel stecken hatten. Man mußte zum Zwecke der Bestrafung nach vorne kommen, sich über einen Stuhl beugen und bekam dann mit dem Stock eine vorher angekündigte Anzahl Hiebe. Manchmal gelang es, die Wirkung durch ein paar in die Hose eingeschobene Hefte zu mildern.

Doch die Tage bestanden ja nicht nur aus dem Schulunterricht. So gehen die Gedanken auch zurück an andere Ereignisse während der Kindheit. An vorderster Stelle stehen hier auch die Weihnachtsfeste, und einige davon sind mir deutlich in Erinnerung geblieben. Aus den Jahren der frühen Kindheit ist mir in meinem Gedächtnis, daß Vater stets zu Weihnachten etwas baute. Irgendein Spielzeug aus Holz oder auch aus Metall. Als selbständiger Handwerksmeister war seine Zeit immer sehr begrenzt. Dennoch hörte ich ihn in den Abendstunden und besonders kurz vor dem Fest dann auch in den Nachtstunden im Büro sägen und hämmern. Als letzter Arbeitsgang erfolgte dann oft das Anstreichen. Da die Zeit inwischen knapp war, bekam ich zwar am Heiligen Abend mein Geschenk, es klebte aber meist noch von der Farbe. Denn schnell trocknende Lacke gab es damals noch nicht.

So baute mir Vater im Verlaufe der Jahre allerhand Spielzeug. Einmal ein relativ großes Segelflugzeug, welches wir dann allerdings erst später im Frühjahr erproben konnten. In einem Jahr sah ich ihn in der Werkstatt aus eingeschmolzenem Aluminium Räder gießen und sie auf der Drehbank bearbeiten. Ich konnte mir zunächst keinen Reim darauf machen. Von meiner halbwegs zerstörten Blechstraßenbahn bat er sich ein Rad aus. Am Weihnachtsabend lüftete sich das Geheimnis. Eine ziemlich naturgetreue Kanone aus Zeiten des 1.Weltkriegs war das Ergebnis. Das beste daran: Sie schoß wirklich. Doch auch sie klebte noch mit frischer Farbe. Aber nach der Trocknung ging es dann hoch her. Wir bauten aus Holzbausteinen eine Burg, deckten den Raum dahinter gegen Fehlschüsse mit Wellpappe ab und schossen dann die Burg mit den Gummigeschossen in Grund und Boden. Aus dem Fenster des Wohnzimmers trafen wir das Stahltor der Werkstatt-halle, es waren immerhin etwa 50 Meter. Und selbst das Hausmädchen Lisa blieb nicht verschont. Ein Schuß mit der Gummigranate an ihre Beine - unter dem Bett liegend, abgefeuert - hinterließ einen blauen Fleck und brachte eine Beschwerde bei Mutter ein.

Die Kanone hatte bei mir immer einen sehr hohen Stellenwert. So gelangte sie, in Einzelteile zerlegt, über sämtliche Umzüge hinweg. Sie ist wieder zusammengebaut und steht heute bei mir im Keller. Aber geschossen wurde nie wieder damit. Später, als Vater bereits im Rentenalter war, baute er für meine Kinder noch so einiges. Für mich ist heute die Zeit der weihnachtlichen Bauvorhaben für mein Enkelkind gekommen.

Aber nun wieder zurück in die Kindheit. Irgendwann kam die Zeit der Eisenbahn. Zunächst eine einfache Uhrwerkseisenbahn, später eine elektrisch betriebene. Vater baute einen wunderbaren Bahnhof dazu. Mit vielen Räumlichkeiten, Türen zum Öffnen, und alles beleuchtet. Anfangs wurde die gesamte Anlage mit Batteriestrom betrieben. Zu einem Trafo reichte das Geld zunächst nicht, jedes Jahr erfolgte eine Erweiterung der Anlage. Wenn am Heiligen Abend die letzten Kunden vom Hof und aus dem Geschäft waren - das konnte manchmal erst gegen 19 Uhr sein - ging die Suche nach geladenen Auto-Batterien los. Die Anlage hatte 22 Volt, glaube ich, und so waren mindestens drei, besser vier Autobatterien notwendig. Zum Glück verfügte ja Vater in der Werkstatt über eine Ladestation. So konnte des Nachts geladen und am Tage gespielt werden.

An ein weiteres Weihnachtsgeschenk erinnere ich mich auch noch gut, aber nicht so gerne. 1939 wünschte ich mir ein Fahrrad. Nicht irgendein

Fahrrad - das hatte ich ja -, nein, in jenen Jahren gab es von der Firma NSU ein sogenanntes Halbsportrad. Also ein Tourenrad mit etlichen Attributen eines Rennrades, und das in der Farbe himmelblau. Es war schon gleich nach Kriegsanfang nicht mehr im Handel, und so blieb es bis zuletzt ungewiß, ob mein Wunsch überhaupt erfüllt werden konnte. Am Heiligabend stand es nicht am Weihnachtsbaum, meine Enttäuschung war entsprechend. Unter einem Vorwand schickten mich die Eltern in den Korridor. Ich öffnete die Tür, und das Rad schlug mit Gepolter um, es hatte hinter der Tür gestanden. Nach kleinen Richtarbeiten fuhr ich dann noch am Weihnachtsabend auf dem Hof damit. Vater hatte seine Beziehungen zu NSU spielen lassen, er war ja als Motorradhändler mit der Firma verbunden. Und das Ende des Rades will ich auch gleich schildern. Bis in die Zeiten als Marinehelfer - also 1944 - fuhr ich mit dem Rad. Dann blieb es in irgendeiner Garage stehen. Gegen Kriegsende wurde es gestohlen.

Zum Osterfest gab es bei uns einen festen Brauch. Am Ostersonntagmorgen war es überlieferte Pflicht, früh aufzustehen und zum Hafen zu gehen. Dort wurde in einer Flasche etwas Wasser aus der Swine geschöpft und nach Hause getragen. Damit wurden die - meist zu dieser Zeit noch schlafenden - Eltern besprüht. Anschließend absolvierte man den zweiten Teil dieses Brauches. Am Vortage waren Äpfel bereitgestellt worden, und jeder aß nun einen Apfel. Das Wichtigste bei dieser gesamten Zeremonie: Währenddessen durfte nicht gesprochen werden. Ein einziges Wort hätte die Wirkung zerstört. Denn es ging um nicht mehr und nicht weniger als um die Gesundheit für ein weiteres Jahr! Später wurde in meiner Familie dieser Brauch fortgeführt. Doch da die Swine und damit Oderwasser nicht mehr in Reichweite war, blieb der Brauch auf das schweigsame Essen eines Apfels begrenzt.

Zu meinen Erinnerungen gehört, daß eigentlich immer, solange ich denken kann, eine Katze im Haus war. Sie hieß stets Jumbo. Aber es gab Probleme. War es eine Katze, kam sie früher oder später mit Jungen an. Man mußte dann Katzenfreunde suchen, die ein Jungtier abnahmen. Die Überbleibenden - es war wohl durch die Wasserlage so üblich, erscheint mir jedoch in der Erinnerung grausam - wurden in einem mit Steinen beschwerten Sack im Hafen ertränkt. Im Laufe der Jahre verloren auch einige ihr mehr oder weniger junges Leben durch den Autoverkehr auf dem Hof. Sie krochen - besonders an warmen Tagen - unter irgendein Auto und wurden beim Anfahren getötet. Es kostete meist auch viele Tränen, als ich noch jünger war.

An einen Freund erinnere ich mich gern, sein Vater hatte eine Gärtnerei. Die Familie hieß - und in diesem Falle muß ich einmal einen Namen nennen, sonst bekommt die Geschichte keinen Sinn! - Sauer. Für mich im Vorschulalter ergab das als Wortzusammensetzung schlicht die Sauerei. Wir waren im gleichen Alter, und so verbrachten wir später auch die Schulzeit gemeinsam. Das Grundstück der Gärtnerei, obwohl mitten in der Stadt gelegen, war riesengroß. Wir spielten mit Vorliebe zwischen und in den Treibhäusern. Sein Vater genehmigte dann auch meist den Verzehr einer frisch gepflückten Tomate, die ich eigentlich später nie mehr so köstlich im Geschmack empfand wie damals.

Nun will ich noch von einem weiteren Schulfreund erzählen und von den Unternehmungen, die wir beide zusammen erlebten. Er hieß Olav und war ein Verehrer und Bewunderer alles Italienischen, besonders auch ihres Führers: "Duce", also Benito Mussolini. Er lernte freiwillig italienisch, um italienische Zeitschriften und Bücher im Original verstehen zu können. Und er war ein großer Modellflugzeugbauer vor dem Herrn. Er baute - natürlich - italienische Kriegsflugzeuge. Mit Olav zusammen war ich auch im Ernteeinsatz, wie das damals in den Kriegsjahren von uns Schülern gefordert wurde.

Während der Herbstferien ging es zu mehr oder weniger weit entfernt liegenden Bauernhöfen, deren männliche Kräfte jetzt bei den Soldaten waren. Ihre Frauen mühten sich mit wenigen Hilfskräften, die Ernte einzubringen. In der überwiegenden Zeit unseres Einsatzes, der sich meist über zwei bis drei Wochen erstreckte, mußten wir Kartoffeln ernten. Mit dem Traktor fuhr ein älterer Bauer oder auch die Bäuerin mit einer Erntemaschine über den Acker. Wir sammelten die von der Maschine aufgeworfenen Kartoffeln in Körbe, verluden sie dann auf Wagen und sorgten auch manchmal für die Einbringung in die Mieten. Oft stand auch das Kühe hüten auf dem Programm. Eine schweißtreibende Angelegenheit, da die Kühe meist dahin strebten, wo sie nicht hindurften. Etwa auf einen danebenliegenden Rübenacker. Einmal waren wir in Hinterpommern auf einem recht großen Hof. Aus unserer Klasse waren es vier Jungen, darunter auch Olav. In der Nähe war eine Funk- und Peilstation, und von dort wurden dem Hof Luftwaffenhelferinnen zugeteilt. Diese Mädchen waren so um die 20 Jahre alt. Sie erwarteten sicher von einem Mann in dieser schweren Zeit etwas mehr an Beistand, als wir es willens oder auch in der Lage waren zu gewähren. Über die allgemeinen Spielchen, ein bißchen Anfassen und

Betasten kam aber die Sache nicht hinaus, wir waren noch keine sechzehn. Da lief zunächst gar nichts.

Kaum zu Hause, spürte besonders Olav, welch große Gelegenheit wir uns da hatten entgehen lassen. Er führte einen regen Briefwechsel mit einem der Mädchen, bei nächster Gelegenheit fuhr er hin. Seine Schilderungen sind mir noch heute gegenwärtig. Die Brieffreundin holte ihn mit dem Fahrrad vom Bahnhof ab. Bereits hinter dem nächsten am Wege liegenden Holzstapel kamen sie zur Sache, und die Tage - und besonders wohl auch die Nächte - seines Aufenthalts machten Olav nach und nach zum echten Mann. Ich weiß natürlich nicht, was an diesen Schilderungen Wunsch und Wirklichkeit war. Die Geschichten waren auch für mich nur deshalb glaubhaft, da ich die Mädchen kannte. Wie gesagt, sie waren etwas reifer! Ich weiß auch nicht, wie es Olav im Kriege ergangen ist, und ob er ihn überlebt hat. Dagegen kenne ich das Schicksal einiger der Jungen aus der Abschlußklasse der Tirpitz-Schule. Sie haben den Krieg nicht überlebt und mußten fast sämtlich, ohne je die Erfahrung einer solchen Liebelei gemacht zu haben, ins Gras beißen.

So etwa mit 15 Jahren blickten wir natürlich schon nach den Mädchen. In der Regel waren es Schülerinnen aus dem Lyzeum. Aber wie an die Mädchen herankommen? Am Großen Markt gab es den sogenannten Lindenbummel, eine mit Linden bestandene Straße vom Marktplatz zum Hafengelände. Es sieht in dieser Straße heute fast noch genau so aus wie in jenen Jahren. Dort flanierte alles, was ansprechen oder angesprochen werden wollte, des Nachmittags herum. Aber der Mut war meist sehr gering. Ich weiß gar nicht mehr, wie ich mit Margot - so hieß die Angebetete - bekannt geworden bin. Aber irgendwie hatten wir uns kennengelernt, und so gingen wir eine Zeitlang miteinander. Wobei "gingen" durchaus das richtige Wort war. Denn außer spazierengehen passierte nichts. Die eben geschilderte Episode mit Olav war eine echte Ausnahme.

An einen anderen Spaß - der sicherlich überhaupt keiner ist - werde ich durch Fotos erinnert. Wie wir auf die Idee gekommen sind, weiß ich nicht mehr. Jedenfalls wollten wir ein Foto haben, wo wir hängen. Wir hatten uns aus kräftigen Seilen einen Gurt gebaut, der um die Oberschenkel führte und oben am Nacken herauskam. Der Trick war ganz einfach. Man schlüpfte in diesen Gurt, zog dann erst die Hose und die Jacke darüber. Hinter dem Kopf wurde dann an diesen Gurt der eigentliche Strick geknüpft, und schon konnte man hängen. Vor den Fotos im Wald führte ich eine Erprobung durch, und das ging ganz schön schief.

Als nach Feierabend niemand mehr in der Werkstatthalle war, stellte ich ein Kleinmotorrad unter den Mittelträger, warf ein Seil über diesen, stieg auf den Sattel der Maschine und befestigte das Seil. Dabei kippte die Maschine um, und nun hing ich wirklich! Zwar nicht am Hals, aber zwischen den Beinen, und das schnitt ganz schön ein. Das Schlimme war, es befand sich tatsächlich niemand mehr in der Werkstatt, der mir hätte helfen können. Also begann ich zu rufen. Irgendwann hörte Vater mich, kam in die Halle, und man kann sich seinen Schrecken vorstellen, als er seinen Sohn am Dachträger hängen sah. Denn er konnte ja nichts von dem Gurt unter der Hose ahnen. Blitzschnell befreite er mich, und ich war ihm eine Erklärung schuldig.

Vater nahm auch dies relativ gelassen hin, eine Strafpredigt gab es nicht. Auch im Wald probierten wir dieses "Hängen", stellten zwei Fahrräder zusammen, befestigten alles ordnungsgemäß, nahmen die Räder weg und so sah es aus, als ob wir hängen würden.

Andere Fotos aus dieser Zeit zeigen uns sogar mit einer Waffe. Es war Vaters Pistole. Sie war echt, und auch die Munition lag dabei. Die Pistole befand sich immer in seinem Nachttischschrank. Warum wir solche Fotos machten, kann ich heute nicht mehr erklären, es war sicher eine Mischung aus Sherlock Holmes - Filmen und dem Gefühl, durchaus mit einer Waffe umgehen zu können. Vater sah es nicht gern. Er wußte aber, daß wir ab einem gewissen Alter durchaus soviel von Waffen verstanden, und auch die Vorsicht walten ließen, um nicht uns oder andere zu gefährden. Man darf auch nicht vergessen, daß wir durch den Dienst in der Hitler-Jugend sehr bald auch an eine fundierte Waffenausbildung herangeführt wurden.

Ich habe bereits berichtet, wie auch mein Vater im Interesse seines beruflichen Lebensweges sich den gesellschaftlichen Verhältnissen ange-paßt hatte. Er konnte sich durch den Ariernachweis, den Eintritt in die Partei und das NSKK gesellschaftsfähig machen. Vater entzog sich damit allen Anfeindungen seitens der Nazis. Auch für mich hatte dies in einigen Fällen angenehme Seiten. So nahm ich bei einer Gelegenheit sehr gern die Macht in Anspruch, die eine Uniform damals im Staate verlieh. Jedes Jahr zum 1. Mai wiederholte sich ein Ritual, welches ich allerdings überhaupt nicht liebte. Sämtliche einer Organisation angehörigen Bürger zwischen 10 und 60 - und das waren so gut wie alle - sammelten sich an diesem Maimorgen in voller Uniform und marschierten von Swinemünde nach Heringsdorf. Dort befand sich eine sogenannte Thingstätte, ein Freilufttheater könnte man sagen. Der Begriff Thing läßt sich bis auf die im norddeutschen Raum siedelnden Wikinger zurückführen. Überhaupt spielten in weiten Bereichen der Nazi-Ideologie Bräuche und Sitten der Wikinger eine große Rolle.

Diese Thingstätte im Wald bei Heringsdorf war ein Halbrund, die aufsteigenden Wälle bildeten die Sitzreihen, ein modernes Amphitheater. Es hieß also knappe 10 Kilometer marschieren, mit Gesang versteht sich. Wobei die Lieder nie laut und zackig genug sein konnten. Das war zunächst beim Jungvolk so und dann bei der eigentlichen HJ. Da die Maimorgen an der See meist noch gut kühl waren und wir bereits die Sommer-Uniformen mit kurzen Hosen trugen, habe ich diese Aktionen auch als Kälteübung im Gedächtnis. Die verschiedensten Ansprachen zogen sich über den ganzen Tag hin. So suchte ich nach dem Mittagessen - welches aus einer Feldküche mit der unvermeidlichen Erbsensuppe gewährt wurde - Vater auf, der in der Gruppe seiner Kameraden ebenso teilnahm.

Vater fand stets einen Vorwand, nicht nach Heringsdorf marschieren zu müssen. Er fuhr mit dem Auto dorthin. Er erschien dann etwas später mit mir bei meinem zuständigen Jugendführer. Vater erklärte diesem, daß er mich auf der Stelle mitnehmen wolle und dazu die Dienstbefreiung brauche. Ich hätte den HJ-Führer in jenen Jahren sehen wollen, der einem NSKK-Mann diese Bitte abschlug. Soviel Macht verlieh allein die Uniform. Der 1. Mai endete dann für Vater und mich mit einem Kaffeetrinken bei der Großmutter in der Lindenstraße. Dort parkte auch Vaters Auto, mit welchem wir dann wohlgemut nach Hause fuhren.

In den Jahren auf der Grundschule - also bis etwa 1938 - kann ich mich nicht besinnen, daß das Thema Partei oder Nazi eine Rolle gespielt hätte. Wir waren für solche Betrachtungen auch ganz einfach noch zu klein. Aber dann kamen zunächst in Gestalt des Jungvolks diese Dinge auf uns zu.

Das Geschehen jener Jahre war geprägt von völkischem Denken. Begriffe wie: Volkstum, Volkszusammengehörigkeit, Volksgemeinschaft usw. prägten das Bild. Aus der Sicht der Obrigkeit sollte am besten alles gemeinsam unternommen werden. Auch das war System. Es konnte sich keiner absondern, er riskierte sonst, schnell zum Außenseiter zu werden. Und Außenseiter hatte in jenen Jahren schon den Beigeschmack des Andersdenkenden, des Abtrünnigen von der Parteilinie. Von dort bis zum Klassenfeind oder Volksverräter war es manchmal nur noch ein kleiner Schritt. Eine unbedachte Äußerung, eine Bemerkung einem nicht wohlwollenden Nachbarn gegenüber, konnte schon zur Maßregelung durch die

Gestapo führen. In jedes Dienstzimmer, gleich ob Schule, städtische Dienststelle oder irgendwelches Amt trat man am besten mit einem lauten und deutlichen "Heil Hitler!" ein, um von vornherein keinen Zweifel an seiner Linientreue aufkommen zu lassen. Eine kleine Begebenheit zu diesem Thema aus der Schulzeit fällt mir dazu ein.

Eine Zeitlang unterrichtete uns ein älterer Englischlehrer. Er hatte entweder einen Teil seiner Studienzeit in England verbracht oder war auf andere Weise mit unserem damaligem Erzfeind verbunden. Es fiel jedenfalls auf, er war gegenüber bestimmten Meinungen und Meldungen aus diesem Land sehr aufgeschlossen. Wir hatten einmal ein Thema besprochen, wo es darum ging, was Staatsmänner allgemein ihren Völkern antun, und dies war im absolut negativen Sinne gemeint. In der Diskussion vertrat ich die Meinung, daß jedes Volk mit seinen eigenen Herrschern abrechnen müsse, und gebrauchte wohl den Ausdruck: Im Zweifelsfalle aufhängen! Blitzschnell hakte er an dieser Stelle ein und fragte nach: "Auch unseren Führer?" Meine Antwort lautete: "Falls er es verdient hätte, sicher - auch!" Durch die Klasse ging ein Aufschrei. Es war doch in jenen Jahren für einen deutschen Jungen nicht vorstellbar, solche Meinungen zu äußern. Wie diese Bemerkung in den Köpfen meiner Mitschüler gewirkt hat, konnte ich später noch feststellen. Ein ehemaliger Schulfreund schrieb mir in einem Brief nach dem Kriege, wie es mir in der Sowjetischen Besatzungszone gefiele? Denn: "Du warst doch schon immer Kommunist!" So hatte ich das damals nicht gesehen.

Auch die Frage der Judenverfolgung haben wir damals nicht so wahrgenommen. Es tauchten jedoch ab 1941 auch im Swinemünder Stadtbild Leute auf, die einen Judenstern auf der Brust trugen. Besonders bei unseren Besuchen in Berlin sah man relativ viele dieser Bürger auf den Straßen. Eine weitere Beobachtung konnte man an Geschäften machen, an deren Schaufenster aufgemalte Judensterne oder Sprüche wie: "Kauft nicht bei Juden" auftauchten. An den Strandzugängen standen Schilder: "Zutritt für Juden verboten!" In der Erinnerung muß ich sagen, daß man sowohl selbst als auch die Masse der Einwohner diesen Ereignissen ziemlich teilnahmslos gegenüberstanden.

An ein Ereignis erinnere ich mich jedoch gut. Es war der 9. November 1938. Das Datum ging dann als Reichskristallnacht in die Geschichte ein. Vater war in Stettin und blieb auch über Nacht dort. Wie immer bei solchen Gelegenheiten durfte ich in seinem Bett schlafen. Irgendwie wurde das auch noch lange ausgenutzt. Gegen 23 Uhr klopfte es an die Schlagläden unseres zur Straße gelegenen Schlafzimmers. Mutter meldete sich, ließ aber den Schlagladen zu. Es waren SA-Leute, und sie wollten Benzin haben. Mutter sagte: "Mein Mann ist nicht da, die Tankstelle kann nur durch Betriebsangehörige am Tage in Betrieb genommen werden." Die Männer gaben sich damit zufrieden und zogen ab. Vater hätte die Leute sicher nicht so abwimmeln können und wäre an diesen Verbrechen mitschuldig geworden.

Am nächsten Morgen sah man dann das Ausmaß der Übergriffe. Schaufenster der Judengeschäfte waren eingeschlagen, die Räumlichkeiten teilweise verwüstet. Nach der Schule waren wir in einem Laden in unserer Straße. Er stand offen, die Regale und deren Inhalt lagen kreuz und quer im Laden verstreut. Es war ein Kurzwarenladen, also Nähutensilien. Irgendwie hatte man ein schlechtes Gewissen. Wahrscheinlich nicht einmal, weil es sich um ein Judengeschäft handelte, sondern einfach, weil es kriminell war. So etwas machte ein anständiger Bürger nicht, es war die Sprache des Verbrechens. Wie ja aus der Geschichte bekannt, löste sich das sogeannte Judenproblem so nach und nach durch das Verschwinden dieser Menschen. Sei es, daß sie freiwillig unter Zurücklassung ihrer Habe auswanderten - in den Vorkriegsjahren noch möglich - oder verhaftet wurden und ihren Leidensweg durch die Lager bzw. in die Gaskammer antraten.

Den "Führer" sahen wir, als er im März 1939 in Swinemünde weilte. Am Kaiserbollwerk lag das Panzerschiff Deutschland (die spätere Lützow, denn Deutschland sollte nicht untergehen!). Das Jungvolk und die Hitlerjugend waren auf dem Kai angetreten und bildeten Spalier. Er kam mit einem Sonderzug aus Berlin, fuhr direkt auf dem Hafenkai vor und entstieg mit großem Gefolge dem Wagen. Es wurde Meldung gemacht, unsere Einheit stand stramm, und er schritt bedächtig die Front ab, dabei möglichst jedem von uns in die Augen sehend. Das gehörte zu solchen Ritualen. Den "Blick des Führers" erlebt zu haben, das war für einige Zeitgenossen schon etwas. Dann bestieg er das Schiff, grüßte noch einmal die Hundertschaften auf dem Hafenkai und entschwand.

Ich entsinne mich auch auf die Rückkehr. Diesmal standen wohl andere Einheiten am Kai. Wir beobachteten das Schauspiel von der Veranda eines Hauses aus, in dem unser Werkstatt-Meister wohnte. Der Salonwagen der Reichsbahn fuhr unmittelbar an diesem Haus vorbei. Der Führer stand am Fenster, blickte auf die Massen am Straßenrand. Soweit ich mich besinne, herrschte kein Jubel. Die Pommern können überhaupt nicht jubeln, sie lassen solche Ereignisse über sich ergehen. Ich weiß auch noch, daß ich zu Hause beim Mittagessen sagte: "Wenn der Führer so am Fenster stände, könne man ihn aus einer Wohnung heraus leicht abknallen!" Vater war entsetzt. Wahrscheinlich mehr darüber, daß eine solche Äußerung publik würde, als über die Möglichkeit, daß Hitler Opfer eines Anschlages hätte werden können.

Der Dienst in der Hitler-Jugend hat unsere Generation sicherlich geprägt. Da war zunächst einmal die Uniform. Im Sommer bestand sie aus einer kurzen schwarzen Hose und einem braunen Hemd. Um den Kragen war ein schwarzes Dreieckstuch gelegt, welches mit einem geflochtenen Lederknoten gehalten wurde. Im Winter trugen wir lange schwarze Hosen und eine schwarze Jacke über dem Hemd. Eine Armbinde mit dem Hakenkreuzsymbol schmückte den linken Arm. Diese Uniformen mußten gekauft werden, und ich weiß, daß es am Anfang für Eltern, die nicht so begütert waren und mehrere Kinder hatten, ein finanzielles Problem war. Vielleicht hat es auch aus irgendwelchen Kassen Beihilfen gegeben? Jedenfalls waren wir nach geraumer Zeit alle uniformiert. Nebenbei bemerkt, waren die Uniformstücke in durchaus guter Qualität. Wir trugen besonders die Hosen auch gern außerhalb der Dienstzeit, zumal sie sehr preiswert waren.

Den Dienstbetrieb konnte man als weitgehend vormilitärische Ausbildung ansehen. Man lernte sich in der Gruppe aufstellen, sich ausrichten, vor allen Dingen auch marschieren, Kehrtwendungen machen und Ehrenbezeugungen erweisen - wie das Grüßen hieß. Ebenso galt es den Unterschied zwischen die Augen links und Augen rechts zu begreifen. Stramm hierarchisch aufgebaut, fing es mit der kleinsten Gruppe, dem Fähnlein an und ging über den Stamm bis zum Bann und sicherlich zu noch größeren Einheiten. Der jeweilige Führer einer solchen Gruppe war dann der Fähnleinführer, Stammführer usw. Die Führungsschicht rekrutierte sich jeweils aus den Dienstälteren. So rückten einige mit den Dienstjahren weiter nach oben, aber eben nur die Auserwählten. Man mußte schon etwas tun, um sich aus der Masse zu schälen, und viele Jungens sahen es durchaus als erstrebenswert an, durch besonders zackiges Verhalten und einen freudigen Dienstbetrieb in der Hierarchie aufzusteigen. Mir lag dieser zackige Betrieb ganz und gar nicht. Meine Stimme war nie als laut zu bezeichnen, und schon aus diesem Grund war ich sicher nicht geeignet, vor eine größere Einheit zu treten und Befehle zu geben. Natürlich hatten dies auch sehr bald meine Vorgesetzten erkannt. Einer dieser Jugendführer meinte, meiner Stimmgewalt Nachhilfe erteilen zu müssen. Er ließ mich zunächst aus der Gruppe heraus irgendwelche Befehle geben, die natürlich viel zu leise kamen. Anschließend schickte er mich nun weiter und weiter von der Gruppe weg mit dem Auftrag, die Befehle aus der Entfernung laut und deutlich zu wiederholen. Schließlich stand ich am Rande des Schulhofes und dachte nicht im entferntesten daran, meine Stimme auch nur um einige Lautstärken anzuheben. Er brach die Übung ab. Natürlich machte man mit einem solchen Verhalten keine Karrieresprünge. So verließ ich sowohl das Jungvolk als später auch die HJ, ohne an die ansonsten begehrten Streifen oder Sterne auf den Schulterklappen gekommen zu sein.

Während bei schönem Wetter der Dienstbetrieb weitgehend im Außenbereich absolviert wurde, vollzog sich bei schlechten Witterungsverhältnissen der Dienst in Form von Unterricht über Themen wie: Verhalten im Gelände, Kartenkunde, Dienstränge und Aufbau der Organisation. Hierzu standen uns Klassenzimmer der jeweiligen Schule in den Nachmittagsstunden zur Verfügung. Besonders unbeliebt war bei mir auch immer das Singen. Lieder für das gesellige Zusammensein am Lagerfeuer wurden genau so eingeübt wie die Marschlieder. Gerade letztere waren es, die dieser unseligen Zeit ihr äußeres Gepräge gaben. Marschierende Kolonnen mit dem munteren Kehrreim: "Denn heute hört uns Deutschland und morgen die ganze Welt" - wobei das "hört" dann von uns noch in "gehört" umgemünzt wurde - prägten später besonders im Ausland das Erscheinungsbild dieser gesamten Epoche.

Zum eigentlichen Dienst kamen dann noch die verschiedensten Gemeinschaftsaufgaben. Hier sind mir besonders die Winterhilfssammlungen im Gedächtnis. Jeweils in Zweiergruppen zogen wir dann an den Wochenenden, mit der Sammelbüchse bewaffnet, los. Klapperten eifrig mit den Büchsen - wozu aber erst etwas darin sein mußte - und überreichten den zahlungswilligen Volksgenossen kleine Ansteckenadeln oder Abzeichen, die eigentlich nur den Zweck hatten, daß man den nächsten Sammler mit einem dezenten Hinweis darauf unbehelligt passieren konnte. Je länger also die Sammlung andauerte, je weniger begegneten einem Passanten, die noch nicht gespendet hatten, und je mühsamer wurde das Geschäft.

Eine andere Form des Sammelns war der Verkauf von Wertmarken. Man bekam ein Gutscheinheft mit verschiedenwertigen Marken und mußte diese an den Mann bzw. die Frau bringen. Hier bot sich meist die Verwandtschaft

135

an, die abgeklappert wurde, um sein Soll zu erfüllen. Der Staat sammelte eigentlich permanent für irgend etwas. Besonders in den Kriegszeiten war es wohl ein fest kalkulierter Anteil zu den immensen Kosten.

Auch die Geländespiele mochte ich nicht allzu gern. Durch Armbinden bezeichnete Gruppen - rot gegen blau - wurden im Gelände, d.h. in irgendeinem Waldabschnitt verteilt. Die eine Gruppe griff an, die andere verteidigte. Als zu verteidigender Geländepunkt war das Swinemünder Wasserwerk im Waldabschnitt beim Wolgast-See sehr beliebt. Es begann mit Anschleichen und endete mit Ringkämpfen in den Stellungen der Gegner. Es war das uralte Spiel Räuber und Gendarm oder das Kriegen-Spielen. Man hatte den natürlichen Spieltrieb der Jungen nur entsprechend abgeleitet. Im nachhinein betrachtet, ordnete sich schließlich alles nur dem einem Zweck unter: der Wehrertüchtigung. Auch die jährlichen Ferienlager dienten letztlich diesem Ausbildungsziel. Das Leben in Zeltstädten, das unablässige Zusammensein der Jungen in der Gruppe. Verpflegung aus der Feldküche, Alarmübungen am Tage und in der Nacht. Und das alles ohne Einwirkung des Elternhauses und der Schule. Nichts war dem Zufall überlassen, es war schon klug eingefädelt und hat dann seinen Zweck ja auch beinahe erreicht. Vor den Ferienlagern habe ich mich weitgehend mit Erfolg gedrückt.

Es gab immer irgendeinen Grund, weshalb man gerade an den festgesetzten Terminen nicht zur Verfügung stand. Ein einziges Mal bin ich für etwa eine Woche in einem Ferienlager bei Stralsund, an der Küste gegenüber der Insel Rügen, gewesen. Alles, was den Wert eines solchen Zusammenseins ausmachte, störte mich. Das Schlafen im engen Zelt mit bis zu 10 Jungen. Die Verpflegung sowieso. Der Kommandoton von morgens bis abends. Auf dem Programm standen nur Sport, Geländeübungen und abends das Singen am Lagerfeuer - es war nicht meine Sache. Dennoch glaube ich, behaupten zu können: Den meisten Jungen gefiel es! Doch es fanden sich auch Gleichgesinnte. Man kannte ja allmählich seine Leute von der Schule her, es war ja stets der gleiche Kreis. So tarnten wir uns in einer Buschgruppe so gründlich, daß wir erst nach beendeter Geländeübung wieder sichtbar wurden. Oder wir verpißten uns ganz einfach, wie es salopp unter uns hieß. Das war zwar nicht gerade kameradschaftlich, aber es kam unserer Vorstellung von einer Jugendbewegung wesentlich näher.

Der Übergang vom Jungvolk - also den Pimpfen - zur eigentlichen Hitler-Jugend erfolgte für mich 1941. Er war nicht ganz problemlos.

Ich muß dazu erklären, daß es vier Gruppen von Hitler-Jugend gab: Die Motor-HJ, die Flieger-HJ, die Marine-HJ und letztlich die normale - wir bezeichneten sie als Land-HJ. Natürlich war es Ehrgeiz und Ziel eines jeden Pimpfen, in eine der erstgenannten Gruppen zu kommen. Wie der Name es bereits ausdrückt, die Ausbildung hatte ihren Schwerpunkt entsprechend der jeweiligen Benennung. Die Land-HJ war der schäbige Rest. Die Aufnahmequoten begrenzten sich aber allein aus der Anzahl der zur Verfügung stehenden Ausbilder bzw. aus der Anzahl der Ausbildungs- mittel, also der Segelflugzeuge, Boote oder Motorräder. Der Andrang war stets größer als die Aufnahmemöglichkeit. So erging es auch mir zunächst so, daß ich keine Aufnahme in die Motor-HJ fand und mich nach der Aufteilung tiefbetrübt unter dem schäbigen Rest wiederfand. Dort erblick- te mich einer von den Ausbildern der Motor-HJ. Er stammte natürlich aus dem Kraftfahrzeuggewerbe und stand somit auch mit Vater als Obermeister der Innung in Verbindung. Er erkannte die Chance, hier etwas für die Motorräder zu tun, und setzte meine Aufnahme in die Motor-HJ durch. Es sollte sich für ihn, für die Einheit und auch für mich auszahlen. Sehr schnell wurde ich der Betreuer des gesamten Motorradbestandes unserer Gruppe, denn ich hatte Vaters Werkstatt für kleinere Reparaturen und Pflege- arbeiten zur Verfügung.

Für mich hatte dieser Einsatz für die Motorräder einige weitere Vorteile. Vom eigentlichen Dienst war ich befreit, denn es gab immer einen Grund, an den Motorrädern zu basteln. Wenn es dann ins Gelände ging zu den praktischen Fahrübungen - natürlich der Höhepunkt der gesamten Ausbil- dung für alle -, gehörte ich zu denen, die eine der Maschinen überführen durften. Ich brauchte nicht mitzumarschieren. Die Gruppe besaß drei Motorräder. Eine Harley-Davidson älteren Semesters, auch heute als Kult- Motorrad aus Amerika noch gehandelt. Bekanntlich besitzen diese Motor- räder Zwei-Zylinder-Motoren in V-Form. Der Motor sprang meist schlecht an, und da sich beide Zylinder das Gemisch aus einem Vergaser teilen mußten, lief zunächst immer nur ein Zylinder, bis bei höheren Drehzahlen der zweite einsetzte. Es veranlaßte mich meist zu dem Spruch: "Harley läuft schon - Davidson kommt gleich!"

Die anderen beiden Maschinen waren kleineren Hubraumes. Unsere Fahrübungen fanden ausschließlich im Gelände statt. Wieder ging es um Wehrertüchtigung, es waren Vorbereitungen auf den Ernstfall. Unter ande- rem übten wir auch das Springen mit den Maschinen über Schanzen, die wir selbst aufbauten. So hatten wir einmal aus Ziegelsteinen und kräftigen Bohlen auf einer zum Strande führenden Betonplattenbahn solch eine Sprungschanze gebaut. Unser Ausbilder sprang als erster mit der schweren Harley. Der Steinhaufen gab nach, und so flog er unsanft auf die Betonpiste. Auch an den sogenannten Bannsportfesten - das waren Vergleichs-Wett-kämpfe verschiedener Motor-HJ-Gruppen in Stettin - nahm ich ein- oder zweimal teil. Der Dienst bei der Motor-HJ entsprach eher meinen Neigun-gen, und so habe ich diese Art Dienstbetrieb einigermaßen freudig absol-viert. Es endete 1943 mit meiner Einberufung zu den Marinehelfern.

Von einem Ereignis will ich noch berichten, wozu man ausgerechnet mich aus unserer Einheit auswählte. Es galt, an einer Fahnenweihe teilzu-nehmen. Ich war zu jener Zeit etwa 15 Jahre alt. Die Einheit bekam eine Fahne, ich weiß nicht mehr, ob überhaupt eine oder eine neue. Jedenfalls mußte die Fahne geweiht werden. Eines dieser Lieder, wo es um die Fahne geht, aus jenen Jahren lautete wie folgt:

Vorwärts! Vorwärts! schmettern die hellen Fanfaren.
Vorwärts! Vorwärts! Jugend kennt keine Gefahren.
Deutschland, du wirst leuchtend steh'n,
mögen wir auch untergeh'n. (Anfang wiederholt sich)
Ist das Ziel auch noch so hoch, Jugend zwingt es doch!
Unsre Fahne flattert uns voran.
In die Zukunft zieh'n wir Mann für Mann.
Wir marschieren für Hitler durch Nacht und Not
mit der Fahne der Jugend für Freiheit und Brot.
Unsre Fahne flattert uns voran,
unsre Fahne ist die neue Zeit.
Und die Fahne führt uns in die Ewigkeit!
Ja, die Fahne ist mehr als der Tod!

Zu der "großen Ehre" war ich allein aus jenem Grund gekommen, weil ich als Schüler mehr Zeit hatte als die bereits im Berufsleben stehenden Altersgenossen. In der Motor-HJ war ich aus den bereits genannten Grün-den sogar der einzige Schüler. Ich empfing also eines schönen Tages die zusammengepackte und in einem Futteral steckende Fahne und fuhr mit der Bahn nach Anklam. Hier sammelten sich in den nächsten Stunden wohl an die achthundert Jungen. Jeder mit der Fahne seiner Einheit, aus dem gesamten Reiche delegiert. Wir waren in Baracken untergebracht. Verpflegung und Dienstbetrieb wie üblich. Wir übten nun komplette drei Tage lang das Auspacken, Entrollen und Tragen der Fahne, dann das Marschieren damit, sowohl allein als auch in der Formation und letztlich noch die Handgriffe für das eigentliche Ereignis, die Weihe. Solchermaßen geschult, fuhren wir am vierten Tage nach Stralsund, wo auf einem großen Platz in der Nähe des Hafens das Ereignis stattfinden sollte.

Es war ein sengend heißer Tag. Bereits am frühen Morgen zeichnete sich ab, daß wir in der Mittagszeit einer Bruthitze ausgesetzt sein würden. Wie immer bei solchen Ereignissen wurde natürlich rechtzeitig Aufstellung genommen. Während wir in Reih und Glied bereits morgens um 9.00 Uhr auf besagtem Platz angetreten waren, trafen die Weiher erst nach dem Mittag ein. Es waren keine geringeren als der Reichsmarschall Hermann Göring und unser Reichsjugendführer. Natürlich gab es nichts zu essen und zu trinken, und so blieb es nicht aus, daß bereits gegen 11.00 Uhr die ersten Kameraden glatt umfielen. Als die Ausfall-Quote gegen Mittag höher wurde, erlaubte man jeweils der hintersten Reihe, sich zu setzen. Wir standen in einem großen Viereck, und von vorne war es ja nicht zu sehen. Sanitäter kamen zum Einsatz und brachten die Gefallenen wieder auf die Beine. Ich weiß noch, daß auch mir flau im Magen war.

Endlich trafen auch die großen Führer ein. Endlose Reden über Sinn und Zweck der Fahnenweihe im allgemeinen und dieser - in Kriegszeiten - im besonderen brachten dann nochmals einige von uns von den Beinen, dann aber war es soweit. Eine aus Berlin mitgebrachte "Blutsfahne" - es war wohl eine, die in der Kampfzeit des Nationalsozialismus irgendeine Rolle gespielt hatte - wurde entrollt. Ein jeder von uns trat wie geübt mit seiner Fahne an diese heran, berührte beide Fahnentücher, und unter kernigen Sprüchen vollzog sich die eigentliche Weihe. Nach einem kleinen Stadtrundmarsch mit wehendem Banner - bei achthundert Fahnen sicher ein imposantes Bild - ging es dann endlich an die Futtertröge und schließlich heim. In der eigenen Einheit mußte ich dann nochmals das Erlernte unter Beweis stellen, und im Rahmen einer weiteren Feierstunde wurde unsere Fahne dann von der Einheit übernommen.

Dienst in der HJ war nur zweimal die Woche - meist wurde noch einmal entschuldigt gefehlt. Die übrigen Tage standen uns zur Verfügung. Mit "uns" meine ich in diesen Jahren meist mich und meinen Freund Lothar, aber auch Klassenkameraden waren oft beteiligt. Besonders als Lothar mit

14 in die Lehre kam. Er lernte - es bot sich fast an - bei meinem Vater Kraftfahrzeug-Mechaniker. Noch aber besuchte auch er die Volksschule, nachmittags hatte er meist mehr Zeit als ich, denn die Schularbeiten auf dem Gymnasium nahmen schon viel Zeit in Anspruch - sie hätten es zumindest tun sollen. Aber der Hafen lockte.

Ich habe ja bereits geschildert, wie wir durch den Bau eines Paddelbootes in den Kreis der Seefahrenden gerieten. Durch die Bootsbauerei und den Umgang damit lernten wir andere gleichaltrige Jungen kennen, die ebenfalls dem Segel- oder Kanusport verfallen waren. Ich muß aber zurückblickend sagen, daß es dafür, daß wir in einer Hafenstadt lebten, mit den besten Wassersportmöglichkeiten besonders im Hinterland der Inseln versehen, relativ wenige Jungen waren. In meiner Klasse war es sogar nur ein einziger. Seine Eltern betrieben ein Geschäft am Großen Markt, und sie hatten sowohl viel Verständnis für die Segelleidenschaft ihres Sprößlings als auch das nötige Kleingeld. So besaß der Glückliche eine wunderschöne Q-Jolle. Also ein klassenzugehöriges Boot, mit welchem man auch an Regatten teilnehmen konnte. Es war mit einem ganz flachgehenden Rumpf ausgestattet, segelte sich sehr leicht und war äußerst schnell. Er nahm mich ganz gerne mit, denn allein machte es wirklich keinen Spaß. Einmal ließ er sich breitschlagen, einen weiteren Schulkameraden mitzunehmen, den Sohn eines Bäckermeisters. Dieser machte sich für solche Unternehmungen natürlich durch das Mitbringen von Kuchen beliebt, dem er wohl auch sonst gerne zusprach, denn er war wohlbeleibt.

Wir segelten zunächst über die Swine auf die gegenüberliegende Seite und bogen dann in den Oderarm ein, der Mellininsel gegenüber. Und bereits bei diesem Einschwenken passierte es. Bei flotter Fahrt machten wir eine Halse (für die Nichtsegler, das Segel schwenkt mit einem Schlag auf die Gegenseite). Das Boot holte stark über, und wir hatten Mühe, durch das Nachaußenlegen unserer Körper das Boot vor dem Umschlagen zu bewahren. Unser Bäckersohn bekam die Aktion natürlich nicht so mit, fiel zu allem Überfluß kopfüber in das Segel hinein und brachte mit seinem Körpergewicht das Boot zum Kentern. Im nächsten Augenblick fanden wir uns alle drei im Wasser wieder, welches zum Glück angenehm warm war.

Es spielte sich unweit der Start- und Landebahn für die Wasserflugzeuge ab, die durch Bojen markiert war. An Tagen mit Flugbetrieb hielt sich auch ständig ein Motorboot des Flughafens in diesem Gebiet auf. Dessen Insassen hatten unser Mißgeschick beobachtet. Sie kamen schnell längsseits, nahmen uns auf und das Boot ins Schlepp. An einer sandigen Uferstelle zogen wir das Boot vollständig an Land, leerten es vom Wasser, und bald segelten wir wieder.

Unsere Segeltouren führten uns an normalen Wochentagen, wo wir ja bestenfalls den Nachmittag zur Verfügung hatten, stets in das Gebiet der Swine, welches durch die Mellininsel von der Mellinfahrt getrennt war. Die Swine hatte hier einen bis zwei Kilometer Breite. Sie wechselte auch mehrfach die Richtung, und es war eher wie ein See, ein ideales Segelgebiet. Schiffahrt gab es auf diesem natürlichen Flußlauf so gut wie keine. Diese spielte sich in der Mellinfahrt und der Kaiserfahrt ab, den künstlich geschaffenen Schiffahrtswegen zu den Haffs. Manchmal waren Bauern mit großen Ruderbooten unterwegs, die sich das Heu von den Wiesen geholt hatten. In diesem Gebiet fuhr der Bauer das Heu nicht mit dem Pferdefuhrwerk ein. Die Wiesen - kaum über dem Meeresspiegel liegend und oft überschwemmt - wurden von Kanälen durchzogen, und auf ihnen wurde auch das Heu abgefahren.

Auf der Mellininsel hatten wir auch ein ideales Spielgebiet. Da sie nur mit dem Boot zu erreichen war, gab es außer einigen Anglern kaum einen Menschen auf der kilometerlangen Insel. Wir bauten Schilfhütten oder Baumsitze und fühlten uns wie Robinson. Einem zweifelhaften Sport gingen wir dort auch nach, wobei wir andere an einem bestimmten Vergnügen hinderten. Matrosen von den Kriegsschiffen, die zusammen mit einer Freundin in einem Ruderboot auf die Insel fuhren, waren dabei unsere Zielgruppe. Wir ermittelten zunächst, in welcher Bucht das Boot des Matrosen lag. Dann trugen wir unser Paddelboot an eine entsprechende Fluchtstelle, und zwischen dieser und dem Liebespaar verbreiteten wir nun Unruhe. Der arme Soldat, in dieser Situation meist wenig bekleidet und weitab von jedem Heldentum, versuchte meist, unserer habhaft zu werden und uns eine Abreibung zu verpassen - die wir auch verdient gehabt hätten! Aber natürlich waren wir schnell bei unserem Paddelboot und dann auch schon im gebührenden Abstand auf dem Wasser. Wie gesagt, es waren schlechte Scherze, aber Spaß gemacht hat es! Heute schäme ich mich sogar, den armen Matrosen diese wenigen Stunden ihres ansonsten sicher freudlosen Daseins mit dieser miesen Tour so verdorben zu haben.

Ein Großteil unser nachmittäglichen Freizeit füllte der Umgang mit Fischen und Fischern aus. So waren wir häufig Besucher des sogenannten Fischbollwerks. Es war jener Teil des Hafens, welchen man von unserem

Grundstück auf direktem Weg erreichte. Wie es der Name bereits sagt, landeten hier die Fischkutter an, die dann etwa ab 15 Uhr nacheinander vom Fang zurückkehrten.

Die Fischer hatten die Heimfahrt benutzt, um die Fische zu sortieren, sie in die Fischkisten einzulegen, und so begann alsbald nach dem Anlegen das Entladen. Genau gegenüber der Anlegestelle befand sich das Gelände der Fischerei-Genossenschaft. Es waren einfache Wellblechhallen. Mit Plattenwagen fuhren die Männer die Kisten nach dort zum Wiegen und bekamen ihren Fang gutgeschrieben. Die Fischer selbst wohnten auf ihren Booten. Es waren meist der oder die Besitzer mit einem oder zwei Helfern. Drei Mann gehörten zu einer Besatzung. Sehr früh in den Morgenstunden ging es dann wieder hinaus auf die Ostsee. Gefangen wurden je nach Jahreszeit und Saison Flundern, Kabeljau und natürlich Heringe. Alles, was sonst in die Netze ging und verkaufsfähig war, wurde ebenfalls aussortiert. Aale, die es in der Ostsee auch reichlich gab, wurden von den Kleinfischern mit Aalangeln gefischt. Diese hatten ihre Boote direkt am Strand liegen. Die meisten der Fischer hatten sich zu Teams zusammengeschlossen. Dann wurden die Schleppnetze zwischen zwei Fischkutter gespannt, und man fischte gemeinsam ein bestimmtes Gebiet ab. Mein Schulfreund Joachim und ich hatten Kontakt zu einer solchen Fischercrew gefunden.

Zur Ankunftszeit der Fischer fanden wir uns am Hafen ein. Schon von weitem erkannten wir an der Form und Farbe des Bootes unseren Fischkutter. In der Hauptsache machten wir uns nützlich durch Einkaufen für die Besatzung. Diese hatten einen langen Arbeitstag hinter sich. Die Arbeit auf See bei jedem Wetter - auch im Winter - war knochenhart, und sie waren froh, nach dem Entladen und dem Schrubben des Decks in ihrer Kajüte im Vorschiff zu sitzen und in Ruhe zu Abend zu essen. Sie krochen dann auch alsbald in ihre Kojen, denn die Nacht war bereits um ein oder zwei Uhr vorbei. Unsere Entlohnung bestand aus Fisch, den Mutter gerne annahm und verwertete.

Einmal hatten sie einen wahren Jahrhundertfang gemacht. Kabeljau war in so großen Mengen in das Netz gegangen, daß nicht nur unter Deck alle Kisten gefüllt waren, sondern auch auf Deck kein Platz mehr war. Die Männer standen buchstäblich bis zu den Knien in Fischbergen. Wir halfen fleißig Fische in die Kisten sortieren, was den Fischern das Versprechen entlockte: "Ihr könnt soviel Fisch mitnehmen, wie ihr tragen könnt!" Das mußte man uns nicht zweimal sagen. Wir nahmen sogar soviel Fisch mit, wie wir nicht tragen konnten. Wir schleppten eine Fischkiste immer ein Stück voraus, holten dann die zweite nach. So kamen wir spät - viel zu spät - schmutzig und nach Fisch stinkend zu Hause an. Die Eltern waren im Kino. Ich schaffte meinen Anteil des Fisches in die Speisekammer und legte mich schlafen.

Als die Eltern nach Hause kamen, durchzog ein strenger Fischgeruch Kammer und Küche. Dem Geruche nachgehend, kam Mutter in mein Zimmer - wo es auch nicht besser roch. Die Kleidung hing über einem Stuhl und gab Rechenschaft über unser Tagewerk. Erst am nächsten Morgen wurde das Ausmaß des Fischzugs deutlich. Nach Reinigung der Räume, meiner Kleidung und meines Körpers war zwar einiges geschafft, aber die Unmengen Fisch waren ja immer noch im Haus. Mutter klapperte die Nachbarschaft und die Mieter ab. Es war einfach zu schade, den frischen guten Fisch nicht zu verwerten. Jeder gab ein paar Groschen für die Portion, und so wurde es für mich noch ein kleines Geschäft.

Auch das Angeln gehörte selbstverständlich zu unseren Lieblingsbeschäftigungen. Im Hafengebiet konnte man überall angeln. Ein Angelschein von der Behörde war nötig, den wir aber meist nicht besaßen. Angelgerät in einfacher Form war nicht zu teuer, und so angelten etliche Leute im Hafenbereich. Für uns als Bootsbesitzer aber erschloß sich die hohe Schule des Angelns. Wir hatten uns Hechtangeln gekauft. Das waren ziemlich große Haken in Form eines kleinen Dreizackankers mit einem Draht daran. Denn: "Der Hecht, ja der hat Zähne!" Hechte gab es im Oderlauf an jener Seite der Mellininsel, wo das Wasser flach und schilfbewachsen war. Auf der Fahrt dahin machten wir kurz Station. Dort, wo die Dampfer am Eichstaden lagen, angelten wir zunächst Köderfisch. Kleine Plötze oder Barsche, die in jeden Regenwurm oder in eine Teigkugel bissen. Sie kamen in einen mit Wasser gefüllten Eimer, denn wir brauchten sie lebend. Im Angelgebiet wurde das Boot mit einer langen Leine und einem Anker - ein schwerer Stein tat es auch - etwa 20 Meter vom Ufer entfernt festgelegt. An den Haken der Hechtangel wurde ein Fisch dergestalt befestigt, daß man einen Arm des Dreizacks durch das Auge des armen kleinen Wesens steckte und es aus dem Maul wieder herausgucken ließ. Das war sicherlich nicht tierlieb und treibt jeden Tierfreund auf die Barrikaden, eine andere Befestigung war jedoch nicht möglich. In seiner Todesangst riß sich der Fisch den Haken ansonsten wieder aus dem Fleisch.

Die Schnur der Hechtangel endete an einer Rolle, es waren rund 50 Meter

Schnur nötig. Man konnte zur gleichen Zeit zwei oder drei Angeln ausbringen. Hechte sind vorsichtige und kluge Fische, sie spüren wohl den zappelnden Fisch, kommen näher und umkreisen dann lange ihr Opfer, nach allen Seiten sichernd. Das hieß, im Boot äußerste Ruhe bewahren. Oftmals sah man den Hecht im klaren flachen Wasser. Endlich biß er zu, und die Rolle begann zu laufen, denn nun suchte der verängstigte Fisch das Weite. Schnell wurden die übrigen Angeln in Sicherheit gebracht, damit es keinen Schnursalat gab. Bevor die Rolle am Ende war, mußte man den Lauf des Hechtes mit einem kurzen Ruck stoppen. Wenn man Glück hatte, saß er jetzt gut fest am Haken, und man konnte mit dem Aufholen beginnen. Meist gab der Hecht so schnell nicht auf. Immer wieder benutzte er nach einer Ruhepause seine unbändige Kraft zur Flucht, und das Spielchen - es war ja eigentlich mehr ein Kampf - konnte lange dauern. Wenn man ihn dann endlich ermüdet in der Nähe des Bootes hatte, galt es, ihn mit einem Netz zu unterfangen und dann an Bord zu heben. Aber auch hier ging der Kampf noch weiter.

Je nach Größe hat ein solches Tier eine erstaunliche Kraft. Man mußte sich auf den Hecht knien. Ihn mit den Schenkeln haltend, wurde nun mit Hölzern das Maul aufgehalten. Dann konnte man mit einer eigens hierzu verwendeten Zange den Haken entfernen. Seinen Zähnen näherte man sich besser nicht, er konnte gemeine Fleischwunden reißen - aber diese Form der Selbstverteidigung mußte ihm wohl auch zugestanden werden. Mit speziellen Angeln fischten wir auch Aale, die auf dem Flußgrund lebten. Sie waren ähnlich schwer aus dem Wasser herauszubringen. Aale bissen am besten bei Nacht. Da wir jedoch nachts nicht rausfuhren, fingen wir auch selten einen.

Die Flußverbreiterung östlich gegenüber der Mellininsel (die eigentliche Swine) diente auch als Start- und Landebahn für die Wasserflugzeuge des Militärflughafens. Es waren in jenen Jahren Schwimmerflugzeuge vom Typ Heinkel und Arado sowie die Dornier- Flugboote vom Typ Do 17. Dies waren Langstreckenaufklärer, die später im Kriege den gesamten Ost- und Nordseeraum bis hinauf in das Eismeer und vor Norwegen kontrollierten. Es war schon imposant, wenn diese großen schwerfälligen Dinger, die einem Schiff ähnlicher waren als einem Flugzeug, starteten oder landeten.

Der Name Dornier - auch in unseren Tagen ja als Flugzeugbauer noch existent - erinnert mich auch an das größte Flugboot, welches weltweit je gebaut wurde und auch geflogen ist. Es war die Do-X. Ein Superflugboot mit zwölf Motoren in Tandem-Anordnung mit je sechs Schub- und Druck-propellern. Dieses Flugboot absolvierte Anfang der 30er Jahre einen Deutschland-Flug und landete auch in Swinemünde. Während der Liege-zeit konnte es gegen eine geringe Gebühr besichtigt werden, wozu mich Vater mitnahm. In diesen Jahren, wo die Fliegerei gerade erst den Kinder-schuhen entwuchs, war es eine Pionierleistung mit Weltgeltung. Die Ma-schinen flogen auch im Transatlantikdienst nach New York. Die Passagier-kabine war mit Korbsesseln und -tischen ausgestattet. Es wurde Bord-verpflegung gereicht, die Gläser standen in besonderen Halterungen. Ich kann mich da auf Details noch gut besinnen. Eine solche Beschreibung mag einen Ferien-Flieger unserer Tage belustigen.

Eine weitere Erinnerung habe ich in diesem Zusammenhang an die Zeppeline. Sie waren auch etwas, was zu unserem Selbstverständnis von Luftfahrttechnik gehörte. Ich glaube, es war im März des Jahres 1936, als die beiden größten Luftschiffe - die LZ 129 "Hindenburg" und die LZ 127 "Graf Zeppelin"- den Deutschlandflug absolvierten. Schon Stunden vor der gemeldeten Ankunft standen wir auf dem Werkstattdach, um das Erschei-nen nicht zu verpassen. Und dann kamen sie in niedriger Höhe. Diese gewaltigen Schiffe von 250 m Länge (das sind nur 25 m weniger als der Ozean-Riese "Titanic"!), mit einem Durchmesser von fast 40 m, begleitet vom Brummen ihrer jeweils vier Maybach-Motoren. Es war ein überwälti-gender Anblick. Vieles natürlich war schon unter dem Aspekt der Kriegs-vorbereitungen zu sehen. Auch wenn es ihre geistigen Väter (vielleicht?) oft nicht so sahen. Als Beispiel sei hier nur an den Volkswagen des Herrn Porsche erinnert oder an die Raketen eines Wernher von Braun. Es trifft wohl ebenso auf einige andere Entwicklungen dieser Jahre zu. Aber noch erkannte der Normal-Bürger den Wolf im Schafspelz nicht, der sich hinter vielen dieser technischen Errungenschaften verbarg. Wir waren echt begei-stert, und die Führung nutzte es in ihrer Propaganda aus.

Auch an ein anderes Flugerlebniss erinnere ich mich. Es war etwa Mitte der 30er Jahre. Über die Osterfeiertage fuhren die Eltern nach Berlin, um für ein paar Tage dem geschäftlichen Streß zu entfliehen. Berlin bot in jenen Jahren alles, was eine Weltstadt nur bieten konnte. Ich kann mich gut an den Wintergarten erinnern, ein Varieté, in dem Künstler auftraten, die damals in der Welt des Films und der Bühne einen Namen hatten. Dort eine Vorstellung zu besuchen, stand auf dem Berlinplan, wann immer nur die Zeit reichte. Die Eltern besuchten auch manches gute Theaterstück oder

Aufführungen im Metropol. Besonders aber erinnere ich mich an einen Besuch des Flughafens Tempelhof. Er war in dieser Zeit Drehscheibe des internationalen Luftverkehrs. Seit 1927 stand bereits die Lufthansa im Mittelpunkt des deutschen Flugbetriebes. Es war ja noch lange nicht die Zeit des Urlaubs-Massen-Flugtourismus. Filmschauspieler, internationale Größen aus allen Gebieten und natürlich die Politiker stellten damals eine zahlenmäßig sehr kleine Klientel für die Passagierluftfahrt. Allerdings mit schnell steigender Tendenz in Richtung auf den Massenverkehr. Aber eines war für den kleinen Mann erschwinglich, ein Rundflug.

So blieb es an einem Ostersonntag nicht bei der Besichtigung des Flugbetriebes und der Bewunderung für die Passagiere, wir durften auf das Flugfeld und näherten uns einer bereitstehenden Ju 52, jenem legendären dreimotorigen Flugzeug, welches später als Tante Ju in die Geschichte - besonders allerdings in die Kriegsgeschichte - eingehen sollte. Vater betonte, daß es lediglich zu einer Besichtigung reichte, wir könnten uns den sündhaft teuren Rundflug nicht leisten. Ich muß dazu anfügen, daß es pro Person 5,-- Reichsmark kostete und Vater in der Tat lange mit sich gerungen hat, ob die 15,-- für uns drei den Spaß wert wären. Dann aber waren wir im Flugzeug. Spätestens als man auf den Sitzen Platz nehmen durfte, wußte ich: Dies war keine Besichtigung, es war ein Rundflug. Die Maschine zog einen riesigen Kreis über die Reichshauptstadt. Es herrschte schönster Sonnenschein, und man konnte die vielen markanten Bauten und Plätze dieser Millionenstadt von oben bewundern. Das Bild hat sich bei mir tief eingeprägt. Ich habe Berlin erst nach dem Kriege wiedergesehen. Da war es eine Trümmerwüste.

An eine andere Stadt habe ich auch einige Erinnerungen, es war die Landeshauptstadt Stettin. Mit dem Auto fuhren wir von Swinemünde entweder über die Insel Usedom und den gleichnamigen Ort, dann weiter über Pasewalk nach Stettin. Oder auch über die Insel Wollin. Dann führte der Weg über die Kleinstädte Wusterwitz - Pribbernow und Gollnow. Mit dem Schiff ging es durch die Kaiserfahrt und mitten über beide Haffs hinweg an Ziegenort und Pölitz (es wird in Kriegszeiten durch eine Benzinraffinerie bekannt) vorbei in den Hafen von Stettin, wo die Passagierschiffe an der Hakenterrasse festmachten.

In Stettin gab es eine Straßenbahn. Allein dies hob diese Stadt als Großstadt vom kleineren Swinemünde ab. Die Fahrten nach Stettin waren über alle Jahre hinweg stets beruflicher Art. Hier befand sich das Auslieferungslager der Auto-Union. Mein Vater war Händler dieser Firma. Neuwagen und Ersatzteile kamen also ausschließlich von dort. Autotransporter gab es damals noch nicht, in jenen Jahren wurden die Autos von den meisten Kunden als Selbstabholer in Empfang genommen oder durch den Händler abgeholt. Die Stückzahlen waren ja so bescheiden, daß man sich diese Methode leisten konnte. Weil Vater für diese Fahrten zu wertvoll - im Sinne der Arbeitszeit und -kraft für das Geschäft - war, blieben viele dieser Touren für Mutter.

Soweit es sich zeitlich einrichten ließ, vor allem während der Ferien, durfte ich mit. Meist erfolgte die Überfahrt mit dem Dampfer, wobei Mutter die "Berlin" bevorzugte. Dieses Schiff war etwas größer, hatte mehr Komfort, vor allen Dingen einen sogenannten Salon. Bei einem Kännchen Kaffee und Kuchen verbrachte Mutter hier die etwa drei Stunden dauernde Überfahrt. Währenddessen tummelte ich mich auf dem Schiff, mit besonderem Interesse durch die geöffneten Luken und Niedergänge die stampfende Dampfmaschine bewundernd. Es waren ja damals noch kohlebefeuerte Dampfschiffe.

Abweichend davon verlief dieser Tag mit Vater folgendermaßen: Er fuhr - wenn es zeitlich günstiger war - auch mit der "Swinemünde". Dies war ein kleineres Schiff, für Passagiere nur mit dem notdürftigsten Komfort. Bei schönem Wetter saß man am besten draußen. Bereits auf der Schiffstour hatte ich einen fachkundigen Gesprächspartner. Er erklärte mir nicht nur alle Details der Schiffsmaschine, sondern kannte meist auch den Maschinisten. So durften wir in den Maschinenraum hinuntersteigen. Schiffsmaschinen waren ja Vaters berufliche Ausgangsbasis, und auch auf mich hat sich die Faszination einer solchen Anlage aus jenen Jahren übertragen. In Stettin angekommen, unterschieden sich wiederum die Arbeitsabläufe von Vater und Mutter. Für letztere standen auch einige private Besorgungen auf dem Programm. Das hieß, es ging in Modegeschäfte und in Kaufhäuser. In solcher Größe hatte Swinemünde nichts Vergleichbares zu bieten. Da Mutter im Hauptberuf ja die Buchhalterin der Firma war, erfolgte auch die Ergänzung des Büromaterials auf diesen Einkaufstouren. Damit wurde es Mittag, und Mutter steuerte ein ganz bestimmtes Restaurant an. Den Namen habe ich vergessen, aber mir ist fest im Gedächtnis geblieben, daß es ein sehr schmaler länglicher Raum war. Der Laden war für meine Begriffe sehr - besser noch - zu vornehm. Da hieß es sich gesittet benehmen, ordentlich am Tisch sitzen und mit besten Manieren Messer und Gabel hantieren.

Das erste Mal im Leben bekam ich dort eine Grapefruit als Nachtisch serviert und hatte so meine Schwierigkeiten. Es hat sich mir eingeprägt. Wenn das geschafft war, ging es mit der Taxe hinaus zur Auto-Union, die etwas außerhalb der Stadt angesiedelt war. Hier erfolgte noch der Einkauf von dringend benötigten Ersatzteilen. Alles wurde im Neuwagen verstaut, und dann stand der Heimfahrt nichts mehr im Wege. Im Winter war es dann bereits dunkel.

Die Einkaufsfahrten mit meinem Vater nahmen dagegen einen etwas anderen Verlauf. Auf direktem Wege - doch diesmal mit der Straßenbahn - ging es zur Auto-Union, wo mit der Ersatzteil- und Wagenübernahme der geschäftliche Teil erledigt wurde. Wir starteten auch sofort zur Rückfahrt und hielten erst in Gollnow - dem ersten Ort hinter Stettin in Richtung Swinemünde. Dort gab es dicht zusammenliegend ein Bäcker- und ein Fleischergeschäft. Wir deckten uns mit Brötchen und Wurst ein. Ein Stückchen hinter dem Ort hielten wir dann und verzehrten am Waldesrand unseren Imbiß. Bei schlechtem Wetter oder im Winter blieben wir dazu im Auto sitzen. Es waren mit die schönsten Momente meiner Kindheit, an die ich gern zurückdenke. Zumal mein Vater - wie wohl die meisten Väter - beruflich sehr eingespannt war.

Während der Kinder- und Jugendjahre unternahm ich oft gemeinsam mit Klassenkameraden Ausflüge in die nähere Umgebung. Dazu gehörte auch die Haffküste bei Kamminke. Es war etwa vier oder fünf Kilometer von Swinemünde entfernt, mit dem Fahrrad also gut erreichbar. Es ging in Richtung Hauptbahnhof aus Swinemünde hinaus und kurz vor dem Golm, mit 59 Metern eine der größeren Erhebungen der Insel, zweigte die Straße ab. Die Haffküste bei Kamminke ist eine Steilküste. Hier hatte das Haff, ähnlich wie auf Rügen oder bei Misdroy, im Laufe der Jahrhunderte aus dem festen Sandgestein immer wieder Teile ausgespült. Dann brachen Überhänge ab und stürzten ins Wasser. Die Küstenlinie bildete sich immer wieder neu. An Stellen, die nicht allzu steil waren, bestand für uns der Spaß darin, von der Steilküste hinunterzuspringen und auf dem schräger werdenden Sand weich zu landen. Ich habe in Erinnerung, daß ich einmal kräftig mit der Rückenpartie aufgeschlagen bin und mir arg die Luft wegblieb. Denn wo der Sand noch nicht verwittert war, konnte die Landung auf dem kreideartigen Sandgestein ganz schön hart sein.

Auch der Golm war für uns ein beliebtes Ziel, und das sowohl im Sommer als auch im Winter. Erhebungen sind auf der Insel ohnehin rar, und so war der einsame Hügel in der Landschaft auch schneebedeckt ein Spielgebiet. Auf der Swinemünde zugewandten Seite befand sich ein hölzerner Aussichtsturm. Man konnte von dort weit über die Stadt bis zum Meer hinaus blicken. Nicht wenige Sagen und Legenden befassen sich mit dieser Erhebung. Nachweislich hat sich auf der Bergkuppe bereits in der Frühzeit eine Ringwallanlage befunden. In das Reich der Sagen gehört die Geschichte, wonach dort oben der Germanen-Häuptling Widar mit seiner Anhängerschar begraben liegt.

Ein anderer Tummelplatz in diesem Inselteil war für uns der Flugplatz Garz. Damals ein rein militärisch genutzter Feldflugplatz, in den Vorkriegsjahren und auch im Kriege Standort einer Jagdstaffel. Der Flugplatz selbst war natürlich abgesperrt. Man konnte jedoch bei Flugbetrieb den übenden Flugzeugen zusehen. Für uns war allerdings in unmittelbarer Nähe vom Flugplatz etwas anderes viel interessanter. Für die Flugzeuge war hier ein Schießplatz geschaffen. Es handelte sich um schräg angeschüttete Erdwälle, wo Tiefflug-Angriffe geübt wurden. Auch kleine Splitterbomben wurden in diesem Gelände auf Betonblöcke als Ziele abgeworfen. Während des Übungsbetriebs war das Gelände weiträumig abgesperrt, aber ansonsten konnten wir dorthin. Wir suchten hauptsächlich nach den Patronen aus den Flugzeug-MGs und hier besonders nach Rauch- oder Leuchtspurgeschossen, die man an den schwarzen bzw. silbrigfarbigen Köpfen erkannte. Selbstverständlich nur dann, wenn es Blindgänger waren. Also Querschläger oder im weichen Sandboden nicht explodierte Geschosse. Einige dieser Blindgänger fanden wir nach Schießtagen immer, und auf der Heimfahrt ließen wir diese Patronen mit der Spitze auf das Straßenpflaster fallen. Mit kleinem Knall explodierten sie auch in der Regel. Je nach Geschoß eine Rauchwolke oder einen kleinen Feuerregen ausstoßend, erfüllten sie so für uns noch ihren Zweck. Es war ein eher harmloses Vergnügen. Doch einmal weitete sich die Sache aus.

Wir hatten bereits einige der Wunderkerzen platzen lassen, als plötzlich neben einem Wassergraben die trockene Wiese durch Funkenspritzer Feuer fing. Auch das hofften wir in den Griff zu bekommen. Den Wassergraben nutzend, spritzten wir mit den Händen und einem alten Gummischuh, der zufällig dort im Graben lag, Wasser auf den Brandherd. Wir hätten es vermutlich sogar geschafft, doch nun nahte neues Unheil. Ein Landjäger kam mit dem Fahrrad auf der Straße daher, und wir hätten ihn in unserem Eifer gar nicht bemerkt, wenn er nicht schon von weitem uns gedroht und beschimpft hätte. So erschien uns der Landjäger wesentlich gefährlicher als der Brand. Wir griffen unsere Fahrräder und suchten das Weite, den Landjäger nun allein mit der Feuerstelle lassend. Ich weiß nicht, ob er das Feuer gelöscht hat oder wie weit dem Bauern die Wiese abbrannte, wir hielten nicht mehr vor dem Erreichen der Stadt und verkrümelten uns.

Ein anderer Fund hatte für mich persönlich weiterreichende Konsequenzen. Die kleinen Splitterbomben detonierten in aller Regel sicher in der Erde. Man erkannte sie nur an der Einschlagstelle und der manchmal auch etwas herausragenden Steuerflosse. Es war ein metallener Zylinder und am Ende daran ein sternförmiges Blechleitwerk. Der eigentliche Bombenkörper war aufgeplatzt. Ich gehe davon aus, daß es Übungsbomben mit nur geringer Sprengkraft waren, die den Übenden den Aufschlag bestätigten. Der Zünder aus Aluminium beziehungsweise das, was davon übrig geblieben war, lag dann ebenfalls dabei. Wir sammelten alles, nicht zuletzt auch als Altmaterial.

Bei einem solchen Bergungsversuch ließ sich einmal eine Steuerfläche kaum aus dem Boden herausziehen. Ich buddelte sie regelrecht aus. Der gesamte Bombenkörper war unversehrt, es war ein Blindgänger. Zunächst versuchten wir, ihn zur Detonation zu bringen, wozu wir im Gelände in Deckung gingen und die Bombe auf einen Betonblock schleuderten. In der Hoffnung, daß sie dann wohl zünden würde. Doch alle Versuche schlugen fehl. Ich konnte mich aber auch nicht dazu durchringen, diese Miniaturfliegerbombe - sie war etwa 30 cm lang - einfach dort liegen zu lassen. So befestigte ich sie auf dem Gepäckständer meines Fahrrades, und wir traten die Heimfahrt an. Unterwegs bekam ich dann Bedenken, daß die Bombe vom Rad fallen könnte und am Ende doch noch detonieren würde. Also hielt ich, wickelte die Bombe in mein Taschentuch und steckte sie in die Innentasche meiner Jacke. Dort erschien mir dann wenigstens die Bombe wesentlich sicherer.

Zu Hause angekommen, zeigte ich stolz Vater meinen Fund, und wer nun glaubt, daß ein fürchterliches Donnerwetter auf mich herniederging, der kennt meinen Vater nicht. Sein Ehrgeiz und natürlich seine Kenntnisse als ausgebildeter Artillerist des 1.Weltkrieges forderten es geradezu heraus, mir bei meinem Vorhaben, aus dieser Bombe ein Schauobjekt zu basteln, behilflich zu sein. Nach Feierabend in menschenleerer Werkstatt spannte er das Ding in einen Schraubstock, ließ mich in Deckung gehen und entfernte mit einer Zange sicher und gekonnt den Zünder. Wie gesagt, er war einmal

Artillerist, auch so etwas lernt man. Der Zünder war äußerlich völlig intakt. Wir verpackten ihn in ein Tuch, und Vater schickte mich auf dem direkten Wege damit zum Hafen, um ihn an möglichst tiefer Stelle zu versenken. Ich war dann auch heilfroh, als das Ding im Wasser verschwand. Die Bombe vom Füllstoff zu befreien, sie auf der Drehbank mit Schmirgelpapier metallisch blank zu schleifen, waren für mich anschließend leichte Übungen. Aber die Bombe hatte jetzt keinen Kopf - keinen Zünder - mehr. Also hieß es, in den nächsten Tagen nochmals nach Garz zu fahren, und einen möglichst unversehrten Zünderkopf finden. Auch damit wurde ich noch fündig. Ich arbeitete das Gewinde nach, schraubte ihn an, und jetzt war die Bombe äußerlich komplett. Dann fertigte ich eine Metallplatte als Grundfläche an, setzte diese auf vier starke Rollen eines ausgeschlachteten Kugellagers und die Bombe, in schräger Stellung auf eine Ecke der Metallplatte zielend, darauf. So zierte dieses Andenken noch jahrelang mein Kinderzimmer.

Einen Teil unserer Freizeit nahm das Altmaterialsammeln in Anspruch. Bereits in den Jahren vor dem Kriege und dann natürlich verstärkt in der Kriegszeit wurde ein Problem des Reiches akut - der ständige Mangel an bestimmten Grundstoffen. Hier waren es in erster Linie die Buntmetalle, also vor allem Messing, Kupfer, Blei, Zinn. So wurde eigentlich vom Papier, über Metalle und Zahnpastatuben bis zu Knochen alles gesammelt. Jeder Haushalt war auch darauf eingestellt. Man hatte Sammelbehälter für alle diese Stoffe, und es war weitgehend Aufgabe der Schulen, durch ihre Schüler das Altmaterial zu sammeln und dann für den gewerblichen Rohstoffhandel zur Abholung bereitzuhalten.

So zogen denn in all den Jahren die Schüler von Haushalt zu Haushalt und sammelten das Material. Jeder hatte seinen festen Kundenkreis, meist bestehend aus Verwandtschaft und Nachbarschaft. Die Sammlungen wurden zu regelrechten Wettbewerben erhoben. Es war ein Punktesystem geschaffen worden, und monatlich wurden die besten Sammler der Schule an einem Aushang veröffentlicht. Darüberhinaus gab es dann in Abständen für die drei besten Sammler eine Buchprämie.

Mein Schulfreund Joachim und ich hatten schnell erkannt, daß mit dem Sammeln von Haus zu Haus, mit einer kleinen Tüte von Zahnpastatuben oder einem Stapel Zeitschriften keine Lorbeeren zu ernten waren. Eine nie versagende Schrottquelle war dabei schon einmal der Materialabfall unserer Werkstatt. Auf dem Hof wurde in einer Box ohnehin alles Altmaterial aus der Werkstatt gesammelt, wir brauchten es nur noch abzufahren. Da es meist um gewichtsmäßig größere Mengen ging, luden wir das Zeug auf einen Handwagen und fuhren es direkt über die Straße zum Schrotthändler. Dort wurde es gewogen, und die Bescheinigung brachte dann unser Punktekonto entsprechend nach oben.

Außerdem hatten wir entdeckt, daß auf der gegenüberliegenden Swineseite, also auf der Insel Wollin, bei einigen Schiffswerften Schrott in rauher Menge lag. In erster Linie handelte es sich hier um Ballast aus längst verrotteten Kähnen. Man mußte ihn nur da heraus holen. Es war keine saubere und auch keine leichte Arbeit. Die Werftarbeiter ließen uns gewähren, schließlich waren alle froh, daß das rostige Zeug irgendwie da weg kam. Wir luden unser Boot jeweils bis zur Grenze der Tragfähigkeit mit den Eisenbarren voll, fuhren es dann über den Strom, und nach dem Umladen in den Handwagen fand es seinen Weg zum Schrotthändler. Unser Punktekonto kletterte in astronomische Höhen. Ich weiß, daß wir im Abrechnungszeitraum jeweils zwischen 2000 und 3000 Punkten lagen. Zum Vergleich sei genannt, daß man mit Papier- und Haushaltsabfällen keine 50 Punkte erreichte. Aber wir waren ja nicht allein. Die gesamte Tirpitz-Schule stand im Wettbewerb, und es hatten sich andere Teams gebildet, die über ähnlich gute Quellen verfügten. So mußte man den monatlich veröffentlichten Punktestand unter Kontrolle behalten und am besten unmittelbar vor Abschluß des Abrechnungszeitraumes noch einmal ordentlich zuschlagen. So blieb den anderen Gruppen keine Möglichkeit mehr, das Ergebnis zu ihren Gunsten zu wenden. Zeitweise nahm dieser - sicher im Sinne des Materialrückflusses zu begrüßende Wettkampf - groteske Formen an. Mit Schrott allein waren die notwendigen Punktezahlen kaum noch zu erreichen. Es lag nicht zuletzt daran, daß zum Beispiel Alteisen wesentlich schlechter bepunktet wurde als etwa Buntmetall oder Lumpen. Wer also gute Bezugsquellen hatte, konnte mit weniger Menge höhere Punktezahlen erreichen. Doch dann entdeckten wir etwas, was unseren Vorsprung, jedenfalls für den Rest der Sammelei, uneinholbar machte.

Mit die höchsten Punktezahlen erzielten Knochen. Aber woher sollte man Knochen bekommen, wenn der Vater nicht der Direktor vom städtischen Schlachthof war? Bei unseren Streifzügen in Richtung Kaseburg, einem kleinen Ort am Oderstrom, hatten wir entdeckt, daß in einer großen Grube an abgelegener Stelle eine Knochensammelstelle war. Die Grube war mit Eisenplatten abgedeckt, sie wurde in Abständen durch einen Lkw geleert. Das Zeug stank besonders im Sommer bestialisch und zog Tausende von Fliegen an. Wann immer unser Punktekonto zum Schluß der Dekade in Gefahr war, scheuten wir dennoch die Mühen nicht. Wir hangelten mit einer Drahtschlinge Knochen aus der Grube und präsentierten diese auf der Sammelstelle. An diesem Punkt schloß sich der Kreis, denn die Knochen landeten anschließend wahrscheinlich wieder in der Grube. Doch wenn dann in einer Feierstunde in der Aula der Direktor kernige Reden auf den "Endsieg" hielt und unseren bescheidenen Beitrag zum "Gelingen des Kampfes eines gesamten Volkes um seine Freiheit und Unabhängigkeit" würdigte, dann stand in vorderster Linie auch unser Team und nahm die Buchpreise mit Widmung in Empfang.

Jedem in heutiger Zeit Lebenden sind aus geschichtlichen Abhandlungen die Worte des "Führers" bekannt: "Ab 5.45 Uhr wird zurückgeschossen!" Mit dieser Rundfunkmeldung erfuhren auch wir am 1. September 1939 den Beginn des Krieges. Die Propaganda lief ja bereits seit Wochen auf Hochtouren, es war eigentlich nur noch eine zwangsläufige Folge der laufenden Aktionen. Die wahre Stimmung im Volke war jedoch mehr als bedrückend. Krieg - das hatten die älteren Menschen noch von 1914 bis 1918 im Gedächtnis - war etwas Grausames. Es war Hunger und Elend für die große Mehrheit und für nicht wenige der Tod. Ich weiß noch, daß Mutter abends an mein Bett kam und sagte: "Ich bin froh, daß du erst 12 Jahre bist. Bis sie dich zu den Soldaten holen, wird der Krieg längst vorbei sein!" Daß es so nicht kam, konnten wir leider noch erleben.

Dennoch lief zunächst im häuslichen Rahmen alles so weiter wie bisher. Noch griffen die Kriegsereignisse nicht direkt in jede Familie ein. So nahmen wir das letzte unserer Bauvorhaben Ende 1940 in Angriff. Bei unseren Bootstouren mit dem selbstgebauten Paddelboot hatten wir einen Jungen kennengelernt, der zwar nicht auf unserer Schule, aber ansonsten begeisterter Wassersportler war. Er besaß ein größeres Ruderboot. Es war ganz aus Stahl gefertigt. Wahrscheinlich war es einmal ein Beiboot für einen der Oderkähne, die genau wie auf allen Flüssen Lasten aller Art auf dem Strom transportierten. Das Boot war eigentlich nur durch Rudern zu bewegen, wir befestigten aber auch schon manchmal den kleinen Mast und das Segel unseres Paddelbootes behelfsmäßig darauf, und so segelte es auch mehr schlecht als recht. Mein Freund Lothar, der Bootsbesitzer und ich hatten uns von den Eltern die Erlaubnis zum Übernachten auf dem Boot eingeholt und uns entsprechend ausgerüstet. Es ging ein gutes Stück die Swine aufwärts in Richtung auf das Haff. Als es dunkelte, vertäuten wir das Boot an einer Markierungstonne im Strom und an Land. Vorschriftsmäßig setzten wir auch eine Ankerlaterne, man konnte nicht wissen, wer hier des Nachts noch fuhr. Etwa um Mitternacht wurden wir wach durch das Heulen der Sirenen irgendeines kleinen Ortes in der Nähe. Kurze Zeit darauf hörten wir das Brummen von Bombern über uns, und wir dachten voll Schrecken an unsere Ankerlaterne. Doch ein Blick dorthin überzeugte uns schnell, sie war längst von selbst ausgegangen. Wir hatten für einen Moment tatsächlich die Befürchtung, man könnte aus den Flugzeugen unsere winzige Laterne auf dem Wasser sehen und am Ende ein paar Bomben in die Richtung werfen. Später nahmen wir so etwas gelassener.

Bei einem Ausflug im Außenhafenbereich sahen wir, fast vollständig unter Wasser liegend, etwas treiben. Wir ruderten dorthin und entdeckten den Rumpf einer Segeljolle, von der nur der Bug aus dem Wasser ragte. Wir nahmen sie in Schlepp und bargen das Boot. An Land gezogen, begutachteten wir unseren Fund. Es war der völlig leere Rumpf einer sogenannten Wanderjolle. Also eines kleinen Segelbootes, wie es für Touren auf Binnengewässern gebraucht wurde. Ein ziemlich großes Leck an der Unterseite und einige schwere Steine im Heck hatten wohl zum Untergang geführt. Vielleicht wollte es auch jemand loswerden. Aus dem Boot war aber durchaus noch etwas zu machen, und das beschlossen wir drei spontan und gemeinsam. Wir meldeten den Fund ordnungsgemäß beim Hafenamt an, und im Aushang dieser Dienststelle hing nun vier Wochen lang eine Suchmeldung nach dem Besitzer. Für uns vier schwere Wochen. Doch dann war die Zeit abgelaufen. Gemeldet hatte sich niemand, und als Berger stand uns ein Vorkaufsrecht zu. Der Beamte veranschlagte einen Preis von 5,-- Reichsmark. Für unsere Verhältnisse damals ein unerschwinglicher Betrag. Wir handelten ihn schließlich auf 3,-- herunter, zahlten je Kopf eine Mark ein und waren nun Besitzer dieser Jolle. Mit amtlicher Bescheinigung - ich habe sie heute noch.

Nun bahnte sich ein größeres Bauvorhaben an, und angesichts dieser Arbeitsflut gab einer der Mitbesitzer schon im Vorfeld auf. Es war uns auch recht. Lothar und ich zahlten ihm jeweils fünfzig Pfennig zurück und waren nun alleinige Besitzer. Wir holten das Boot auf Vaters Werkstatthof. Er hatte uns eine Ecke zum Aufbau zur Verfügung gestellt. Das war im Herbst 1940. Soweit die Witterungsverhältnisse es zuließen, bauten wir im Winter und Frühjahr am Boot. Es war eine Unmenge Arbeit. Das Einsetzen eines neuen Bodenstückes, beide Seitenborde mit Segelleinen beziehen. Bodenbretter - Plichten, wie es fachmännisch heißt - anfertigen und viele Kleinarbeiten bis zum Streichen und Lackieren. Ein Senkschwert aus einer Stahlplatte galt es anzufertigen und ebenso ein komplettes Steuerruder. Einen Mast besorgten wir aus dem Wald. Wir fällten mitten im Winter in Eis und Schnee eine schlanke Fichte, glätteten sie sorgfältig, und fertig war unser Mast. Das Boot war von der Substanz her nicht schlecht. Es war Mahagoniholz und trotz der wohl längeren Wasserlagerung noch ziemlich gut erhalten.

Gegen Ostern des folgenden Jahres kam dann endlich der große Tag. Das Boot war fertig! Wir luden es auf einen Plattenwagen und brachten es zum Hafen. Es wurde zu Wasser gelassen, die Takelage aufgebaut, und dann erfolgten erste Probefahrten. Unser Boot segelte mit einem zunächst behelfsmäßigen Segel recht gut. Kurze Zeit später gelang es uns, für 15,-- Reichsmark ein komplettes Vor- und Hauptsegel gebraucht zu kaufen. Wir stiegen nun in den Kreis der richtigen Bootsbesitzer auf. Als erstes mieteten wir einen Liegeplatz bei der Swinemünder Hafenbehörde. Stolz betraten wir den Steg und schritten - andere Bootsbesitzer grüßend - zu unserem Boot. Mit jeder Ausfahrt erwarben wir neue Erkenntnisse, verbesserten das Boot unablässig. Wir fertigten aus unserem Zelt eine kleine Kabine. Von nun ab konnten wir auch auf unserem Boot schlafen und damit die Touren erweitern. Wir führten natürlich ein Logbuch, also ein seemännisches Fahrtenbuch für die größeren Touren. Es existiert noch, und man kann dort exakt nachlesen, wie einzelne Fahrten abliefen.

Auf unseren Bootstouren erlebten wir auch manch Abenteuerliches. Einmal ging die Fahrt über die Swine, den Lebbiner Bodden und das Haff nach Wollin. Es ist eine kleine Stadt auf der gleichnamigen Insel am Ausfluß des rechten Oderarmes - der Dievenow - in die Ostsee. Ein ziemlicher Sturm hatte nicht nur uns, sondern viele andere Boots-und Yachtbesitzer bis kurz vor die Straßenbrücke in Wollin in diesen Oderarm einlaufen lassen, um hier Schutz zu suchen. Es waren mehr Boote als Liegeplätze, und so mußten wir nebeneinander - im Päckchen, wie es seemännisch heißt - liegen. Wir waren eigentlich auf eine reine Sommertour eingerichtet, hatten nur leichte Kleidung dabei. Jetzt lagen wir im Regen bei kaltem Wind an der Wolliner Brücke. Also hieß es Vater anrufen, der dann abends entsprechende Kleidung brachte. Der Sturm nagelte uns hier buchstäblich über viele Tage fest. Wir kamen dabei mit dem neben uns liegenden Besitzer einer Stettiner Yacht ins Gespräch. Er war mit einer jungen Frau auf dem Boot. Wie sich später herausstellte, war es allerdings nicht die Angetraute. Sein Urlaub lief ab, und er mußte nach Stettin zurück. Allein kam er aber aus dem engen Schlauch nicht heraus. So entwickelten wir folgenden Plan: Unser Boot sollte ins Schlepp genommen werden. Wir würden alle drei sein Boot segeln und damit das offene Haff erreichen. Zunächst brachten wir einmal zu Fuß seine Bekannte nach Hause, sie war Schülerin in einem Schwesternheim an der Ostsee. Am nächsten Morgen begannen wir mit der Segelei. Der Wind blies unablässig, die Wellen gingen selbst in dem engen Oderarm relativ hoch. Unser Boot tanzte dem seinen hinterher. Wir gewannen durch Kreuzen mühsam Meter um Meter, schließlich erreichten wir das offene Haff. Hier ging die See noch höher, unser Boot lief oft aus dem Kurs, neigte sich weit über und nahm auch Wasser. Ich legte mich auf das Heck der Yacht und führte am Bug unser Boot mit einer bereits gerissenen Schleppleine. Dabei geriet der Zeigefinger meiner linken Hand zwischen beide Boote, und es endete mit einer bösen Quetschung des Fingers. Eine 2 cm lange Narbe und ein seit damals gespaltener Nagel zeugen noch heute von dieser Boots-Rettungsaktion.

Unser Bootsnachbar kam mit uns bis Swinemünde. Wir stellten ihn meinen Eltern vor, und sie gaben die Erlaubnis, daß wir mit ihm auf seinem Boot nach Stettin segelten und dort auch an einer Regatta auf dem Dammschen See teilnahmen. Im Gegensatz zu unserer Sturmfahrt kamen wir in Stettin bei völliger Windstille mitten in der Nacht rudernd an. Über einen Hilfsmotor verfügte die Yacht nicht, es hätte auch keinen Treibstoff dafür gegeben, denn es war ja Krieg. Wir lernten dann die Frau unseres Bekannten und ihre kleine Tochter kennen - Stillschweigen hatten wir natürlich unter Männern zugesichert - und bestritten alle zusammen die Regatta. Es war mehr ein Freundschaftssegeln des Stettiner Yachtclubs.

Und dann kam die letzte Fahrt mit unserer Jolle. Lothar stand zwischenzeitlich bereits im Berufsleben als Kraftfahrzeug-Lehrling bei meinem Vater, so mußte ich an den Nachmittagen allein oder mit Klassenkameraden segeln. Ich habe es bereits einmal erwähnt, obwohl wir an der See mit so ausgezeichneten Wassersportmöglichkeiten lebten, war die Bereitschaft gering, sie auch zu nutzen. So mußte ich meist auf absolute Nichtsegler zurückgreifen, die es einmal probieren wollten.

Es war bereits weit im Herbst, als ich in Begleitung eines Mitschülers auf der Fahrt nach Kaseburg war. Der Weg führte uns entlang der Mellininsel auf der Swine. Die Rückfahrt verzögerte sich ziemlich, es regnete zwischenzeitlich in Strömen, dazu blies ein kalter Wind, zu allem Überfluß aus der verkehrten Richtung. So hieß es kreuzen und immer wieder kreuzen, die Zeit verrann. An meinem Mitsegler hatte ich bald keine Hilfe mehr. Er verkroch sich vor dem Regen unter die Abdeckung am Bug des Bootes. Das stampfende Boot und an die Bordwand schlagende Wellen hatten wohl bei ihm den Eindruck verstärkt, daß es die letzte Fahrt seines Lebens würde. Er weinte schließlich unablässig und flehte mich an, ihn an Land zu bringen. Schließlich gab ich nach, steuerte den kleinen Fischerhafen von Kaseburg an, und wir ließen das Boot dort liegen. Ein Fußmarsch von etwa einer Stunde brachte uns nach Hause.

Am darauffolgenden Sonntag fuhr ich zusammen mit Lothar auf einem Fahrrad nach dort. Wir zerlegten das Rad und segelten dann das Boot wieder heim. Es war die letzte Fahrt, die Segelsaison 1942 war vorrüber. Wir holten das Boot zur Überwinterung auf den Hof. Einige Zeit später rief unser Stettiner Yachtfreund an und fragte, ob wir das Boot verkaufen würden. Sein Chef suchte für den nächsten Sommer eine leichte Jolle. Dazu sollte ich erwähnen, daß unser Bekannter Ingenieur bei der Organisation Todt war, einer staatlichen Baugesellschaft, die für sämtliche Militärbauten im Reich und auch in den besetzten Ländern zuständig war. Lothar würde bald Soldat werden. So sagten wir zu. Von dem Zeitpunkt ab, als wir die leere Bootshülle aus der Swine bargen, bis zum Tag des Verkaufs hatten wir außer vielen Arbeitsstunden alles Taschengeld und manche Beihilfe der Eltern oder Verwandten investiert. Es zahlte sich jetzt aus, unser Boot wechselte für Reichsmark 225,-- den Besitzer. Sie kamen mit einem Lkw aus Stettin und holten das Boot ab, auch so etwas war bei entsprechenden Beziehungen im vierten Kriegsjahr noch möglich. Unsere Bootstouren gehörten zu den sonnigen Zeiten unserer Kinder- und Jugendjahre.

Bald sollten die Kriegsereignisse auch für uns stärker in das Familienleben eindringen.

Vorher will ich in kurzer Form das Leben der Eltern bis zu diesem Zeitpunkt behandeln. Wir gehen hierzu gedanklich noch einmal in die Vorkriegszeit zurück, etwa in das Jahr 1936. Trotz der beruflichen Anspannung ließ sich Vater eine Leidenschaft nicht nehmen, die er wahrscheinlich auch an mich weitergegeben hat: Den Um- und Ausbau seines Anwesens. Er entdeckte immer wieder Möglichkeiten, die der Verbesserung des betrieblichen und privaten Arbeits- und Wohnbereiches dienten. Dazu gehörte auch der Einbau von Innen-Toiletten im Haus. Bis zu diesem Zeitpunkt lagen die Toiletten auf dem Hof, besonders im Winter und bei Dunkelheit keine rechte Freude. Trotz dicker Ummantelung mit Stroh ließ sich die Wasserspülung über den gesamten Winter hinweg nicht vor dem Einfrieren schützen. Es hieß dann für jeden Gang Wasser schleppen. Bei Dunkelheit blieb nur der flackernde Schein einer Kerze, die man brennend über den Hof transportieren mußte. Sonst saß man im stockdunklen Raum und bekam je nach Tages- oder besser Nachtzeit Angstzustände. Vater installierte in sämtlichen neu erschlossenen Räumen im Haus eine Zentralheizung, das war 1937 schon eine ganze Menge Komfort.

Mutter hatte in diesen Jahren für ihren Bereich Buchhaltung, Büro und Laden auch eine Hilfe bekommen. Es war zunächst ein kaufmännischer Lehrling, der nach seiner Ausbildung aber blieb und einen Teil der Arbeit abnahm. Aber die Jahre vergingen nicht nur in Arbeit. Außer unseren gemeinsamen Strandausflügen nach Bansin, über die ich bereits berichtet habe, gab es für die Eltern auch größere Reisen in den Vorkriegsjahren. Vater liebte die Berge, und so reiste er jährlich mit Verwandten und Geschäftsfreunden in die Alpen.

Vater fuhr in diesen Jahren als Vorführwagen meistens einen DKW vom Typ Meisterklasse. Dieser Kleinwagen ließ sich gut verkaufen, und die meisten der Kunden interessierten sich für ein Fahrzeug in dieser Kategorie. Der Wagen hatte zunächst einen Motor mit 600 cm^3, später wurde er auf 700 cm^3 vergrößert. Auf der Basis dieses Motors begann nach dem Kriege der in der DDR so beliebte Trabi seinen Siegeszug. In der Typreihe oberhalb der Meisterklasse war die sogenannte Schwebeklasse angesiedelt. Darin lief ein interessanter Motor, ein mit Ladepumpen zu Mehrleistung gebrachter Dreizylinder-Zweitakter. Es hat später in der Serie so etwas meines Wissens nicht mehr gegeben. Die sogenannte Volksausgabe war die Reichsklasse, ein etwas spartanisch ausgestattetes Fahrzeug, aber preisgünstig. Ich selbst sollte nach dem Kriege in der Praxis noch ausreichend mit diesen Modellen konfrontiert werden.

Es war in den 30er Jahren durchaus nicht selbstverständlich, daß man mit jedem Fahrzeug Berg- und Paßstrecken befahren konnte. Viele untermotorisierte Fahrzeuge tummelten sich auf den Straßen. Manchmal Eintagsfliegen von Autofirmen, die heute kaum jemand mehr kennt und die meist bis zum Kriege, spätestens dann verschwanden. Deren Produkte hatten nicht selten soviele Kinderkrankheiten, daß eine große Urlaubsreise zum Abenteuer wurde. Zumal es im Notfall keine Vertragswerkstätten gab, die mit Fachkenntnis und Ersatzteilen schnell helfen konnten. Im BMW-Programm lief als Kleinwagen der Dixi. Doch angeboten wurden auch große, natürlich entsprechend teure qualitativ hochwertige Fahrzeuge. Daimler-Benz mischte damals genau so in der Oberklasse mit wie BMW und die Großen der Auto-Union: Horch, Audi und Wanderer. Vater war immer sehr stolz, wenn sein kleiner DKW mit drei Personen und Gepäck ohne Probleme auf den Großglockner spurtete. Wesentlich hubraumstärkere Fahrzeuge standen oft am Straßenrand, während deren Fahrer mit Eimern zu den in Abständen aufgestellten Wasserkübeln unterwegs waren.

An ein Ereignis kurz vor dem Kriege kann ich mich besonders gut besinnen. Die Auto-Union rührte, wie damals und auch heute sämtliche Automobilfirmen, tüchtig die Werbetrommel. Besonders wurde auch mit den Rennerfolgen geworben. In den 30er Jahren waren als deutsche Firmen nur Mercedes-Benz und die Auto-Union bei internationalen Rennen dabei. Fahrernamen wie: Rudolf Carraciola (für Mercedes -Benz), Hans Stuck und Bernd Rosemeyer (für Auto-Union) haben sogar heute noch einen gewissen Klang. Rosemeyer verunglückte 1938 bei Weltrekordversuchen auf der Autobahn Halle - Leipzig tödlich. Diese siegreichen Rennwagen standen oft im Mittelpunkt der Werbung.

Im Auftrag der Auto-Union mietete Vater ein Kino für zwei oder drei Nachmittage. Dann kamen in Transportern Sport- und Rennwagen und entsprechendes Werbematerial. Die Fahrzeuge wurden im Vorraum des Kinos ausgestellt. Personal - unter ihnen manchmal ein Werksfahrer - plauderten aus dem Renngeschehen. Ich machte mich nützlich bei der Einlaßkontrolle. Eintrittskarten waren im Geschäft an Interessierte ausgegeben worden. In der ruhigen Zeit während der Vorstellung durfte ich im Rennwagen sitzen, worauf ich nicht wenig stolz war. Saß man doch auf dem gleichen Platz, der an einem der nächsten Wochenenden von Bernd Rosemeyer, Hans Stuck oder anderen Rennfahrern eingenommen wurde. Daß Vater und ich an den Rennsonntagen nicht vom Radio wegkamen, ist wohl selbstverständlich. Die großen Rennen vom Nürburgring oder auch aus dem Ausland wurden live übertragen. Natürlich hielten wir unseren Favoriten der Auto-Union die Daumen.

Nach Möglichkeit wurden auch die Rennen besucht. Im Einzugsbereich für uns Insel-Bewohner lag lediglich die Avus-Rennstrecke in Berlin.

Besonders nach dem Ausbau der Nordkurve zu einer Steilwandkurve - damals auf der Welt einzigartig - standen wir im großen Kurvenrund unter Tausenden von Menschen und sahen die Rennelite der Welt dank hoher Geschwindigkeiten am Pflaster der Steilkurve kleben. Die Grand-Prix-Rennen gewannen in jenen Jahren fast ausschließlich Boliden von Daimler-Benz oder Auto-Union. Allein Alfa Romeo mit der Fahrerlegende Tazio Nuvolari konnte hier mithalten.

Auch das Autobahnnetz wuchs nun beständig. Die wichtigsten Nord-Süd- und Ost-West-Verbindungen wurden in den 30er Jahren gebaut. Bekanntlich war der Autobahnbau eine der ersten Taten der nationalsozialistischen Regierung. Es spielten strategische Überlegungen eine bedeutende Rolle. Es ist dabei zu berücksichtigen, daß es kaum Maschinen für den Straßenbau gab, vieles war Handarbeit. Mit Spaten und Schippe ging es ans Werk. Die Bauarbeiter - im Reichsarbeitsdienst zusammengefaßt - wohnten in Baracken, die mit den Baustellen wanderten. Sie erhielten zur kostenlosen Verpflegung und Unterkunft am Tag eine geringe Barvergütung.

Da Vater und Mutter niemals für eine längere Zeit gemeinsam aus dem Betrieb heraus konnten, machten sie getrennt Urlaub. Mutter bevorzugte die Bäder. In jenen Jahren war es ein gesellschaftliches Muß - wenn man im Kreise der Geschäftsfrauen mitreden wollte - Modebäder wie: Baden-Baden, Bad Pyrmont oder Bad Kissingen zu besuchen. Mutter verbrachte ihren Urlaub stets gemeinsam mit ihrer Schwester, der bereits erwähnten Tante Grete. Auch Mutter fuhr mit einem unserer Vorführwagen, Tante Grete hatte keinen Führerschein. Mutter war durch die Fahrzeugüberführungen aus Stettin im Laufe der Jahre zu einer geübten Fahrerin geworden, sie war niemals in einen Unfall verwickelt.

Und dann kam der Urlaub 1939. Vater war wie jedes Jahr mit Onkel Albert und einem Geschäftsfreund in den Bergen. Es setzte eine Propaganda ein, die den Kriegsausbruch ankündigte. Die drei Männer beschlossen, den Urlaub abzubrechen und möglichst schnell nach Hause zu fahren. Vater berichtete, daß die Autobahnen voll mit Militärfahrzeugen waren und ein Truppenaufmarsch im großen Umfange im Gange sei. So erfüllten die Straßen des Führers zum ersten Mal den Zweck, für den sie wohl gebaut wurden. Vater erreichte Swinemünde noch kurz vor dem Kriegsausbruch.

Vaters Werkstattbetrieb wurde durch den HKP (Heimat-Kraftfahr-Park) in Stettin erfaßt und zum Wehrwirtschafts-Betrieb ernannt. Für Vater hatte es den Vorteil, er mußte nicht zu den Soldaten. Er war unabkömmlich.

Eine Bezeichnung, nach der sich mancher sehnte. Die jüngeren Gesellen, alle längst in irgendeiner Organisation erfaßt und ausgebildet, mußten zum Militär. Es begann die Stillegung sämtlicher Privatfahrzeuge. Die Zulassung wurde eingezogen, nur wehrwirtschaftlich wichtige Betriebe erhielten eine Ausnahmegenehmigung. Auf das Kennzeichen kam der rote Winkel. Ein Zeichen der Zulassungsstelle, an welcher man die Fahrberechtigung erkennen konnte. Auch Vaters DKW erhielt einen solchen Winkel. Er hat sein Fahrzeug bis über das Kriegsende hinaus behalten.

Auch für mich änderte sich jetzt einiges. Personal wurde knapp im Betrieb. Mehr und mehr mußte auch ich im Betrieb meines Vaters mitarbeiten. Es begann damit, daß wir die Fahrzeuge jener Bürger, die keinen roten Winkel bekommen hatten, zum Teil ausschlachteten, zum Teil aber auch einziehen mußten. Das Ausschlachten bestand darin, daß zunächst Batterien, dann auch Reifen eingesammelt wurden. Vater bekam eine Liste mit den Fahrzeugbesitzern. Darunter natürlich viele der ehemaligen Kunden. Wir fuhren mit unserem DKW dorthin, bauten Batterien aus und nahmen die Räder ab. Die meisten der Fahrzeugbesitzer hatten ihre Fahrzeuge auch bereits eingemottet.

In jenen Zeiten standen Artikel in der Zeitung, wie man sein Fahrzeug über die eng begrenzte Zeit des Krieges hinwegbrachte. Alle solche Aktionen wurden ja stets von einem gewaltigen Propaganda-Aufgebot begleitet. So waren die Leute auch keineswegs ärgerlich, wenn wir erschienen. Jeder "gute Deutsche" - und wer wollte es in einer solchen Zeit "nationaler Bewährung" nicht sein? - tat das Seinige dazu, den Krieg schnell und natürlich siegreich zu beenden. Hinter der Fassade mag jedoch manch Mitbürger die Faust in der Tasche geballt haben.

Dies alles spielte sich mit fortschreitenden Kriegshandlungen ab, nicht etwa schlagartig am Anfang des Krieges. Manchmal wurden auch komplette Autos beschlagnahmt. Es waren dann Fahrzeuge der gehobenen Klasse, die man anschließend für Personen der höheren Dienstgrade einsetzte.

Mit einigen Sondergenehmigungen versehen, fuhren wir eines Tages nach Peenemünde. Es galt, die Fahrzeuge der Offiziere der Heeresversuchsanstalt in gleicher Weise zu requirieren. Wir wußten natürlich auf der Insel, daß sich in Peenemünde so allerhand Geheimnisvolles tat.

Wir wußten allerdings nicht, was genau. Es hing mit Raketen und anderen Flugkörpern zusammen. Denn die sah man in den Himmel fliegen, aber selbst darüber sprechen, war schon fast Geheimnisverrat. Die Gebäude der Heeresversuchsanstalt waren mit Tarnanstrich versehen, über den Straßen hingen Tarnnetze. Das Ganze war schon geheimnisvoll, aber zu sehen gab es dennoch nichts. So holten wir auch hier aus etlichen Gebäuden nach und nach alle Fahrzeuge heraus. Bis auf wenige Dienstfahrzeuge durften auch die Offiziere ihre Wagen nicht behalten.

Aber wo blieben nun alle diese Automobile und natürlich auch die Motorräder?

Vaters Betrieb war jetzt vollständig umgestellt auf die Überholung und Umarbeitung der zusammengeholten Fahrzeuge. Im weiteren Verlaufe des Krieges, hier besonders nach dem Frankreich-Feldzug, kamen auch die sogenannten Beutefahrzeuge dazu. Fahrzeuge, die man mehr oder weniger zerstört vorgefunden und ihren ursprünglichen Besitzern weggenommen hatte. Alle Fahrzeuge wurden soweit wie nötig zerlegt und vollständig instandgesetzt. Eine Auto-Lackiererei spritzte sie in Gelb - für den Afrika-Feldzug - oder in Wehrmachtsgrau um. Meine Aufgabe bestand nicht selten darin, sämtliche Schmiernippel, die Kraftstoff- und Öleinfüllstutzen und Ablaßschrauben mit vorgeschriebenen Farben zu kennzeichnen.

Die Belegschaft des väterlichen Betriebes war zwischenzeitlich durch Gefangene ergänzt worden. Hier sind mir besonders vier Franzosen in Erinnerung, einer von ihnen hieß René, ein anderer Emile. Die übrigen Namen sind mir entfallen. René soll in Paris eine größere Autovertretung gehabt haben. Ein anderer hatte wohl in der französischen Armee einen höheren Dienstgrad eingenommen, er kehrte sehr den Vornehmen heraus. Emile war immer sehr mitteilungsbereit, er sprach auch einigermaßen deutsch. Im Zivilberuf hatten alle irgend etwas mit Kraftfahrzeugen zu tun, und nun mußten sie ihre Arbeitskraft zur Verfügung stellen. Sie wohnten in einem Gefangenenlager auf der Grünen Fläche im Hafen, morgens und abends wurden sie durch einen Wachmann begleitet. Vater lud sie ab und an zu uns an den Mittagstisch ein, damit sie ihre sicher nicht üppige Gefangenenkost etwas aufbessern konnten. Es war zwar verboten, aber ich glaube, daß besonders den westlichen Gefangenen dennoch viel Sympathie und manche Hilfe zuteil wurde. Mit den Gefangenen aus dem Ostraum war das später völlig anders.

Ein weiteres Problem stellte sich jetzt zunehmend. Letztendlich verhalf es mir zum Führerschein. Bei den Abschleppfahrten gab es keine Schwierigkeiten. Um ein geschlepptes Fahrzeug zu bedienen, brauchte man keinen Führerschein. So fuhr ich manchen Nachmittag stolz an meinen Schulkameraden vorbei, wenn wir von Abschleppfahrten zurückkehrten. Keiner in der Klasse konnte ein Auto fahren, und in kaum einer Familie gab es überhaupt noch eines. Und selbst die gesamte Lehrerschaft und auch unser Direktor waren wieder auf ihre alten Drahtesel umgestiegen. Jedes für die Wehrmacht umgebaute Fahrzeug und Motorrad mußte anschließend mindestens 25 Kilometer eingefahren werden. Vater hatte mit der Polizei eine Absprache, daß unter seiner Aufsicht und Verantwortung sowohl einige der Kriegsgefangenen als auch ich Fahrzeuge auf bestimmten Strecken der Insel einfahren durften. Doch das bewegte sich am Rande der Legalität.

So stellte er Ende 1942 für mich einen Antrag auf einen Führerschein. Vater mußte sich jedoch verpflichten, für sämtliche durch mich verursachten Schäden aufzukommen, denn ich war ja gerade erst fünfzehn. Es gab weder Fahrschule noch Fahrlehrer, und so füllte ich bei der Verkehrspolizei einen Fragebogen aus. Auf dieser Grundlage erhielt ich dann einen Führerschein. Vater ermahnte mich, stets vorsichtig zu fahren und keinen Unfall zu bauen. Die Gefahr, mit jemand zusammen zu stoßen, war allerdings gering. Selten begegnete uns ein Lastkraftwagen. Eher waren die Bauern mit ihren Gespannen mögliche Verkehrshindernisse.

Eine Geschichte aus jenen Tagen muß ich nun noch erzählen, denn sie erfährt eine Fortsetzung. Auf dem Wege zwischen Ahlbeck und Kamminke liegt das kleine Dorf Korswandt. Der Ort verfügte damals über ein Feuerwehrauto des Fabrikats Protos. Eine längst eingegangene Marke aus der Zeit um die Jahrhundertwende, damals also bereits ein Oldtimer. Aber er mußte am Laufen gehalten werden, denn Feuerwehrautos gab es in den Kriegsjahren nur schwer als Neufahrzeuge. So stand das gute alte Stück öfter einmal in unserer Werkstatt.

Ich muß hier etwas in die Technik einsteigen, damit offenkundig wird, mit welchen Problemen man sich damals zu beschäftigen hatte. Die Kupplung dieses Fahrzeuges war eine sogenannte Konuskupplung. Ein Kranz von Lederkeilen griff in die Rille einer Stahlscheibe, um es einmal vereinfacht auszudrücken. Im rauhen Fahrbetrieb war diese Kupplung total verbrannt. Vater ließ sie ausbauen und zerlegen. Mir fiel dann die Aufgabe zu, aus Lederresten, die wir von einem Schuhmacher erhalten hatten, etwa 200 Lederkeile zu schneiden und sie in eine Führung einzudrücken. Eine Tätigkeit, die einige Freizeit füllte. Ein anderes Mal hatte der Wagen Schwierigkeiten mit der Kraftstoffversorgung. In den Anfangsjahren der

Automobil-Entwicklung verwendete man ein Unterdrucksystem zur Kraftstofförderung, Kraftstoffpumpen im heutigen Sinne gab es nicht. Ein Messingbehälter war an die Saugleitung des Motors angeschlossen, so herrschte permanenter Unterdruck im Behälter, und über ein System von Ventilen wurde der Kraftstoff aus dem im Heck liegenden Tank angesaugt - wenn es denn funktionierte.

Mit der Benzinzufuhr klappte es aber in diesem Feuerwehrauto oft nicht, und niemand kam zunächst hinter die Geheimnisse dieser Anlage. So fuhr ich mit Vater nach Korswandt. Er probierte alles Mögliche aus, und wir fuhren wiederholt die Strecke in Richtung Ahlbeck über den Korswandt-Berg. Denn hier setzte die Kraftstoffzufuhr mit Sicherheit aus. Jedesmal wenn der Motor aus Kraftstoffmangel stehen blieb, mußte ich an der Tankleitung Kraftstoff ansaugen, während Vater den Motor mit der Andrehkurbel startete und der laufende Motor dann selbst für den Unterdruck sorgte. Manchen Schluck Benzin hatte ich im Mund, und allmählich wurde mir auch nicht besser dabei. Mutter verabreichte mir zu Hause noch eine ordentliche Menge Milch, damit war der Fall ausgestanden.

Nicht zuletzt habe ich diese Geschichte auch deshalb erzählt, weil der hinter diesem Fahrzeug stehende Mann später noch eine wichtige Rolle spielen wird. Die Reparaturen erfolgten auf Weisung eines Gemeindevertreters von Korswandt, den Vater und ich immer als Bürgermeister von Korswandt einordneten. Ob er es wirklich war, weiß ich nicht.

Gleich nach Kriegsbeginn setzten auch die Aktivitäten hinsichtlich des Luftschutzes ein. Vater wurde Blockwart, er mußte sofort nach dem Fliegeralarm zu einem Sammelpunkt kommen. Von dort aus machte jeder in einem Stadtbereich seine Runde und kontrollierte in erster Linie die Verdunkelung und das Aufsuchen der Schutzräume während der Alarmzeit. Durch die Zeitungen geisterten gutgemeinte Vorschläge, wie man mit einem Eimer Wasser und einer Feuerpatsche Brandbomben bekämpfen solle. Angesichts des in den Folgejahren innerhalb der Großstädte verursachten Infernos eine naive Vorstellung. Wie wenig wir die Tragweite damals schon erkannten, zeigt auch diese Episode. Während der ersten Fliegeralarme löschten Mutter und ich - die wir ja nun allein im Hause waren - das Licht. Wir öffneten die Fenster, zogen die Gardinen zurück und rückten uns zwei Sessel an das Fenster. Irgendwo stand geschrieben, daß man zum Schutze der Jalousien, Gardinen und Fensterscheiben so verfahren müsse. (Allerdings sicherlich nicht, daß man sich dann an das geöffnete

Fenster setzen sollte!) Wenn dann noch die Flak schoß und die Scheinwerfer über den Himmel geisterten, fühlten wir uns wie im Kino. Doch später sollte es bittere Wahrheit werden.

Mit den ersten Luftangriffen auf Stettin wurde uns klar, daß auch Swinemünde als Kriegshafen ein mögliches Ziel der Bomber werden könnte. (Daß es erst buchstäblich in letzter Minute bombardiert wurde, wundert mich noch heute. Doch das wußte damals niemand.) Vater meinte, daß Vorsorge besser sei, und wir begannen, einen Schutzraum zu bauen. Da Swinemünde nur wenig über dem Meeresspiegel liegt, stieß man schon nach einem guten halben Meter auf Grundwasser, Keller gab es in der Stadt daher so gut wie keine. Vater besprach die Sache mit mir, wir legten den Platz an einer Seite auf dem Hof fest, und ich fertigte zunächst eine Zeichnung an. Es wurde ein kleiner Bunker, halb unter und halb über der Erde. Aus dicken Betonwänden. Die Decke legte ich mit 0,50 m starkem Eisenbeton fest, der Innenraum maß etwa 1,50 x 2,00 m, also ein Familienbunker. Meine Pläne fanden Vaters Zustimmung, und wir gingen ans Werk. Beim Ausschachten stürzte uns eine Begrenzungsmauer in die Baugrube, es dämpfte unseren Eifer nicht. Während wir die Decke gossen, brachte Vater das Fahrgestell eines Dreirades vom Schrott an. Dazu eine Menge defekter Autofedern, und so konnte man die Konstruktion wahrlich als Stahlbeton bezeichnen. Ich hatte sogar einen Sehschlitz zur Beobachtung des Hofraumes angeordnet, der mit einer Stahlklappe von innen verschlossen wurde. Den Treppenabgang überdeckten wir ebenfalls mit einer Stahlkonstruktion. Wir befürchteten, daß Trümmer in den Niedergang fallen und man die Tür nicht mehr öffnen könne. So hatten wir hoffentlich ausreichend für die Sicherheit der Familie gesorgt. Selbst habe ich allerdings nie in dem Schutzraum gesessen, da ich bald darauf Marinehelfer wurde. Aber wie sich 1945 beim Ernstfall herausstellte, hatten wir vor allen Dingen den richtigen Platz gewählt.

Für mich hieß es bei Fliegeralarm, der mit fortschreitendem Krieg fast jede Nacht erfolgte, schnellstens aus dem Bett springen und in die ordnungsgemäß zurechtgelegte Kleidung schlüpfen. Dann ergriff ich Taschenlampe und Feuerlöscher und sah laufend auf Kontrollgängen im Haus, in der Werkstatt und auf dem Hof nach dem Rechten. Das mit der ordnungsgemäß zurechtgelegten Kleidung hat sich in diesen und den Folgejahren so eingeprägt, daß noch heute meine Kleidung in jeder Nacht ein sofortiges Ankleiden zuläßt. Auch der Begriff Fluchtweg ist für mich noch so gegenwärtig, daß ich in jedem mir nicht bekannten Gebäude vor einer Übernachtung eine Fluchtmöglichkeit bei Brand erkunde und mir einpräge. Ich glaube, erst wer sein Leben in der Praxis solchen Verhaltensweisen verdankt, kann das nachvollziehen.

Immer stärker wurden wir in das Kriegsgeschehen einbezogen. Von besonderer Tragik für viele Swinemünder Familien gestaltete sich der fast totale Untergang der Zerstörer-Flottille unter ihrem Kommodore Bonte im April 1940 in Narvik. Die Schiffe hießen unter anderen "Bernd von Arnim", "Georg Thiele", "Erich Giese", " Wilhelm Heidkamp". Von den 10 eingesetzten Zerstörern kam keiner zurück. Da Swinemünde ihr Heimathafen war, stammten auch die meisten der Besatzungsmitglieder aus dieser Stadt. In jenen Tagen bestimmten die Traueranzeigen die Swinemünder Zeitung. Wenn sich die Kämpfe im Fjord nicht in unmittelbarer Landnähe abgespielt hätten, wären sicher noch wesentlich mehr Opfer zu beklagen gewesen. Für die Schiffe gab es Ersatz. Eine neue Zerstörer-Flottille lag bald darauf im Hafen, und sie durfte sich Narvik-Klasse nennen. Nach den Müttern, die ihre Söhne verloren hatten, fragte niemand mehr.

Auch das "normale" Leben ging weiter. 1942 fand für mich die Jugendweihe statt. Durch unsere Erziehung, den Dienst im Jungvolk und in der HJ waren wir weitgehend zu Atheisten geworden. Der Religions-Unterricht wurde an den Schluß der Schulstunden gelegt. Die Teilnahme beruhte auf Freiwilligkeit, und wer hängte ohne Not eine weitere Schulstunde an? Dennoch gab es Jugendliche, die trotz allem der Kirche verbunden blieben, da war dann allerdings das Elternhaus die treibende Kraft. In unserer Klasse kann ich mich nur auf einen Pastorensohn, den Hannes, besinnen. Was allerdings nicht heißen soll, daß dennoch mehrere Jungen am Religions-Unterricht teilnahmen.

So stand die Jugendweihe an, zuvor jedoch noch das Besorgen der Verpflegung. Wir hatten einen entfernten Verwandten, er war Bauer auf der Nachbarinsel Wollin. Entgegen allen Vorschriften und durchaus im Bewußtsein unseres frevelhaften Tuns fuhren wir dort hin, um ein halbes schwarzgeschlachtetes Schwein, Zutaten zum Wurstmachen und Obstwein abzuholen. Selbst die Fahrt mit dem Auto war natürlich verboten, denn dafür hatte Vater den roten Winkel nicht bekommen. Bevor wir dann, von dem Dorf kommend, die Hauptstraße erreichten, fuhr uns der Schreck in die Glieder. Eine längere Kolonne zeichnete sich auf der Landstraße ab, es sah nach einer Kontrolle aus. Doch es gab keinen Umweg, wir mußten dort hindurch. Beim Näherkommen verflog dann unsere Besorgnis, es war eine Militärkolonne, sie wollten von uns Zivilisten nichts. Als wir auf die Fähre auffuhren, kam zwangsläufig noch einmal die Geschichte mit unserem Kreisleiter zur Sprache, dem bei ähnlicher Tour das Schwein aus dem Kofferraum gefallen war. Mutter war heilfroh, als wir unversehrt auf den Hof fuhren.

Dann ging es an die Verarbeitung und Verwurstung, wobei Tante Anna tatkräftige Hilfe leistete. Mutter war zwar eine gute Köchin, aber die Verarbeitung eines halben Schweines stellte einen städtischen Haushalt dennoch vor Probleme. Während bereits die Leberwürste im Kessel kochten, kam der Briefträger und stellte mit feiner Nase fest, daß es hier wohl nach Schlachtfest rieche? Eine Wurst verhalf auch diesem wackeren Mann dazu, seinen Mund zu halten. Dann stieg die eigentliche Feier. In der Aula unserer Schule lief der offizielle Teil ab. Der Direktor sprach passende Worte von Führer und Gefolgschaft, von unverbrüchlicher Treue zum Staat und zur Gemeinschaft, eben das Übliche. Als Höhepunkt erhielten wir jeder einen Band des Führers "Mein Kampf". Ungelesen legte ich ihn weg. Mir ist, wie anderen Zeitgenossen auch, nur in Erinnerung geblieben, was er tat. Zur Familienfeier kam die gesamte Verwandtschaft. Lothar und ich sprachen dermaßen dem Obstwein zu, daß wir das Ende der Feier nicht mehr erlebten.

Der Blick vom Binnenhafen auf die Anlegestellen der Stettin-Swinemünder
Dampfschiffahrtsgesellschaft in den 30er Jahren. Der Dampfer Swinemünde
liegt am Kai. Im Vordergrund Fischerboote - Fischkutter - wie wir sagten.
Hier befand sich auch das Fischbollwerk.
Im Hintergrund der Swinestrom, also der Außenhafen.

Hafenausfahrt einst, hier von der Swineseite her gesehen. Links ein Zerstörer der
Swinemünder Flottille beim Einlaufen. Rechts nimmt die Robert Ley -
ein KDF-Schiff - Kurs auf die Ostsee.

Teile der Großflotte am Eichstaden. Links beim Manövrieren ein älteres Linienschiff. Es ist die Schleswig-Holstein, sie eröffnete mit dem Beschuß der Westerplatte den 2. Weltkrieg. Dieses Linienschiff überlebte zwei Seekriege. Es kämpfte im 1. Weltkrieg in der Skagerrak-Schlacht, wurde bei der neuen Deutschen Marine als Schulschiff verwendet und 1944 durch Bomben beschädigt. Es erreichte das Kriegsende 1945, auf Grund liegend, in Gotenhafen. Dort wurde es von der russischen Verwaltung in den Jahren danach verschrottet. Rechts ein leichter Kreuzer der Köln-Klasse.

Eine U-Boot-Flottille der deutschen Kriegsmarine mit ihrem Begleitschiff Saar im Hafen von Swinemünde. Das außen liegende Boot ist eine U 9, das sogenannte Traditionsboot der U-Boot-Waffe.

Zwei Bilder von unserem Zeltplatz bei Bansin 1940. Man sieht die selbstgefertigten Möbel, hinten links
unser Kühlschrank in der Erde. Die Fotos sind mit einer einfachen Agfa-Box gemacht.
Als Selbstauslöser diente ein Bindfaden, den ich mit der Hand betätige.
Die Schnur ist im Bild zu erkennen, wo wir in der Sandburg liegen.

Freund Lothar am Tage seiner Konfirmation,
es war Ostern 1940. Zum ersten Mal mit langen
Hosen und mit Hut. Die Konfirmanden sahen
immer etwas witzig aus in den Anzügen.

Wir haben wohl schon damals die verkehrten Filme
gesehen. Die Geschichte mit dem Aufhängen
habe ich beschrieben.

Olav mimt den grimmigen Kommissar. Knickerbocker
waren damals durchaus modern, geklautes Obst ließen
wir mit Vorliebe darin verschwinden. Die Posen mit der
Waffe sollten wohl kühle Überlegenheit demonstrieren,
die Idee mit der Pfeife stammt aus Sherlock Holmes
Filmen nehme ich an.

171

Auf diesem Bild sind sogar beide Fähren zu sehen. Im Vordergrund die neue, große Fähre, die Pommern. Das Schiff ist die ehemalige Putbus. Sie fuhr als Eisenbahnfähre im Rügenverkehr und wurde 1938 zur Straßenfähre umgebaut. Die Fahrzeuge fuhren in Längsrichtung auf, man sieht es an der Anzahl der Autos, die Kapazität war schon ziemlich beachtlich. Das schwarze Schiff links dahinter ist die alte kleine Fähre. Hier fuhren die Fahrzeuge in Querrichtung auf (daß es nicht immer gut ging, habe ich berichtet).

Schulschiff Deutschland am Kaiserbollwerk. Gebaut 1927 in Bremerhaven gehört es heute dem Deutschen Schulschiffverein. In den 20er und 30er Jahren wurden auf Deutschen Werften eine ganze Reihe von Segelschiffen gebaut. Soweit sie die Zeiten überlebten, gelangten einige nach 1945 als Kriegsbeute in die Marinen anderer Staaten. So z.B. die Albert Leo Schlageter, sie läuft heute als Sagres II, die Padua als Krusenstern und die Magdalena Vinnen als Sedor. Die erste Gorch Fock segelt als Towarischtsch über die Weltmeere. Die Bundes-Marine besitzt mit der zweiten Gorch Fock seit 1958 ein Schulschiff neueren Datums für die Ausbildung ihres Nachwuchses.

Auf Großer Fahrt im Bereich der Swine. Es ist früh am Morgen. Lothar kreuzt die Ruder, während ich noch Zähne putze. Freunde fotografieren uns.

Unsere Jolle im Hafen vor dem Fischereischiff Kormoran. Das Boot liegt etwas schief im Wasser, weil Lothar der Länge nach auf einer Seite darin liegt.

Die Thingstätte bei Heringsdorf. Die Aufnahme enstand anläßlich der Einweihung 1934. Wenn das Halbrund mit uniformierten Menschen gefüllt war, mußte eine solche Veranstaltung wohl zwangsläufig etwas an den Ahnenkult der Vorfahren erinnern.
Bis 1950 wurde diese erinnerungsträchtige Stätte für Maifeiern genutzt,

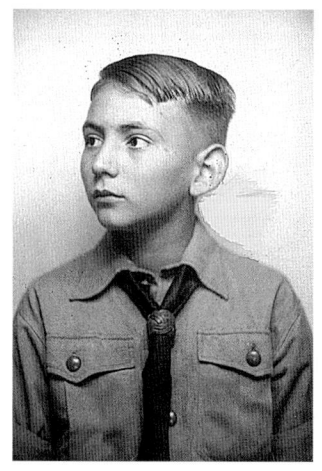  

Uniformparade, ganz links mein Paßbild als Pimpf. In der Mitte Joachim H., der Sohn eines Schreinermeisters, hier in Winteruniform, also schwarz. Rechts ein weiterer Mitschüler in der Uniform der Marinehelfer. Wir kamen in jenen Jahren nicht mehr aus der Uniform heraus.

Bei der Motor-HJ. Der Helm ist ein Sturzhelm des NSKK, es bestand damals bereits
Helmpflicht. Der Scheinwerfer ist verdunkelt, nur ein schmaler Lichtbalken blieb frei.
Es war also im Kriege.

Vaters DKW und seine beiden Mitfahrer auf der Großglockner-Hochalpenstraße 1938.
Diese Touren liebte Vater über alles..

Der Zeppelin LZ 127 in niedriger Höhe über dem Familienbad am Strand von
Swinemünde. Es ist möglich, daß diese Aufnahme anläßlich
des Deutschland-Fluges entstand.

Flugboot Dornier DO-X vor der Grünen Fläche, dahinter die Spitze des
Eichstadens und der Swinestrom. Dieses Super-Flugboot brachte selbst in
New York Hunderttausende an den Hafen.

Werbung 1936. Damals wie heute dienten die Rennerfolge in erster Linie der Werbung. Aber auch der Zeitgeist schwingt mit. Es ist die Rede von der geschlossenen Gefolgschaft. Der Begriff: "Made in Germany" wurde in jenen Jahren weiter gefestigt, geprägt war er bereits wesentlich früher. Man sagte es jedoch nicht in der Sprache des Feindes - nämlich England. So hieß es: "Deutsche Wertarbeit"!

Auto-Union-Stand auf der IAA 1938. In der ersten Reihe von rechts: Eine DKW-Meisterklasse als Kabrio,
links davon ein Wanderer - sie hießen immer W- und die Jahreszahl. Weiter links ein Audi-Kabrio.
Der helle Wagen am linken Bildrand wahrscheinlich ein Horch-Kabrio, in der Wirklichkeit
habe ich ein solches Exklusiv-Fahrzeug nie gesehen.

Mitbringsel von der Internationalen Motorrad- und
Automobil-Ausstellung Berlin, Februar 1939. Die Briefmarken
symbolisieren den Anspruch auf Weltgeltung im
Automobilbau. Oben links: Die Pioniere Carl Benz und
Gottlieb Daimler mit ihren Motorwagen (Baujahre 1886).
Oben rechts: Die sieggewohnten Daimler-Benz und Auto-
Union Rennwagen. Unten Links: der Volkswagen des Herrn
Porsche. Der Käfer sollte anschließend - allerdings zunächst
als Kübelwagen für die Wehrmacht - seinen Siegeslauf
beginnen.

Kapitel 9

Es ist Krieg - und wir müssen hin

Es ist Krieg - und wir müssen hin. Die Einberufung zu den Marinehelfern stand bevor. Im Oktober 1943 hatten wir die Bescheide erhalten, unserer Pflicht als Marinehelfer nachzukommen. Das war damals keine Frage oder eine höfliche Bitte, es war ein Befehl. Der Schulunterricht verlagerte sich in die Stellung, Unterricht - so wurde versichert - würde keiner ausfallen. Unsere Lehrer unterlagen der Verpflichtung, den Unterricht in den jeweiligen Einheiten zu erteilen. Swinemünde als Kriegshafen war natürlich besonders im Bereich von der Ostsee her durch etliche Flakbatterie-Stellungen gesichert. Wir würden es also gar nicht weit in den Einsatzraum haben. Schulklassen aus dem Hinterland hatten es da schwieriger, sie kamen zum Teil recht weit von zu Hause weg.

Zur Grundausbildung wurden wir in eine Batterie nach Osternothafen verlegt. In dieser Batterie - die eigentlich gar keine war, denn dort gab es keine Geschütze - ist mir ein Erlebnis gut in Erinnerung. Eines Abends war Fronttheater. Es erschien eine Künstlergruppe, und ein junger Künstler betrat mit den Worten die Bühne: "Man hat mir draußen gesagt, ich hätte hier gerade noch gefehlt!" Wir haben anschließend herzhaft über diesen Mann gelacht, und wenn ich zitiere: "Was bin ich heute wieder für ein Schelm" - dann weiß jeder, wer gemeint ist. Der ganz junge Heinz Ehrhardt. Aber so lustig war es im allgemeinen durchaus nicht. Jeder Ausbilder beim Militär hat ja stets das Bestreben, einen Menschen aus dem Untergebenen zu machen. Was immer sich solch ein Kommißkopp dann unter einem Menschen vorstellt. Das meiste kannten wir schon vom Jungvolk und der HJ, er hatte also wenig Mühe.

Zum nächsten Schritt der Ausbildung gelangten wir in die Nähe von Korswandt. Dort war eine nagelneue Batterie in den Wald gebaut worden. Die ganze Anlage unterirdisch. Betongänge führten von einem Geschütz-bunker zum anderen, man brauchte weder zur Unterkunft, noch zu den Toiletten oder Duschräumen ans Tageslicht. Das Wesentliche aber fehlte - die Anlage hatte keine Geschütze und keine Technik, die erforderlich war, Flugzeuge aufzufassen und zu bekämpfen. 1943 zeigte der Krieg in dieser Hinsicht bereits seine Wirkung. Etwas anderes aber bot Korswandt. Ein

Arbeitsdienstlager mit weiblichen Insassen. Es wurde ein Freundschaftstreffen arrangiert. Die Arbeitsmaiden buken Kuchen und kochten Kaffee. Was sich der eine oder die andere oder sonst noch wer versprochen hatte, trat nicht ein. Wir waren immer noch gerade erst 16 Jahre alt, und wie bereits vorher bei dem Thema Ernteeinsatz angedeutet, auf dem Gebiet der Liebelei lief noch gar nichts.

Dann wurden wir zur endgültigen Ausbildung und zum Einsatz in die Batterie Ahlbeck, eine sogenannte Frontbatterie zwischen Swinemünde und Ahlbeck, abkommandiert. Hier verbrachten wir den Rest unserer Dienstzeit. Die Batterie war nicht ganz auf dem letzten technischen Stand. Sie bestand aus Geschützen, die in Betonbettungen direkt in die Dünen eingebaut waren. So konnten die Geschütze den See- und Luftraum absichern. Die Kanonen nannten sich - ich weiß es noch heute genau, so hat man es uns eingetrichtert - "10,5 SKC 32 auf Mittelpivotlafette". Wobei das 10,5 (die 5 als funf - ohne ü - gesprochen, das war seltsamerweise wichtig) für das Kaliber, also den Rohrdurchmesser stand. Die 32 war das Konstruktionsjahr 1932, also reichlich betagte Technik. Es handelte sich ursprünglich um Schiffsgeschütze, daher die Mittelpivotlafette.

Inmitten der im Viereck angeordneten Geschütze war ein Kommandostand. Ebenfalls eine Betonbettung, aber mit einer schlichten Holzabdeckung versehen, die meist nicht einmal den Regen abhielt. Darin befanden sich eine Sprechverbindung zur Batterieleitstelle in Swinemünde sowie Ringschaltungen zu unserem ebenfalls in einem Bunker angeordneten Kleinkog. Sprich: Kleines Kommandogerät. Dieses war ein mechanisch rechnendes Gerät, in welches die zum Schießen benötigten Daten eingegeben wurden.

Wir erhielten Quartier in einem Bunker, der "sinnigerweise" Stalingrad hieß. Mit sechs Jungen unserer Klasse lagen wir in einem kleinen Raum. Hier sah es mehr nach einem Schiff aus. An zwei Seiten waren Betten, die an Ketten von der Decke hingen und bei Tage hochgeklappt wurden, damit mehr Platz wurde. Die übrige Einrichtung bestand aus sechs Stühlen, einem Tisch und sechs Schränken. Wasch- und Duschraum sowie Toiletten befanden sich ebenfalls im gleichen Bunker. Die übrigen Räume waren von den Klassenkameraden belegt. Nur zum Essen mußten wir aus der eigentlichen Batterie heraus und ein Stück durch die Dünen laufen, wo der Eß- und Küchenraum sowie die Kleider- und Materialkammer in einer Baracke waren. Hier fand auch der Schulunterricht statt. Da es sich um eine Marine-

Batterie handelte, waren unsere Vorgesetzten keine Unteroffiziere oder Feldwebel, sondern Maate und Obermaate. Der gesamte Kommandoton entstammte der Marine. Das fing mit dem Wecken an: "Reise-reise, alles aufsteh'n. Die Jungfrau von Laboe ist da, die Waschfrau zeigt von achtern klar"- der uralte im Sington vorgetragene Seemannsspruch. Begleitet von dem durchaus melodischen Pfeifen auf der Bootsmannspfeife. Wenn Wecken überhaupt nötig ist, so ist es in meinen Ohren die schönste Form. Es hängt aber sicher mit den bei mir schon immer vorhandenen Ambitionen für die Seefahrt zusammen. So bekamen wir auch keinen Ausgang, wir hatten Landgang, und der erforderliche Spruch lautete: "Marinehelfer Hartwig bittet, an Land gehen zu dürfen!"

An oberster Stelle unserer Vorgesetzten stand der Batteriechef. Das heißt, er hätte dort stehen müssen, aber in jenen Tagen gab es keinen! Und das kam so: Kurz vor unserem Eintreffen hatte es einen bedauerlichen Zwischenfall gegeben. Etwa einen Kilometer tief im Wald hinter der Dünenkette hatte die Batterie ihren Munitionsbunker. Er wurde Tag und Nacht von Angehörigen der Stammbesatzung - das waren reguläre, ältere, jedoch nicht voll einsatzfähige Soldaten - bewacht. Der Batteriechef hatte die Angewohnheit, sich besonders nachts durch den Wald an diesen Bunker anzuschleichen, um die Wachsamkeit des Postens zu prüfen. Der Wachhabende bemerkte gegen Mitternacht eine Person, rief sie vorschriftsmäßig mit: "Halt, stehen bleiben, Parole" zweimal an. Als er keine Antwort erhielt, schoß er ebenso vorschriftsmäßig in Richtung auf den Verdächtigen. Er schoß nicht nur, er traf auch - seinen eigenen Batteriechef. Als er es bemerkte, schlug er Alarm. Man barg den Verletzten, doch es war vergebens. Er starb unmittelbar darauf. Da er noch bei Bewußtsein war, erklärte er vor mehreren Zeugen, daß der Soldat pflichtgemäß gehandelt hätte. Es wäre allein seine Schuld. So kam der arme Wachsoldat glimpflich davon, wurde allerdings in eine andere Einheit versetzt. Und bald kam dann ein neuer Batteriechef.

Bereits in der ersten Nacht im Bunker gab es um Mitternacht Alarm. Jeder kleidete sich schnell an, und wir stürzten nach draußen. Die übrige Mannschaft war bereits auf ihren Einsatzposten. Aber wir hatten ja - noch - keine. So standen wir ziemlich dumm in dunkler Nacht in der Batterie herum, erwarteten jeden Moment das Krachen der Geschütze. Doch es blieb ruhig. Schließlich gab es Entwarnung. Die Geschützbedienungen kehrten zurück, und wir gingen mit ihnen schlafen.

Am nächsten Morgen begann die Ausbildung. Ich wurde einem Geschütz zugeteilt, welches unter der Leitung eines Obermaat S. stand. Im Zivilberuf hatte er eine kleine Kapelle, machte eine Art Kaffeehausmusik, und so war auch sein Wesen. Verbindlich und gemütlich könnte man ihn beschreiben, kein Soldat. Schon lange kein Kommißkopp. Ich mochte ihn auf Anhieb, und, wie sich etwas später herausstellte, ihm muß meine Art auch gefallen haben, er kehrte mir gegenüber niemals den Vorgesetzten heraus. Die Ausbildung am Geschütz begann mit dem Lernen der "Nummern". Die Geschützbedienung bestand aus neun Mann, den Geschützführer kennen wir bereits. Ihm zur Seite stand ein richtiger Soldat, also jemand von der bereits eingangs zitierten Stammbesatzung. Dazu fünf Marinehelfer und zwei Russen. Es waren Kriegsgefangene. Angehörige der Sowjetarmee, die sich zum Hilfsdienst verpflichtet hatten. Wohl in erster Linie, um aus den Lagern herauszukommen und einer besseren Verpflegung teilhaftig zu werden. Sie wohnten in einem selbstgebauten Bunker aus Baumstämmen im Batteriegelände, wurden von einem älteren Gefreiten bewacht, der ein uraltes Gewehr sein eigen nannte. Dieser war wohl aus den Ostgebieten beheimatet, denn er verständigte sich mit ihnen in ihrer Muttersprache. Er wohnte auch mit ihnen im Bunker. Das alles war schon seltsam, aber man schrieb 1943. Der Krieg zeigte Wirkung, auf allen Gebieten. Über das Schicksal dieser Hilfswilligen - kurz Hiwis wie wir sie nannten - habe ich später gelesen. Wenn ihre Tätigkeit in der Deutschen Wehrmacht herauskam, ließ Stalin sie gnadenlos erschießen. Im besten Falle verschwanden sie für Jahrzehnte in Arbeitslagern.

Nun noch etwas zur eigentlichen Geschützbedienung. Was der Geschützführer tat, ist wohl klar, er leitet das Unternehmen Kanone. Der richtige Soldat brauchte allein seine Körperkraft, er war die Ladenummer. Ein Geschoß der 10,5-cm-Kanone wog etwa 100 Pfund. Wenn wir im Salventakt schossen, hieß es alle drei Sekunden eine solche Granate aus der Zünderstellmaschine entnehmen und in das meist steil nach oben ragende Rohr einschieben. Das hörte sich im Text der Dienstanweisung etwa so an: Die Nummer Fünf entnimmt der Zünderstellmaschine beim Glockenzeichen eine Patrone, läßt sie über den linken Unterarm gleiten und führt sie in die Lademulde ein. Die rechte Faust schiebt die Patrone bis zum Anschlag und bleibt solange am Patronenboden, bis sie durch den aufsteigenden Verschlußkeil nach oben gedrückt wird.

Und so ging es weiter im Geschützrund. Einer von uns stand dann an der

Zünderstellmaschine und gab Daten ein, die vom bereits zitierten Kleinkog übertragen wurden. Ein zweiter fuhr die Seite - das Drehen des Geschützes. Ein weiterer die Höhe - die Rohrstellung. Und dann kam mein Job. Ich war BÜ, im Klartext Befehlsübermittler. Ich hatte ein Sprechgerät um den Hals hängen, hörte über Kopfhörer das Geschehen aus der Leitstelle und gab es an meinen Geschützführer weiter. Über ein Mikrofon konnte ich mit dem anderen Ende der Leitung sprechen. Dort hing unser Batteriechef an einem gleichen Gerät und leitete so über Sprechfunk die Batterie. Alle Geschütze, die Leitstelle und auch die Entfernungsmeßgeräte waren an die Ringleitung angeschlossen. So gehörte ich immer zu den Bestinformierten. Hörte zwangsläufig den gesamten Sprechverkehr mit, und was das beste war: Ich konnte mich einigermaßen unabhängig im Geschützrund bewegen und alles beobachten, was so geschah. Und das war oft das Wichtigste. Eine Voraussetzung allerdings mußte man als BÜ. erfüllen: Bei Alarm möglichst der erste am Geschütz sein. Es hieß schnell das Gerät in Betrieb nehmen und diensteifrig melden: "1. Geschütz klar!" Selbst dann, wenn man allein an der Kanone stand und die Plane das Rohr verdeckte. In dunkler Nacht sah es der Batteriechef nicht, und am Tage waren ohnehin alle in Bereitschaft. Das Geschütz, welches als letztes klar meldete, fing sich zumindest einen Anschiß des Chefs ein. Im Wiederholungsfalle ein Strafexerzieren. Und damit gewann man weder die Sympathien des Geschützführers noch die der Bedienung.

In der Batterie Ahlbeck begann nun ein geregelter Dienstbetrieb. Der Vormittag stand ganz im Zeichen der Schule. In der Baracke hinter dem Essensraum fand in einigen Räumen der Unterricht statt. Die Lehrer kamen mit Fahrrädern von Swinemünde die vier oder fünf Kilometer in die Batteriestellung und unterrichteten uns in gewohnter Weise. An einem Tag der Woche - ich meine, es war immer der Freitag - marschierten wir nach Swinemünde hinein und erhielten Unterricht in unserer gewohnten Umgebung. Es wurden dann jene Fächer behandelt, zu deren Ausführung bestimmte Geräte notwendig waren, unter anderem Physik und Chemie. Auf der Tirpitz-Schule waren wir nun die Ältesten. Der Jahrgang vor uns war bereits Soldat oder auf dem Wege dorthin. Die Jüngeren genossen den Unterricht wie immer. Sie sammelten nachmittags Altmaterial, betreuten Flüchtlingsgruppen, die im verstärkten Maße aus den ehemaligen Ostgebieten westwärts strömten. Die eigentlichen "Helden" waren wir. Zum Anfassen nahe, nach nächtlichen Schießkanonaden wohl morgens noch nach Pulverdampf riechend. Das war der "deutsche Junge", das hatten der Führer und seine Gefolgschafter gern. Und wir schwammen auf der Woge des frühen Ruhms, ließen uns längst nicht mehr alles sagen. Kaum aus dem Tor der Batterie heraus, rissen wir die HJ-Armbinde herunter und gingen als "echte" Marinesoldaten durch die Stadt.

Allerdings klappte das auch nicht immer. Ich hatte einmal Landgang bekommen, um einen Zahnarzt aufzusuchen. Über die Strandpromenade führte der Weg nach Bansin. Gleich hinter dem Tor entfernte ich gewohnheitsgemäß die Armbinde, als kurz darauf ein hoher HJ-Führer mit dem Fahrrad nahte. Als "Soldat" übersah ich ihn natürlich geflissentlich. Aber mein Milchreisgesicht muß ihn stutzig gemacht haben. Er kurvte zurück, verlangte meine Papiere. Er stellte natürlich meinen wahren Status fest und notierte alles. Mir "Folgen" versprechend, entschwand er. Aber es passierte nichts. Man hatte wohl 1944 schon andere Sorgen.

Der Schulunterricht endete mittags. Es folgte das gemeinsame Mittagessen in der Baracke. Nach kurzer Tischzeit begann dann die Ausbildung am Geschütz. Wir lernten jeden Handgriff an der Kanone. Abwechselnd übernahmen wir die Rolle eines Kameraden, denn es wurde wohl auch mit Ausfällen gerechnet.

In die Ausbildungszeit fiel auch Sport und ein wenig formaler Dienst. Je nachdem, welcher von den Maaten ihn machte, war er ruhig und ohne militärische Härte. Sport hieß in den gesamten Sommermonaten Ballspiele am Strand oder Baden. Wir wohnten und lebten ja unmittelbar in den Dünen. Bis zum Wasser waren es keine 100 Meter, und baden konnte man in der Ostsee bis in den Oktober hinein. Dann standen uns noch die Zeiten für Schularbeiten zu. Es war von Vorteil, daß man sich gegenseitig helfen konnte. Die Leistungen des einzelnen wurden also mehr zu Stubenleistungen.

An dieser Stelle muß ich auch unserem Hauptfeldwebel einige Worte widmen. Deutlich ist mir eine Marotte von ihm vor Augen. Fast hinter jeden Satz, den er aussprach, setzte er einen Laut, den ich nur durch eine Folge von Buchstaben andeuten kann. Es klang etwa wie "nnjee!" So hörte sich dann ein Vortrag von ihm folgendermaßen an: "Es muß zum wiederholten Male darauf hingewiesen werden - nnjee -, daß die Anträge für den Landgang am Vortag bis 12 Uhr in der Schreibstube vorliegen müssen - nnjee - ! Es ist selbstverständlich - nnjee -, daß aus jeder Geschützbedienung nur ein Mann Landgang oder Dispens erhalten kann, verstanden? - nnjee -" Bald beeindruckte uns dieser Kommißkopp - er war ein echter -

nicht mehr. Wir äfften während seines Vortrages sein "nnjee" nach. Hatten nur darauf zu achten, daß er in die Sprachpausen seinen Lieblingslaut auch einfügte! Sonst sprach er weiter und die gesamte Gruppe machte laut und deutlich - "nnjee"! Aber er merkte auch das nicht.

Ein zweiter Kommißkopp war der Obermaat M, Geschützführer des 2. Geschützes. Mit ihm war gar nicht gut Kirschen essen. Für gewöhnlich hatte nur seine Geschützbedienung unter ihm zu leiden. War er jedoch UvD - Unteroffizier vom Dienst -, hatte die ganze Batterie ihren Ärger mit ihm. Er inspizierte Waschräume, Toiletten und unsere Unterkünfte, und wen wundert es, er fand immer etwas. Wehe den armen Leuten, die an diesen Tagen Landgang beantragt hatten. Um 17 Uhr war Dienstschluß. Man machte sich schnell fertig, verzichtete auf das Abendessen und eilte in den Bunker mit der Wachstube. Hier fing meist die Enttäuschung schon an. M. hatte die Landgangscheine, die in der Schreibstube der Baracke ausgestellt wurden, nicht holen lassen. In der nächsten halben Stunde also ein erneuter Anlauf. Die Scheine waren da, M. prüfte sie pedantisch. Dann kam irgend etwas so in der Art: "Zeigen Sie mal ihr Taschentuch!" Kein Taschentuch war sauber und exakt genug gefaltet, um damit an Land gehen zu dürfen. Die Schikane bestand nun darin, daß er sagte: "In der nächsten halben Stunde melden Sie sich mit einem sauberen Taschentuch!" Das Problem war jetzt nicht das Taschentuch, das wollte er mit Sicherheit nicht mehr sehen. Es war die verlorene halbe Stunde! Inzwischen lief einem die Zeit davon. Ein Wunder, wenn ihm jetzt nicht etwas Neues einfiel. So etwa: "Zeigen Sie mal Ihren Kamm - Ihre Fingernägel - Ihren Haarschnitt" - oder er ließ die Hosentaschen nach außen krempeln und suchte und fand natürlich auch einen Fussel.

Beliebt war auch seine Frage nach der Schummelfliege. Als Mariner trug man einen Knoten zur Uniform, den eine Fliege zierte. Sie war das Ende zweier Bänder, die kunstvoll so eingeknotet wurden, daß zum Schluß zwei gleichlange Bandstücke zu eben dieser Fliege geknüpft werden konnten. Das war aber gar nicht so einfach, und so konnte man in einer Hafenstadt wie Swinemünde eine vorfabrizierte Fliege kaufen, die mit einem Gummi am Knoten gehalten wurde. Offiziell war das nicht gestattet. So fragte mich M. bei Gelegenheit schon einmal: "Sie tragen doch nicht etwa eine Schummelfliege?" Dann blickte ich ihm treuherzig in die Augen und sagte: "Aber nicht doch, Herr Obermaat!" Er hat es nie kontrolliert. Wenn der Uhrzeiger auf 19 Uhr vorrückte, war der Landgang gelaufen. Man hatte zwar Ausgang bis zum Wecken, aber was hieß das schon? War in der Nacht Alarm - und ab 1944 war es fast jede Nacht -, hatte man auf schnellstem Wege in die Batterie zu kommen. Außerdem mußte man ja auch noch schlafen, der Unterricht begann am nächsten Morgen um acht. Besser war es mit Dispens. Das war Ausgang ab Freitag abend bis Montag früh. Man brauchte bei Alarm nicht zurückzukommen. Aber wann gab es Dispens? Theoretisch alle sieben Wochen bei sieben Mann Bedienung (die russischen Hiwis nicht berechnet). Oft machten Wache und andere Vorkommnisse die Abstände noch länger.

Nach all diesen schlechten Erfahrungen mit M. kam es dahin, daß niemand mehr Landgang einreichte, wenn dieser UvD hatte. Es waren also verschenkte Tage. Obermaat S. ließ auch schon mal zwei Mann an einem Abend gehen, man mußte ihm allerdings versprechen - und es auch halten -, daß man wie der Blitz bei Alarm zurückkam. Ich merkte bald, daß ich mit M. eigentlich keine Probleme hatte. Inzwischen hatte ich sein Schema der Stubeninspektion durchschaut. Das Bett mußte eckig gebaut sein. Nichts einfacher als das. Man schaffte sich schmale Holzleisten an und legte sie in die Decke ein. Da er das Bett nicht berührte, merkte er den Betrug nicht. Auch mit der Unterwäsche klappte der Trick mit den Leisten. Der Wäschestapel stand im Schrank wie eine Eins. Zahnbürste, Kamm, Waschlappen usw. führte ich doppelt. Einen neuen, sauberen Satz zum Vorzeigen, die im Gebrauch befindlichen Teile flogen achtlos und im nicht appellfähigen Zustand hinter den Wäschestapel. Am Blechspind kontrollierte er nur die obere und untere Vorderkante, also putzte ich auch nur diesen 2 cm breiten Streifen. Und so fiel ich nie auf. Mit ähnlichen Tricks probierte ich auch den Landgang. Es klappte ebenso, und ich nahm die Tage seiner Wachzeit auch für meinen Landgang in Anspruch, da herrschte kein Gedränge.

Man wird sich fragen, warum machten es nicht alle so? Nun, einige machten es sicher und hatten den gleichen Erfolg. Andere aber sahen es einfach nicht cin, daß man einem solchen Kommißkopp zuliebe seine Gewohnheiten änderte oder sich ihm unterwarf. Man kann es sicher auch so sehen. Wenn sie ihr Bett dann dreimal bauten, und er es immer wieder einriß, dann hatten sie schließlich auch so etwas wie eine Genugtuung, denn irgendwann gab er ja auch auf. Es hatte wohl ebenso etwas mit Trotzreaktionen zu tun. Wir waren ja vom Alter her in den Flegeljahren. Die Eltern sahen wir nur auf Stunden, die meisten der Väter waren seit Jahren im Krieg. Zu jener Zeit ein hoher Prozentsatz bereits gefallen. Die Mutter bot sich in einer solchen Situation als Zielscheibe für Flegeleien sicher nicht an. So wurden die Vorgesetzten und auch die Lehrer Blitzableiter für pubertäre Verhaltensweisen.

Der Unterricht fand jeden Vormittag (außer freitags) in den Räumen der Baracke statt. Die Lehrer waren die gleichen, von denen ich früher schon berichtete. Die Späße blieben auch die gleichen, es kamen noch einige hinzu. Ich habe auch bereits davon gesprochen, wie wir den Latein-Lehrer mit seinem Hang zur Milchsuppe über manche Klassenarbeit hinwegbrachten. Nun kreierten wir ein neues Spielchen. Wir wußten - und es war ab 1944 so gut wie sicher -, daß pünktlich mittags um 12 Uhr bei gutem Wetter der Aufklärer vom Dienst erschien. Eine englische Mosquito. Ein superschnelles Aufklärungsflugzeug, welches die Bilder der vorhergehenden Bombardierungen nach Hause brachte und damit die Grundlagen für neue Bombardements schuf. Unsere Taktik lag nun darin, unliebsame schulische Anforderungen wie Klassenarbeiten oder Prüfungsthemen soweit in die Mittagsstunden zu verschieben, daß das Schrillen der Alarmglocken den Unterricht abrupt beendete. Wir stürmten über Tische und Bänke, wie man so sagt. Erklärten dem verängstigten Lehrer, daß ein größerer Bombenangriff bevorstand und das Ziel wohl nur unsere Batterie sein könne. Seine Rettung bestände allein darin, auf seinem Fahrrad quer durch den Wald das Weite zu suchen und sich an möglichst einsamer Stelle zu verbergen, bis die Sirenen Entwarnung gaben. Es war sicher makaber, aber was war in dieser Zeit nicht makaber? Meine Zeugnisse aus dieser Zeit wurden eher besser. Es mag an zwei Dingen gelegen haben: Zum einen lernte es sich in der Gruppe leichter. Zum anderen ließen die Lehrer vielleicht jetzt auch manches durchgehen, was sie sonst nicht toleriert hätten. Einfach war es in dieser Zeit für uns alle nicht. Wichtig war unter dem Zeugnis auch immer jener Satz, der besagte: "Seine militärischen Leistungen waren jederzeit gut." Ob man damit durchs Leben kam?

Andere Späße hatten wir untereinander - besser gesagt gegeneinander oder auch gegen einzelne. Wie ich bereits sagte, lagen wir mit sechs Jungen auf einer Stube. Diese in Gestalt eines engen Betonloches einige Meter unter der Erde. Ich schlief in der Mitte der Dreibett-Anordnung. Wenn ich mich umdrehte, kam die Nase nicht selten an die obere Stahlmatratze, so eng war es. Wir sagten immer: "Es ist wie auf einem Schiff, nur schaukeln tut es nicht." Im Bett über mir schlief Hannes, der Sohn eines Pastors. Er gab sich auch genau so, wie man es von einem im Pastorenhaushalt aufgewachsenen Menschen erwartet. Ein bißchen weltfremd, immer an das Gute im allgemeinen und besonders auch im Menschen glaubend. Aber das paßte nicht in jene Zeit. Wir befanden uns im 5. Kriegsjahr, wer glaubte da noch an das Gute? Hannes wurde leicht zum Spielball unserer Späße, einen davon schildere ich.

Gleich nach seinem Einschlafen trafen wir die Vorbereitungen. Oberhalb seines Bettes hängten wir ein mit Wasser gefülltes Kochgeschirr auf und befestigten eine Schnur daran. Vom Tisch wurde dann die Platte abgenommen, der Tischrahmen vor die Betten geschoben. Ringsum auf den Boden kamen Stahlhelme. Die Tischplatte stellten wir so vor die Wand, daß der dahinter liegende Lichtschalter verborgen war. An dieser Stelle hing jetzt ein Fliegenfänger von der Decke herab. Dann wurde das Licht gelöscht und kurz darauf der Wasserinhalt des Kochgeschirrs ausgeleert. Hannes erwachte pitschnaß und begann den Abstieg aus seinem Bett. Nun stand er mitten im Tischrahmen. Als er, im Dunkeln tastend, auch das bemerkte, begannen einige zaghafte Beschimpfungen der Stubenbesatzung, die er nun als üble Missetäter zu erkennen glaubte. Beim Heraussteigen aus dem Tischrahmen gerieten seine nackten Füße unweigerlich in die auf dem Kopf liegenden Stahlhelme. Unter Beschimpfungen, die nur deshalb nicht härter ausfielen, weil Hannes eben Pastorensohn war und solche Flüche wie wir nicht kannte oder nicht über seine Lippen brachte, tastete er sich nun nach dem Lichtschalter vor. Dabei gerieten seine Finger unausweichlich in den Fliegenfänger. Dann stürzte die Tischplatte um, er machte Licht, und so sehe ich ihn heute noch stehen. Er schimpfte unablässig weiter. Versuchte dabei den Fliegenfänger auf uns zu schleudern. Der aber hing bald an seiner einen, dann an der anderen Hand. Was aus Hannes im Ablauf des Krieges wurde, weiß ich nicht. Wir kamen später auseinander. Eines aber weiß ich, und es stimmt mich traurig. Beim Bombenangriff auf Swinemünde verlor er beide Elternteile.

Im Anschluß an eine Feier wurde einmal Hänschen M. das Opfer. Ich weiß nicht mehr, was der Anlaß war, irgendwie hatte er sich unbeliebt gemacht. Zur Strafe rollten wir ihn spät abends in eine Decke, faßten mit vier Mann an und schleppten ihn zum Strand hinunter. Mit mächtigem Schwung beförderten wir die Decke samt Inhalt in die See. Wo Hänschen zunächst Mühe hatte, sich aus der nun schnell naß werdenden Wolldecke zu befreien. Dann eilte er klatschnaß, frierend und klappernd zum Bunker und in den Waschraum, um sich warm abzuduschen. Denn die Geschichte spielte etwa im November bei entsprechenden Temperaturen. Das Schicksal Hänschens kenne ich auch, es sind sämtlich traurige Erinnerungen. Er verlor beim Fronteinsatz ein Bein.

In unserer Batterie direkt waren keine Marine-Helferinnen, aber etwas weiter auf Swinemünde zu in den Dünen gab es Meßgeräte, eine frühe Form der Radar-Geräte. Es waren damals Funkmeßgeräte der Typen "Würzburg", "Würzburg-Riese", "Mainz" oder "Mannheim" im Einsatz. Sie erfaßten die anliegenden Bomberverbände, sobald diese etwa Schleswig-Holstein überflogen. An den Geräten waren außer den männlichen Spezialisten auch Marine-Helferinnen eingesetzt. Sie wohnten dort irgendwo in den Baracken.

Einige Zeit nach unserer Ankunft in der Batterie Ahlbeck erhielten wir Verstärkung für ausgeschiedene Jungen einer älteren Schulklasse. Dieser Ersatz kam jedoch nicht aus einer Swinemünder oder umliegenden Schule, sondern aus einem Internat in Hinterpommern. Dorthin hatten adlige Gutsbesitzer ihre Sprößlinge seit eh und je zur Ausbildung gegeben. Es war damals auch durchaus Pflicht und normal in diesen Kreisen, im Anschluß an das Internat in die Wehrmacht einzutreten und die Offizierslaufbahn einzuschlagen. Zunächst war daran gedacht, diese Internats-Zöglinge mit uns zusammen auf die Dienstposten zu verteilen. Aber das schlug fehl. Diese Jungen waren hochnäsig und arrogant, sowohl uns Gleichaltrigen als auch den Vorgesetzten gegenüber, daß man sie unter sich lassen mußte. Selbstverständlich stand vor jedem der Namen noch ein klangvoller Titel wie Graf oder Freiherr, und wehe, man ließ den Titel weg. Das galt ebenso für die Vorgesetzten. Diese handelten sich auch sehr schnell die Drohung ein, daß man ein Ferngespräch mit Berlin führen würde. Dort saß am anderen Ende der Leitung der Vater oder Onkel in Gestalt eines leibhaftigen Generals. Dieser würde sicher interessiert den Ausführungen seines Sprößlings lauschen und entsprechend tätig werden.

Nun aber wieder zu den Marine-Helferinnen. Einer der adligen Sprößlinge lebte mit uns auf der Stube zusammen. Graf Bodo war ein anderer Typ. Er war ein Kumpel, für uns stets nur Bodo. Er nahm sich mit Leichtigkeit Freundinnen aus dem Heer der Helferinnen. Obwohl wir auch im gleichen Alter waren.

Er merkte natürlich sofort, daß wir einige Schwierigkeiten mit dem Anbändeln hatten, und meinte, uns helfen zu müssen. Die erste Hilfe wandelte sich aber in ihr Gegenteil. Bodo hatte sich beim Umgang mit den

Damen sogenannte Sackratten geholt. Das war eine Läuseart, die sich bevorzugt in den Haaren der Geschlechtsteile aufhielt, dort zubiß und juckende Wunden hinterließ. Bei dem engen Zusammenleben im Bunker, der Benutzung gleicher Wasch- und Sanitäranlagen dauerte es nicht lange, bis die Belegschaft unserer Stube und auch einige andere dieser Segnung des geschlechtlichen Umganges teilhaftig wurden. Es war in der Batterie nicht zu behandeln. Wir mußten in die Sanitätsabteilung der West-Batterie in Swinemünde. Doch es hatte auch einen Vorteil. Da weder in der Batterie noch im Lazarett Badegelegenheiten gegeben waren, durften wir zur Behandlung nach Hause, um uns mit einer Desinfektionslösung in die Wanne zu legen. Der Nachteil der Prozedur: Jeder wußte, wo man sich so etwas holte. Wir hatten den Spott und die Schadenfreude ohne den Genuß. Auch den Eltern gegenüber blieb die Sache erklärungsbedürftig.

Nun aber kehren wir zum harten Dienstbetrieb in die Batterie Ahlbeck zurück. Denn ich will und kann der Wahrheit wegen nicht das Unangenehme verdrängen und diese Zeitspanne in meinem Leben als eine Kette von Belustigungen aller Art stehen lassen. So soll hier zunächst einmal das Schießen einer Flakbatterie beschrieben werden. Sicher hat es auch einen militärhistorischen Hintergrund aus heutiger Sicht moderner Waffensysteme.

Den gesamten Ablauf bekam man am besten mit, wenn man im Befehlsstand Wache hatte. Zu dieser Wache wurden wir als Helfer eingeteilt. Anders als die Torwache, die von einem Soldaten der bereits mehrfach angesprochenen Stammbesatzung wahrgenommen wurde. Von diesen gab es in der Batterie allerdings nur sieben oder acht Mann. Mit 35 Helfern bildeten wir das Rückgrat der Batterie. So versetze ich mich in Gedanken noch einmal in den Befehlsstand. Man benutzte ein gleiches Funksprechgerät, wie ich es als BÜ am Geschütz trug. Über die Kopfhörer ließ sich der Sprechfunkverkehr der gesamten Küstenverteidigung verfolgen. Swinemünde war die Leitstelle. Es beschränkte sich solange auf Routinemeldungen, bis eine Luftlagemeldung das Nahen von Bomberverbänden ankündigte. Ich sollte dazu auch noch sagen, daß die Nachtangriffe in jener Zeit von den Engländern, - also der Royal AirForce - und die Tagangriffe von den Amerikanern - also der US AirForce - geflogen wurden. Nur diese verfügten über die viermotorigen Langstreckenbomber.

Aufgefaßt wurden die Verbände bereits über der Nordsee. Die Leitstellen reichten die Meldungen weiter, und da der Anflug sich über ein bis zwei Stunden hinzog, entwickelte sich die Luftlage so ganz allmählich. Es waren meist Verbände in Pulks von Hunderten Maschinen, die in Wellen im Abstand von etwa einer halben Stunde anflogen. Sie nahmen Kurs über die Ostsee, weil sie dort von jeder Gegenwehr unbehelligt blieben. Schwenkten genau an der Odermündung in das Landesinnere ein und nahmen dann den Weg oderaufwärts nach Stettin, Berlin und auch weiter in das südliche Industriegebiet. Sowohl nachts - in mondhellen Nächten - als auch am Tage muß das Band der Oder ein guter Wegweiser gewesen sein. Das hatte natürlich auch unsere Flakleitung erkannt. So legte man in einigem Abstand von der Küste, wo sich der Wendepunkt der Verbände befand, einen Flakkreuzer vor Anker. Die Feuerwirkung verstärkte sich sicher durch diese Maßnahme. An der Taktik der einfliegenden Bomber änderte sich nichts. Sie griffen den Flakkreuzer nicht einmal an. Bei ausgesprochen schlechtem Wetter, niedriger Wolkendecke usw. wurde nicht geflogen. Es war sowohl für die Flugzeuge als auch für uns an den Geschützen weitgehend eine Sache der Sicht.

So hörte man sich die Meldungen an, erfuhr bereits etwas über die Höhe der anfliegenden Verbände und ihre Stärke. Es wurden auch Vermutungen über die Zielgebiete geäußert. Je nachdem, wer am anderen Ende in der Leitstelle saß, gab es auch stundenweise Musik. Die Einheit bekam erst dann etwas über den Anflug mit, wenn der Befehl zum Alarm kam, der Wachhabende die Klingelanlage auslöste und dazu am Tage die Handsirene betätigte. Sobald der Chef in der Kommandostelle erschien, konnte man den Wachtposten verlassen und sich an seinen Einsatzort begeben. Für mich das 1. Geschütz, wo ich mir nun die Kopfhörer aufsetzte. Unsere Hiwis fingen an, Munition bereitzulegen. Über den Sprechfunk verfolgte ich den Lauf der Dinge weiter. Unterrichtete den Geschützführer und die Bedienung davon. Bei Obermaat S. geschah das im netten Plauderton, andere Geschützführer erwarteten zackige Meldungen. Dann kamen die Verbände schnell näher. Das unheilvolle Brummen war bereits in der Luft. Tagsüber sah man die Bomberpulks schon lange an den unzähligen Kondensstreifen, nachts hörte und ahnte man sie nur. Zwischenzeitlich hatten unsere Meßgeräte den ersten Verband eingemessen. Man brauchte Werte für die Seite, das war die Richtung, aus der sie kamen. Für die Höhe, das war der Winkel unter dem unser Rohr sich ihnen entgegenstreckte, und für die Entfernung. Diese wurde zu jener Zeit am liebsten elektrisch gemessen. Soweit die Lichtverhältnisse es zuließen, Höhe und Seite optisch, über eine Art Fernrohr. Das war ein sogenannter Vier-Meter-Balken (wozu dieser sonst noch diente, schildere ich gleich). Dann wurde Feuerbereitschaft befohlen, es hieß durch Kurbeln an den Handrädern auf einem Instrument einen äußeren Zeiger mit dem inneren, vom Kleinkog elektrisch gesteuerten Zeiger, in Deckung zu bringen. Der Ausführungsbefehl lautete: "Folgezeiger in Deckung". Im Klartext, die Geschütze waren feuerbereit.

Zu dieser Zeit lag bereits die erste Patrone - was für ein Wort für eine über einen Zentner schwere Granate - auf der Zünderstellmaschine. Mit ihrem spitzen Kopf, dem Zünder, ragte sie in die Maschine, und durch Verdrehen der Zünderkappe wurde hier die Zünderlaufzeit eingestellt. Das ergab die Flugzeit der Granate nach dem Abschuß und damit den Punkt, wo sie explodierte, eben die Entfernung. Wir schossen ja nicht auf ein einzelnes Flugzeug - das war sicher ein Zufall. Wir schossen möglichst nahe an die Flugzeuge heran. Dort explodierten die Granaten, und ihre Splitter sollten verwundbare Teile der Flugzeuge treffen. Durch das gleichmäßige Schießen von fünf Geschützen auf einen theoretisch errechneten Punkt am Himmel war die Wahrscheinlichkeit groß, daß man innerhalb des Bomberpulks wenigstens eine Maschine so schwer traf, daß sie früher oder später vom Himmel fiel.

Als BÜ. hörte ich nun ständig die Meldungen der Leitstelle und unseren eigenen Sprechverkehr. Er bestand in den letzten Minuten vor dem Schießen eigentlich nur noch aus ständig kürzer werdenden Entfernungsangaben. Am Tage waren die Bomberpulks deutlich sichtbar, nachts war das Dröhnen schon fast über uns. Dann war der Punkt erreicht, wo die Maschinen in die Reichweite unserer Batterie kamen. In der Regel war es so, daß zu diesem Zeitpunkt bereits andere Batterien schossen. Dicht neben uns lag eine moderne Batterie mit 12,8-cm -Geschützen. Sie erreichten Höhen von rund 12.000 Meter, während für uns bei etwa 10.000 Meter Höhe Schluß war. Dann kam das erlösende Wort unseres Batteriechefs. Er schrie es förmlich in das Mikrofon: "Salventakt!" Der Geschützführer stand zu diesem Zeitpunkt dicht neben mir. Ständig hatte ich ihm die Entfernungen weitergegeben und dann ebenfalls: "Salventakt!"

Im gleichen Moment schrillte die Glocke an der Zünderstellmaschine. Es war das Zeichen, daß sämtliche fünf Granaten die gleiche Einstellung hatten. Unsere Nummer riß die Granate aus der Maschine und ließ sie in die Lademulde gleiten. Kaum war das Geschoß im Rohr verschwunden, als ein Hupton ertönte. Der Geschützführer riß an der Abschußleine, es tat einen mächtigen Knall, und das Rohr lief etwa einen knappen Meter zurück. Die

Granate war unterwegs. Während das Rohr durch sogenannte Rückzug-bremsen aufgefangen und wieder nach vorne gezogen wurde, kam die leere Patronenhülse aus dem Rohr. Sie war glühend heiß, weshalb eigentlich ein mit Asbesthandschuhen bekleideter Mann bereit stehen sollte, um sie aufzufangen und abzulegen. Aber das war Theorie. Die Hülse kam mit einer solchen Wucht aus dem Rohr, daß sie kaum zu fangen war. Also schlug sie auf dem Betonboden auf und rollte in der Bettung umher.

Klingelzeichen und Hupton lösten sich nun im Abstand von etwa drei bis fünf Sekunden ab. Das hieß, alle paar Sekunden orgelten fünf Granaten in Richtung auf den anfliegenden Verband. Die Geschützbedienung arbeitete wie eine gut geölte Maschine. Höhe und Seite hielten ihre Folgezeiger in Deckung, sie hockten in Sitzen an der Kanone und drehten mit. Wir anderen veränderten laufend unsere Stellung mit der sich drehenden Kanone. Die Hiwis reichten Granate um Granate aus den Munitionskammern, ihnen und vor allem der Ladenummer lief bald der Schweiß herunter. Während des Anfluges schossen wir so etwa 30 bis 40 Salven heraus. Meist trat dann eine kurze Feuerpause ein, weil wir nicht direkt nach oben schießen konnten, während der Verband uns überflog. Erst wenn die abfliegenden Maschinen wieder in unseren Bereich kamen, ging das Spielchen weiter. So verschos-sen wir - sozusagen für den An- und Abflug - manchmal bis zu 100 Granaten je Geschütz. Ein halbes Tausend allein aus dieser Batterie.

Dann herrschte vorläufige Stille, wir aber blieben in Bereitschaft. Denn wenn die da oben ihre tödliche Arbeit verrichtet hatten, Güterwaggons von Bomben über den Zielen abgeladen waren, kehrten sie nach etwa andert-halb oder zwei Stunden zurück. Und wieder gerieten sie in unser Abwehr-feuer. Sie mußten einfach da hindurch, denn die gesamte Küste war ein feuerspeiender Wall. Ich weiß nicht, ob die Jungen da oben mehr oder weniger Angst hatten als wir, wahrscheinlich mehr. Die Aussicht, getroffen zu werden, war nicht allzu hoch. Aber was nutzt das der Besatzung, die getroffen wurde? Nach anfänglichen Gewöhnungszeiten waren wir ruhig und konzentriert. Keiner dachte daran, daß während des Anfluges da oben einige tausend Meter über uns Tonnen von Bomben befördert wurden. Daß ein Hebel, in einem einzigen Flugzeug betätigt, ausreichen würde, uns vom Erdboden verschwinden zu lassen. Die Zuversicht gab uns recht, es passier-te tatsächlich nichts.

Für mich als BÜ. am Geschütz gab es während des eigentlichen Schießens nicht viel zu tun. Oft sah ich am Tage den Geschossen hinterher, die man - wenn man genau in die Rohrverlängerung blickte - noch für ein paar Sekunden in den Himmel stürmen sah. Während der Salventakt lief, horchte ich nur in meine Kopfhörer, die nebenbei den Abschußknall weitgehend dämpften. Die übrige Bedienung trug Ohrstopfen. Als neues Kommando konnte nur kommen: "Feuer stop" oder auch eine Steigerung, dann hieß es: "Schnellfeuer". Jetzt erhöhte sich die Schußfolge, der Geschützführer löste den Ladekanonier manchmal ab. Nach 30 oder 40 Schuß war auch die Kraft des Stärksten am Ende. Dann durfte ich die Abzugleine betätigen.

Am Tage blickte ich während des Schießens natürlich umher. Ich sah die kleinen schwarzen Rauchwolken mehr oder weniger dicht an den Bomberpulks entstehen und hoffte, wie alle von uns in der Batterie, daß wir nun auch trafen, und daß unsere Kanonade Wirkung zeigte.

Eine oder zwei aus den oft Hunderte Maschinen starken Pulks mußten daran glauben. Diese großen viermotorigen Bomber der Typen "Flying Fortress" (fliegende Festung), "Liberator" (Befreier), "Lancaster", "Halifax" und wie sie sonst noch hießen waren nicht so leicht abzuschießen. Brannte schon mal ein Triebwerk und hatte man den Jubelruf schon auf den Lippen, dann schalteten sie Feuerlöscher ein und flogen mit drei Motoren weiter. Oft wurde es dadurch erst gefährlich, zwar nicht für uns, aber für andere. Denn der Kommandant befahl nicht selten das Abwerfen der gesamten Bombenlast und versuchte mit der beschädigten Maschine den Heimflug. Manchmal aber trafen wir - oder andere - auch richtig. Dann zerlegte es den Bomber mehr oder weniger in der Luft. Voran, mit einem gewaltigen Pfeifen, stürzten die schweren Motore zur Erde. Dann kam der Rumpf und zum Schluß wie schaukelnde Blätter, sich mehrfach überschlagend, die Tragflächen. Da wir ja unmittelbar in den Dünen lagen und weitgehend über See schossen, fiel auch das meiste in diese. Aus den getroffenen Maschinen kam nur selten jemand heraus.

Einmal kurvte ein getroffener Bomber auf die Küstenlinie ein. Er kam - eine Rauchwolke hinter sich ziehend - sehr niedrig über unsere Batterie hinweg und flog in Richtung auf Swinemünde. Man hatte den Eindruck, er wolle den Leuchtturm rammen. Nacheinander sprangen vier oder fünf Mann der Besatzung ab. Die Maschine war jedoch schon viel zu niedrig. Sie schlugen, ohne daß sich ihre Fallschirme geöffnet hatten, auf dem Strand auf. Kameraden aus einer Nachbareinheit, die beim Bergen halfen, sagten, daß es junge Burschen um die zwanzig gewesen wären. In ihrem schwarzen Overall hätten sie fast einen unversehrten Eindruck gemacht.

Die Körper waren tief in den weichen Strandsand eingeschlagen.

In solchen Momenten wurde uns klar, daß wir eigentlich auf Menschen schossen. Auf Jungen, nur wenig älter als wir, aber es waren ja "Feinde". Und auch ein anderer Fall ist mir im Gedächtnis geblieben. Nach einem Tageseinflug kam ein einzelner Bomber bei strahlend blauem Himmel in relativ niedriger Höhe zurück. Er war im Inland angeschossen worden, es liefen nur noch zwei Motoren einer Seite. Dadurch konnte der Pilot die Maschine nicht mehr auf direktem Kurs halten. Er versuchte eine allgemeine Richtung auf die Küstenlinie einzunehmen, die er von dort oben sicher bereits seit längerem sah. Er flog dann jedesmal einen großen Kreis, ließ die Maschine wenden und peilte erneut die Küstenlinie an. So kreisend kam er in unseren Schußbereich. Wir schossen Salve auf Salve in den blauen Himmel, aber - für uns leider, für ihn zunächst zum Glück - eben nur in den Himmel. Wir trafen ihn nicht. Es war für uns eine Schande. Dann war er fast über uns. Wir mußten das Schießen einstellen, bis er abfliegend wieder in den Schußwinkel kam. Die gesamte Mannschaft - und im Umkreis wohl noch viel mehr Menschen - beobachteten das Schauspiel. Dann war er wieder im Schußbereich, und wir schossen jetzt hinterher. Und erneut entkam er unseren Granaten und flog immer noch. Als nächstes Ziel wahrscheinlich die schwedische Küste vor Augen. Sie konnten dort abspringen, wären interniert worden und der Krieg hätte für sie ein Ende gehabt. Aber dann zerschlugen sich wohl doch die Hoffnungen durch technische Defekte. Der Bomber drehte um und kam nun der Küste wieder näher. Fast war er wieder in unserem Feuerbereich, als sich die Maschine auf den Kopf stellte und heulend in das Meer stürzte. Was mag in den Köpfen der Besatzung in diesen Zeiten zwischen Hoffen und Bangen vorgegangen sein?

Mit jedem bestätigten Abschuß nahm unser "Ruhm" zu. Die Anerkennung der Abschüsse war gar nicht so einfach. Wie bereits gesagt, schossen ja mehrere Batterien an der Küste im Oderbereich, wer war der wirklich Erfolgreiche? Nach irgendwelchen Erkenntnissen, die uns verborgen blieben, erkannte die Leitstelle in Swinemünde dieser oder jener Batterie die Abschüsse zu. Vielleicht verteilten sie auch gleichmäßig, um die Motivation zu erhalten. Ich weiß es nicht. Jedenfalls wurden uns nacheinander mehrere Abschüsse bestätigt.

Eines Nachts tat es einen furchtbaren Schlag innerhalb des Batteriegeländes. Es wurden einige Mann losgeschickt, die Ursache zu ergründen. Sie stellten einen länglichen, dunklen Körper unmittelbar vor einer Batteriestellung fest. Blindgänger war die Diagnose. Die Annäherung erfolgte auf dem Boden kriechend, nur keine Erschütterung verursachen! Doch erschüttert waren dann die Mannen. Es war ein länglicher Jutesack voller Flugblätter. Pflichtgemäß wurden sie abgeliefert, wir hatten einen halben Tag Sammeln gespart. Denn auch das gehörte zu unseren Aufgaben. Alle paar Nächte warfen einzelne Maschinen im Zeichen einer psychologischen Kriegführung Flugblätter ab. In langer Reihe durchstreiften wir dann am nächsten Tag die Wälder und Wege der Küstenlinie und sammelten die "wehrkraftzersetzenden Hetzschriften" wieder ein. Ungelesen? Natürlich! Wie das Gesetz es befahl, wurden sie zur Sammelstelle und damit zur Vernichtung gebracht. (Wir müssen sie wohl doch restlos abgeliefert haben. Denn im Gegensatz zur Ostfront, von wo ich noch ein solches Flugblatt habe, besitze ich aus jener Zeit keines mehr.)

Einen weiteren Spaß, der leicht hätte ins Auge gehen können, leisteten wir uns eines Nachts. Beim Munitionsempfang war irrtümlich eine Leuchtgranate in unseren Besitz gelangt. Über den Munitionsbestand wurde peinlich genau Buch geführt. Irgend jemand hätte also einen Anschiß erhalten, würde es gemeldet. Während der Nacht, als nicht allzuviel in der Luft los war, gab Maat S. das verabredete Zeichen, jene überzählige Granate zu verfeuern. Plötzlich stand etwa 1000 Meter über uns ein gleißend helles Licht am Nachthimmel. Unser Batteriechef bemerkte es sofort, dachte an ein Lichtzeichen der Bomber. Aber die waren ja bereits im Abflug. Nach einigen Schrecksekunden, in denen er sicher fürchtete, daß ein Bombenhagel auf uns niedergehen würde, verstärkte sich wohl auch bei ihm der Verdacht, daß es nicht mit rechten Dingen zugehe. Das Ding brannte unnatürlich lange. Tauchte die gesamte Umgebung der Batterie fast in Tageslicht, so hatten wir uns das auch nicht vorgestellt. Der Chef veranstaltete am nächsten Morgen einen Munitionsappell, sicher den Sünder zu überführen. Aber uns fehlte ja keine Patrone und den anderen auch nicht. Der Verdacht blieb, aber zu beweisen war nichts.

Ein anderes Mal hörten wir am Tage kurz nach dem Überfliegen von Bombern Motorengeräusch von See her, konnten aber nichts erkennen. Plötzlich kurvten zwei Lithnings - das waren Doppelrumpfmaschinen, die als Begleitschutz mit den Bombern flogen - auf den Strand zu. Sie stürzten sich auf unsere Batterie, schossen aus allen Rohren und klinkten gleich darauf ein paar Bomben aus. Wir zogen instinktiv die Köpfe ein, getroffen wurde niemand. Die Bomben flogen zu weit und landeten in der Dünenlandschaft. Unsere Vierlingsflak, die seitlich neben der Batterie zu deren Schutz postiert war, hatte keine Chance. Sie schossen zwar, es ging aber alles viel zu schnell. Dies Ereignis verhieß nichts Gutes. Zeigte es doch, daß die Amerikaner jetzt auch in der Lage waren, ihren Begleitschutz bis in diese Regionen mitzuführen. Wahrscheinlich waren sie mit Zusatztanks geflogen. Aber es war am Ende unserer Zeit, wahrscheinlich hatten unsere Nachfolger mehr darunter zu leiden.

Eines Nachmittags gab es U-Boot-Alarm in der Batterie. Wir stürzten an die Geschütze, das hatten wir noch nie gehabt. Zu sehen war nichts, wie soll man ein U-Boot auch sehen, zumal wenn es zwischenzeitlich abgetaucht ist. Die Sache wurde schnell abgeblasen. Am hellichten Tage schossen wir einmal getreu den vorgegebenen Werten buchstäblich in den blauen Himmel. Unser Chef brach das Schießen dann ab, es hatte sich herausgestellt, daß die Meßgeräte den Luftspiegelungen von Fischkuttern zum Opfer gefallen waren. Oftmals versuchten die Amerikaner jetzt unsere Meßgeräte dadurch zu stören, daß sie paketweise Silberpapierstreifen abwarfen. Diese reflektierenden Streifen verursachten auf unseren Meßgeräten ein Flimmern, es machte jede Messung unmöglich.

Doch das waren nicht die einzigen Störungen. Wir hatten auch mit solchen am Geschütz bzw. seiner Munition zu kämpfen. Besonders unbeliebt war es, wenn S. an der Abzugleine riß, und es sich nichts tat. Das bedeutete, wir hatten einen Blindgänger im Rohr stecken. Auch hierfür hatte die Dienstanweisung eine Lösung. Zunächst galt es einige Sekunden zu warten. Danach wurde der Schlagbolzen von Hand gespannt und ein zweites Mal die Abzugleine betätigt. Wenn sich jetzt immer noch nichts tat, mußte die Granate vorsichtig aus dem Rohr genommen werden. Ein zweiter Mann öffnete den Verschlußkeil von Hand, das erfolgte sonst alles automatisch durch den Rohrrücklauf. Eines Nachts bekam in der Aufregung der eine Mann nicht mit, was der andere tat. Der Blindgänger rauschte aus dem Rohr heraus und schlug hart auf dem Betonboden auf. Uns, die wir das bemerkten, rutschte das Herz in die Hose. Wir sahen uns bei einer Explosion in den Himmel fliegen. Aber es tat sich gar nichts, das Ding lag ruhig zu unseren Füßen. Wir hoben es auf, schoben es über den Bettungsrand, und dort lag es am nächsten Morgen noch. Die meisten an der Kanone hatten es überhaupt nicht bemerkt. Auch jetzt ließ uns solch ein Blindgänger noch keine Ruhe. Wir brachen die Granate aus der Hülse heraus, entnahmen dieser das Pulver, welches in Form langer Makkaronistangen darin steckte. Diese Stangen konnte man gefahrlos anzünden, das Pulver brannte zwar schnell ab, aber nicht explosionsartig. Der Rest der Granate wurde dann durch Spezialisten entfernt.

Eines Tages hielten ein paar Männer mit geheimnisvollen Apparaten Einzug in unsere Batterie. Sie quartierten sich in einem leeren Geschützstand ein, installierten ihre Geräte oben in der Bettung und hockten im Bunker an ihren Instrumenten. Uns erzählten sie, daß sie Schiffsbewegungen vermaßen. Erst weit nach dem Kriege habe ich gelesen, was sie wirklich machten. Sie waren aus der Heeresversuchsanstalt Peenemünde (etwa 30 Kilometer entfernt) und verfolgten die Flugbahnen der Probeschüsse der V2 des Wernher von Braun. Die Raketen wurden meist in den Abendstunden abgeschossen. Sie erreichten eine Höhe von bis zu 100 Kilometer, waren also bereits damals im Weltraum. Wenn alles programmgemäß verlief, erfolgte der Aufschlag im Zielgebiet auf einer der Kurischen Nehrungen. Wir wußten zwar damals nicht, was diese Männer machten. Sie wußten allerdings ebenso wenig, was wir so trieben. Das mit den Raketen hatten wir natürlich längst herausbekommen. Man sah sie ja mit bloßem Auge mit einem Feuerschweif in den Himmel fliegen. Wir setzten uns an unser optisches Meßgerät und faßten die Raketen im Fluge auf. Jetzt sah man sie deutlicher, und wir steigerten uns noch. Hielten eine Kamera an das Okular des Meßgerätes und fotografierten sie auch. Das grenzte schon an Landesverrat. Dessentwegen konnte man vor ein Kriegsgericht geraten. Aber man mußte sich ja nicht erwischen lassen. Wir fotografierten einiges, was sich von Peenemünde aus so tat. So machten wir auch Fotos eines Flugzeuges mit Henschel-Bomben (Fernlenk-Gleitbombe HS 293), damals ebenfalls höchste Geheimnisstufe. Später habe ich gelesen, wie die Engländer versuchten, die Geheimnisse von Peenemünde durch Luftbilder zu entschlüsseln. Mit den Fotos haben wir dann später beim Arbeitsdienst noch renommiert und einigen Ärger bekommen. Aber auch das ging glimpflich an uns vorüber.

In jene Zeit fiel auch einer der Bombenangriffe durch die Engländer mit 600 Maschinen auf die Versuchsstation in Peenemünde. Es war die Nacht vom 17. auf den 18. August 1943. In dieser Nacht rummelte es in der Ferne ganz bedenklich. Durch Feuerschein und Blitze am Himmel konnte man von unserer Stellung aus ungefähr die Richtung erahnen. Es war der Angriff auf Swinemünde. 1,5 Millionen kg Bomben wurden abgeworfen. Genutzt hat es den Angreifern nicht viel. In der Masse wurde das sogenannte Fremdarbeiterlager Trassenheide - ein kleiner Ort unmittelbar neben der Versuchsstation - getroffen. Dort standen Baracken für Tausende von Zwangsarbeitern aus verschiedenen Nationen. Von den 735 Toten waren allein 500 bis 600 Zwangsarbeiter. Die Engländer dachten, mit diesem

Luftangriff Entwicklung und Fertigung der V-Waffen nachhaltig gestört zu haben. Kurze Zeit darauf lief die Versuchsstation jedoch wieder in alter Weise. Allerdings führte diese Bedrohung letztlich zur Verlagerung der Anlagen in das sogenannte Mittelwerk im Harz.

Mit dem optischen Meßgerät trieben wir auch ein anderes Spielchen, doch das war harmlos. An warmen Sommertagen blickten wir damit in Richtung auf den Swinemünder Badestrand, etwa drei Kilometer Luftlinie in Richtung Osten. Dort galt unsere Aufmerksamkeit den sich aus- oder ankleidenden weiblichen Badegästen. Sie wähnten sich hinter einem Strandkorb oder in einer Sandburg sicher, wenn in unmittelbarer Nähe niemand zu sehen war. Daß wir im weiten Abstand ihren oftmals nicht unflotten Reizen teilhaftig wurden, ahnten sie nicht. Ja, auch im fünften Kriegsjahr lief noch ein verminderter Badebetrieb. Bei Fliegeralarm flüchtete alles vom Strand.

Während unserer Ausbildung stand auch das Schießen auf einen sogenannten Schleppsack auf dem Programm. Von einer W 34 - das war ein sehr langsam fliegendes einmotoriges Junkers-Flugzeug - wurde an einem Draht dieser Schleppsack an unserer Batterie vorbeigezogen. (Solch ein Draht wurde mir bei den Fahrübungen mit unserem Motorrad zum Verhängnis, ich habe es erzählt). Ich glaube, wir trafen den Sack nie. Aber einmal trafen wir - fast - das Flugzeug. Es gab eine hochnotpeinliche Untersuchung, und die Flieger in Garz weigerten sich, weiterhin für uns die Schießscheiben zu machen.

Mit diesen und noch vielen anderen Erlebnissen, teils ernster, teils heiterer Art verging ein knappes Jahr. Dann war es September 1944. Wir hatten unsere Militärklamotten in blau und in grau, das Bettzeug und die übrigen Utensilien abgegeben. Als Zivilisten standen wir wieder dort, wo wir angefangen hatten - vor der Kleiderkammer. Noch einmal sprach der Hauptfeldwebel passende Worte, und wir ahmten nochmals kräftig nach - "nnjee!" Aber lange sollte das Leben als freier Mann nicht dauern, wir hatten ja bereits eine neue Einberufung in der Tasche. Darin stand: Hat sich am 13. September 1944 in Richtenberg zum Einsatz als RAD-Mann (Reichsarbeitsdienst) zu melden. Wo lag Richtenberg?

Ein neues Kapitel begann.

Der Betriebshof der väterlichen Firma ist gefüllt mit beschlagnahmten Fahrzeugen. Sie alle werden bald darauf, in Wehrmachtsgrau (oder gelb, für Afrika) gespritzt und durchgecheckt, an allen Fronten auftauchen.
Ihre Besitzer sahen sie wohl nie wieder.

Als Blauer beim Landgang und als Grauer in der Batterie. Die Hälfte unserer Ausrüstung bestand damals aus Kriegsbeute. So war das Gewehr entweder uralt und kaum noch verwendungsfähig oder ein französisches wie auch die Gasmaske auf dem rechten Bild. Besonders beliebt: mit Gasmaske ausgerüstet, marschieren und dann das Kommando: "Singen - aber laut und deutlich!"

In meiner Eigenschaft als BÜ am Geschütz. Wir standen bis zum Oberkörper in einer Betonbettung, umgeben von den Munitionskammern, was die Sache auch nicht sicherer machte. Darin lagerten Hunderte Schuß Munition.

Hier stehe ich mit einer Patrone im Arm, runde 100 Pfund und mit einer Sprengkraft, die ein Flugzeug in der Luft zerreißen konnte. Fotografieren in der Einheit war natürlich strengstens verboten, Bilder am Geschütz waren Landesverrat. Aber wer hielt sich daran?

Diese beiden Figuren der Geschichte kennt ein Jeder. Links mit dem Käppi der Duce - also Benito Mussolini - und rechts davon der Führer. Im Hintergrund seine Ju 52, der Wellblechbomber. Lt. Bildbezeichnung an der Ostfront.

Kapitel 10

Reichsarbeitsdienst - Soldatenzeit - Kriegsgefangenschaft

Die Zeit beim RAD war nur kurz für mich, und so möchte ich an dieser Stelle zunächst noch einmal einige Betrachtungen einflechten, die mein Zuhause in diesem letzten Abschnitt des Krieges behandeln. Denn es blieb mir noch eine kurze Zeit daheim, und ich möchte berichten, was sich dort zwischenzeitlich verändert hatte. An erster Stelle steht die Geschichte meines Jugendfreundes Lothar. Eine traurige Geschichte. Er war ja zunächst bei meinem Vater in der Lehre. Dann machte er seine Gesellenprüfung, es muß alles im Jahr 1944 gewesen sein. Sein letztes Bild hat er auf August 1944 datiert. Sofort darauf wurde er Soldat. Er kam nach Stettin zu den Panzern. Nach seiner Ausbildungszeit, die in Anbetracht der heranrückenden Roten Armee in jenen Zeiten schon sehr kurz war, wurde er ostwärts an die Kurland-Front versetzt. Das einzige, was dann noch kam, war eine Vermißtenanzeige seiner Einheit. Man hörte nie wieder von ihm. Auch sein Bruder Heinz und sein Vater fielen in diesem Krieg. Nach 1945 hatten wir einen kurzen Briefwechsel mit seiner Mutter, sie lebte nun in Hamburg. Dann riß auch diese Verbindung ab.

Vater und Mutter hatten mit den verbliebenen Arbeitskräften - nur noch die Alten und Fremdarbeiter - alle Hände voll zu tun, den Betrieb über diese letzten Kriegsmonate hinwegzubringen. Zerschossene Pkws und Motorräder stapelten sich. Ersatzteil- und Arbeitskräftemangel machten eine normale Instandsetzung fast unmöglich. Dennoch verließen immer wieder einsatzfähig gemachte Fahrzeuge die Werkstatt, um sicher kurzfristig wieder zu Schrott verwandelt zu werden. Es kursierte damals die Parole: "Aus drei mach zwei". Was soviel hieß, daß man aus drei Fahrzeugen durch Ausschlachten zwei einsatzfähige machen sollte. Das war natürlich meistens eine ziemliche Theorie, aber es half wenigstens manchmal weiter.

Vater hörte wohl die Worte seiner Dienstoberen, aber zu dieser Zeit dachte und handelte er bereits anders. Seit Stalingrad - also Dezember 1942 - war eigentlich vielen und auch uns klar, daß dieser Krieg verloren war. Die Ostfront ging zunächst planmäßig, dann aber immer schneller zurück. Im Westen war mit der Landung der Alliierten eine zweite Front geschaffen. Es war jetzt nur noch eine Frage von Monaten, bis man das Reich an der

Elbe zusammendrückte. Den pausenlosen Siegesmeldungen im Rundfunk und der unablässigen Propaganda eines Herrn Dr. Goebbels mit den Durchhalteparolen überdrüssig, bezogen die Eltern ihre Erkenntnisse mehr und mehr aus dem britischen Rundfunk. Der mit seinem bekannten "bumm-bumm, bumm-bumm" die Sendungen in deutscher Sprache einleitete. Es war unter Todesstrafe verboten, diesen Sender einzuschalten. Mit dem Ohr am Gerät hängend, ständig die Umgebung im Auge behaltend, saßen wir am Radio und hörten das, was wir für die Wahrheit hielten.

Wenn sich bei einigen Menschen speziell auf der Insel Usedom noch Hoffnung auf einen Endsieg hielt, dann eigentlich nur durch das, was wir von der Heeresversuchsanstalt Peenemünde zwar wußten, aber offiziell nicht wissen durften. Wir sahen ja die Raketen in den Himmel fliegen. Man sagte sich unter der Hand, daß tatsächlich diese Waffen eine Wende herbeiführen konnten. Und wenn dann der Propagandaminister im Sportpalast beschwörend ausrief: "Ich habe Waffen gesehen, da gingen mir die Augen über, und wehe den Feinden, wenn diese über sie kommen", dann war das eigentlich genau jenes, was wir alle paar Tage sahen, wenn die V2 in den Himmel schoß.

Etwas anderes bereitete Vater in jenen Monaten vor. Eine eventuelle Flucht nach dem Westen. Denn es war vorauszusehen, daß die Rote Armee wohl eher als die Amerikaner auf der Insel und damit in Swinemünde waren. Auf dem Hof stand ein kleinerer Bus der Wehrmacht mit einem Schaden an der Vorderachse. Dafür gab es offiziell keine Teile. Vater beschaffte diese zwar auf Umwegen, ließ sie aber nicht einbauen. So blieb der Bus stehen. Den Hintergrund zu den Überlegungen, eine Flucht vorzubereiten, hatten nicht zuletzt die Geschichten von Greueltaten der Roten Armee ausgelöst. Durch Flüchtlingstrecks, die gerade in Swinemünde in diesen Monaten durch die Aufgabe der Kurlandfront aus den Ostgebieten mit Schiffen eintrafen, hörte man Schauergeschichten von ihrer Vorgehensweise. Auch tat die Propaganda durch Meldungen und Wochenschau ein übriges, diese Geschichten zu verbreiten. Nicht zuletzt auch aus dem Anlaß, den Durchhaltewillen der Menschen bis zum Äußersten zu mobilisieren.

Nun zu meiner Zeit im Reichsarbeitsdienst. Ich machte mich also auf den Weg nach Richtenberg, um meiner Dienstpflicht als RAD-Mann zu genügen. Der Ort Richtenberg war auf der Karte schon kaum zu finden, eine kleine Häuseransammlung bei Stralsund. Vom Ortskern etwa zwei Kilometer entfernt in einer Moorlandschaft lag das Lager - Franzburg-Lager, wie es genau hieß. Ein großes Baracken-Viereck. Unterkunft, Küche, Eßraum, Sanitärräume, alles in wenig einladender Ausführung. Wahrscheinlich bereits ein RAD-Lager der frühen 30er Jahre, als unser "Führer" mit seinen Dienstverpflichteten die Arbeitslosenziffern senkte. Am nächsten Morgen Appell. Etwa dreihundert junge Männer unter achtzehn Jahren waren angetreten. Wir hatten bereits am Tage zuvor beim Eintreffen Wiedersehen gefeiert. Wir - das waren zwölf Bekannte aus der Schulzeit und auch von den Marine-Helfern. Unser Plan stand fest.

Das Gros der Jungen kam aus dem Berufsleben oder direkt von der Schule. Sie hatten also keinerlei militärische Erfahrung. Es gab in der Einheit nur einige ältere Arbeitsdienstführer. Es wurde hier seit Jahren folgendermaßen gehandhabt: Eine Gruppe blieb während der Dienstzeit - in der Regel sechs Monate - innerhalb dieser Barackenstadt. Sie wurde ausgebildet und setzte nebenbei die Ausrüstung instand. Die darauffolgende Gruppe kam mit dieser nun wieder verwendungsfähigen Ausrüstung an irgendeinen Frontabschnitt zum Einsatz. Meist um Hilfsarbeiten wie Stellungsbau usw. für die kämpfende Truppe zu übernehmen. Sie kehrte dann mit der mehr oder weniger zerstörten Gerätschaft wieder nach hier zurück und wurde kurze Zeit darauf Soldat. Wir waren die Gruppe, die aufarbeiten mußte, und darauf baute unser Plan. Für alle diese Arbeiten brauchte man Leute - den Innendienst. Natürlich verstanden wir nicht viel davon, aber so etwas ist beim Militär noch nie ein Hinderungsgrund gewesen, man mußte nur wissen, wie man an die Posten kam. Und es kam, wie es uns unsere Erfahrung gelehrt hatte. Die Führungsgruppe stand vor der angetretenen Einheit und suchte Leute für Schreibstube, Kleiderkammer, Küche, Kantine und - da spitzte ich die Ohren - Fahrradlager. Alle Posten wurden von uns besetzt, nur zwei der Mitschüler fanden zunächst keine Stellung. Sie wurden aber kurz darauf, nachdem man ihre militärischen Qualitäten erkannt hatte, in den Rang von Hilfsausbildern versetzt. Was unsere Führungsschicht nicht wußte, sie hatten die gesamten Schlüsselpositionen der Einheit in die Hände eines Clans gelegt. Und wir verschafften uns weitere Vorteile. Kaum hatten wir Spaten und Gewehr empfangen, gaben wir sie wieder ab. Grund: Zeitmangel. Wir waren mit unseren Dienstposten so ausgefüllt, daß wir für Materialpflege der eigenen Ausrüstung keine Zeit hatten.

Um eines aber kamen wir nicht herum. Etwa alle vierzehn Tage ging die Einheit zum Schießen auf einen nahen Schießstand. Da mußten wir mit. Gewehre trugen andere für uns. Wir trabten der Einheit locker hinterher. Dann aber kam die Stunde der Wahrheit. Mit dem Gewehr in der Hand warfen wir uns (in unserem Jargon hieß der Fachausdruck "rotzten uns"), wie bei der vormilitärischen Ausbildung gelernt, in den liegenden Anschlag. Selbst die Ausbilder konnten oft nicht umhin, den umstehenden Nichtsoldaten zu sagen: "Seht ihr, so wird das gemacht!" Aber treffen mußte man schon.

Ich hatte mich zur Instandsetzung des Fahrradbestandes gemeldet. Die Wirklichkeit übertraf meine schlimmsten Erwartungen. Der zuständige Führer (die Dienstränge beim RAD habe ich vergessen, denn am eigentlichen Dienstbetrieb haben wir alle vom Innendienst keinen einzigen Tag teilgenommen) war ein Mann mit nur einem Arm. An dem verbliebenen prangte eine Panzerspange oder wie das Abzeichen hieß. Es bekam, wer mit eigenen Händen einen Panzer außer Betrieb gesetzt hatte. Das EK (Eiserne Kreuz) 1. Klasse hatte er ebenfalls. Zu diesem Zeitpunkt taten im RAD nur noch Führer Dienst, die nicht mehr frontverwendungsfähig waren, wie es so schön hieß. Sie wurden sämtlich Ausbilder an der Heimatfront. Ich habe den Mann sehr schätzen gelernt, und ich glaube, er mich auch. Ein späteres Erlebnis soll es belegen. Es war ein Verhältnis, wie mit Maat S. bei den Marinehelfern. Nach außen dienstlich korrekt und zackig, unter uns fast schon freundschaftlich.

Dieser Mann führte mich an eine große Scheune. Wir öffneten sie, und ich traute meinen Augen kaum. In der Mitte des großen Raumes lag ein riesiger Haufen von Fahrradteilen. Rahmen, Räder, Sättel und Lenkstangen. Die vorige Gruppe hatte aus dem Osteinsatz diesen Schrottberg mitgebracht und aufgetürmt. Er erwartete von mir nun nicht mehr und nicht weniger, als daß sich diese Teilesammlung während meiner Dienstzeit in eine Reihe einsatzfähiger Fahrräder verwandelte. Er versprach mir dazu sowohl personelle als materialmäßige Unterstützung. Ich schluckte zweimal, dann packte ich es an.

Neben der Scheune, in einer kleinen Baracke, fand ich sogar eine echte Werkstatt vor. RAD und Fahrräder, es war schon immer eine Einheit. An Werkzeug mangelte es bis auf Kleinigkeiten nicht. Zunächst machte ich etwas, was mir klug erschien und es wohl in der Tat auch war. Getreu dem im vorigen Abschnitt zitierten Spruch: "Aus drei mach zwei" machte ich zunächst einmal aus 10 oder 15 jeweils ein Fahrrad. Aber dafür auch ein Superfahrrad. Mit Licht, bequemem Sattel und gefälligem Lenker. Diese Fahrräder offerierte ich der Führungsschicht und natürlich auch unseren Innendienstleuten, soweit sie ein solches benötigten. Das kam schon mal gut an. Denn ein Fahrrad war die einzige Möglichkeit, zügig aus dem Barackenlager wenigstens bis nach Richtenberg zu kommen. Von dort gab es eine Kleinbahn nach Stralsund.

Dann stellte ich mit Hilfe meines Leiters vier Leute ein, die nun ebenfalls froh waren, dem Dienstbetrieb zu entkommen. Ich hatte mich nach den Lehrberufen der Jungen erkundigt und nahm natürlich nur Schlosser oder ähnliche. Ein Fahrradmechaniker aber war in der gesamten Einheit nicht zu finden. Mein Plan war klar. Ich suchte die möglichst vollständigen Fahrräder heraus, komplettierte zunächst - ließ komplettieren, muß ich eigentlich sagen - alles brauchbare Material zu einsatzfähigen Rädern. An der Decke der Scheune gab es Drahthaken. Die Reihe der dort hängenden fahrbereiten Räder wurde nun täglich länger. Den Erfolg einer solchen Vorgehensweise kann sich jeder selbst ausmalen. Zum Anfang schaffte das ganz schön. Aber nach Wochen wurde es immer schwieriger, denn allmählich blieben mehr und mehr unkomplette Räder aus Teilemangel liegen. Meine Tätigkeit geriet in eine neue Phase.

Nach etwa drei Wochen legte ich mit meinem Vorgesetzten die weitere Marschrichtung fest. Es kam dabei heraus, daß meine vier Mannen nun oft ohne mich tätig sein mußten. Ich reiste nach Stettin und klapperte da die Fahrradteilehändler ab, um meine Bestellungen anzubringen. Vater unterstützte mich mit Adressen, hatte er doch selbst in Friedenszeiten jahrelang Teile von dort bezogen. Mit den entsprechenden Dringlichkeitsbescheinigungen der Einheit eiste ich so nach und nach Ersatzteile los. Zum Abholen fuhren wir dann oft mit zwei Mann dort hin. Meist gab es auch einen Abstecher über Swinemünde, wo ich weiteres Material für die Einheit abholte und natürlich auch die Eltern aufsuchte. Meist allerdings nur für Stunden, einige Mal blieb ich auch über Nacht. In meiner Werkstatt sah ich im großen und ganzen nur noch nach dem Rechten. Die einzige Arbeit, die ich selbst vornehmen mußte, war das Zentrieren der Speichen. Das kapierte keiner meiner Anlernlinge. Auch Schwierigkeiten mit einem Freilauf oder dergleichen forderte mein Fachwissen, alles andere hatte ich den Jungens beigebracht.

Es kam sogar etwas Freizeit dabei heraus, und da wir den Innendienst, wie eingangs geschildert, fest in unserer Hand hatten, machten wir es uns schon mal gemütlich. Peppi - wie wir einen unserer Schulkameraden nannten - hatte die Kantine unter sich. Wenn dann die Herren Vorgesetzten am Abend eine Fete mit Damen feierten und für diesen Zweck feste und flüssige Nahrung in Form von raren Spezialitäten besorgt hatten, fiel am nächsten Morgen für einige von uns Innendienstleuten auch noch etwas ab. Zur Frühstückszeit fanden wir uns dann zu dritt oder viert in dem hinter der Kantine gelegenen Raum ein und veranstalteten im kleinen Kreise die Nachfeier.

Inzwischen hatte ich mich durch einige weitere handwerkliche Leistungen nützlich gemacht. Fiel der Kühlschrank aus, wußte ich Abhilfe. Der Koch wußte es zu honorieren. Ein anderes Mal gaben die Duschen den Geist auf. Neben dem Waschraum war ein großer Duschraum, die Wasserversorgung erfolgte durch eine Kreiselpumpe, die Grundwasser förderte, es wurde in einem kohlebeheizten riesigen Badeofen auf Temperatur gebracht. Diese Kreiselpumpe war defekt. In Richtenberg fertigte ich die Ersatzteile dafür an. Bei sämtlichen Arbeiten kamen mir die handwerklichen Fähigkeiten zugute, die ich in Vaters Werkstatt bei meinen Bastelarbeiten erworben hatte. Warmes Wasser zum Duschen im Oktober, das war schon etwas, da hatte man gute Karten bei allen Vorgesetzten.

Der Duschabend zum Wochenende lief dann stets in gleicher Weise ab: Nach dem Aufheizen duschte der Innendienst unter sich, dann erst wurden die Vorgesetzten in Kenntnis gesetzt und reinigten sich im kleinen Kreise. Zu guter Letzt erfreute sich dann die Einheit in Gruppen von 15 oder 20 Mann am Duschbad. Über die Woche gab es weder morgens noch abends warmes Wasser. Die Baracke mit den Waschräumen lag mindestens 100 Meter von den Schlafbaracken entfernt. Wenn man dann morgens um sechs Uhr zumeist verschlafen aus der Baracke kam, hieß es wenig bekleidet über den Hof hetzen. Dann mit kaltem Wasser waschen und zurück in die Baracke, die auch nur durch den Mief der Nacht leicht erwärmt war. Und das machten etwa 300 Mann in kürzester Zeit. Es war kein Spaß.

Eines Nachts - es muß Ende Oktober gewesen sein - lagen wir wieder einmal wegen Fliegeralarm in den ausgehobenen Splittergräben. Wir bekamen den Alarm durch die Sirenen aus Richtenberg mit. Dann mußten wir aufstehen und uns in den Splittergräben aufhalten. Das Lager war sicher auf keiner Landkarte verzeichnet und wäre wohl auch nie das Ziel eines Angriffes gewesen. Aber das war nun einmal Vorschrift. In jener Nacht rummelte es bedenklich in der Nähe. Ein Feuerschein zeigte sich am

Himmel, dann wurde es eindeutig. Stralsund, etwa 20 Kilometer entfernt, war Ziel eines schweren Bombenangriffs. Bereits am Morgen kam der Befehl: "Die gesamte Einheit geht nach Stralsund zum Katastropheneinsatz!" Kleiner entscheidender Zusatz: "Der Innendienst bleibt in der Einheit!"

Und so geschah es nun jeden Tag. Morgens um fünf Uhr wurde die Einheit geweckt und marschierte zum Bahnhof nach Richtenberg. Die Kameraden fuhren mit einem Sonderzug nach Stralsund und leisteten dort den ganzen Tag Hilfe. Zunächst galt es, die Verletzten und Toten unter den Trümmern zu bergen, verschüttete Keller freizulegen. Es waren meist schreckliche Eindrücke, selbst für die Unbeteiligten. Wenn sie spätabends, total körperlich und oft auch seelisch geschafft, in die Einheit kamen, aßen sie schweigend und fielen bald darauf in den Schlaf. Am nächsten Morgen um fünf Uhr galt es, wieder den gleichen Gang zu gehen. Es zog sich bis an das Ende der Dienstzeit hin.

Für uns Innendienstleute - ich würde es am liebsten nicht erwähnen - hatte eine gute Zeit begonnen. In der Einheit war als einziger Vorgesetzter ein älterer RAD-Führer zurückgeblieben. Er war sicher etliches über die Fünfzig und verdankte seinen Einsatz nur der desolaten Personallage im vorletzten Kriegsjahr. Wir nannten ihn respektlos Opa, was er auch immer wohlwollend tolerierte. Wenn morgens die Kameraden unter Lärmen und Fluchen aus den Baracken waren, drehten wir uns noch einmal um und schliefen bis gegen acht Uhr. Opa weckte uns dann mit kläglicher Stimme: "Jungens, steht doch bitte auf, ich kriege doch Ärger, wenn es jemand merkt!" Gegen neun Uhr saßen wir endlich beim Frühstück. Dann zogen wir uns in unsere Abteilungen zurück, teilten uns den Tag nach unseren Bedürfnissen ein. Kein einziges Kleidungsstück wurde gewaschen, wir tauschten es auf der Kleiderkammer gegen neue Sachen um. So hart wie diese Wochen für unsere Kameraden waren, so bequem waren sie für uns. Aber es ging ja auch nicht anders. Wenn die Einheit abends verdreckt heimkam, erwarteten sie mindestens warme Duschen. Dann mußte das Essen auf dem Tisch stehen und der Verwaltungskram der Einheit mußte ja auch weitergehen. Für mich und meine Mannen hieß es, weiterhin jeden Tag ein paar Fahrräder instand zu setzen, und es lagen immer wieder Besorgungsfahrten an.

Dann nahte - schneller als geplant - unsere Entlassung. Normalerweise hatte man beim RAD sechs Monate Dienstzeit abzuleisten. Seit den letzten Kriegsjahren wurde sie auf drei Monate verkürzt. Jetzt fehlten an allen

Fronten Soldaten, sie starben schneller, als Ersatz kam. So verkürzte man unsere Dienstzeit auf acht Wochen. Kurz vor der Entlassung nahm mich mein spezieller Vorgesetzter - der mit dem einem Arm - auf seinem Zimmer beiseite. Er legte mir nahe, für mich einen Unabkömmlichkeitsantrag zu stellen und mich zunächst für eine weitere Dienstzeit mit der Instandsetzung der Fahrräder zu betrauen. Ich weiß nicht, ob die Fahrräder so wichtig waren oder mein Überleben ihm mehr am Herzen lag? Seinem Verhalten nach zu schließen war wohl letzteres der Fall. Er hatte in den wenigen Wochen ein fast väterliches Verhältnis zu mir entwickelt und deutete seine Befürchtungen in bezug auf das Kriegsende - mit aller Vorsicht, wie mir in Erinnerung ist - auch an. Aber die Vorstellung, von meinen Kameraden getrennt hier in der RAD-Einheit als Drückeberger das Kriegsende erleben zu müssen, war für mich schlimmer, als der Gang in den vielleicht sicheren "Heldentod".

Wir waren erzogen, im Dienste für diesen Staat alles zu geben, was wir konnten und hatten - auch unser Leben. Wir waren nicht nur so erzogen, wir taten es auch, eigentlich ohne darüber nachzudenken.

So standen wir am 13. November 1944 wieder in Zivil auf dem großen Platz innerhalb der Baracken. Hörten nochmals kernige Worte der Führungsriege und waren entlassen. Per Bahn ging es nach Hause, es war ja nicht weit.

In den acht Wochen, in denen ich im RAD war, hatte sich zu Hause kaum etwas verändert. Die Ersatzteilfrage war nun fast unlösbar. Vater kämpfte mit den wenigen verbliebenen Mannen einen fast aussichtslosen Kampf gegen immer schneller eintreffende zerstörte Kraftfahrzeuge. Die Kriegsgefangenen unter den Leuten sahen sich am Ende ihrer Leidenszeit. Später erzählte Vater mir einmal, daß Emile (der Franzose) eines Tages zu ihm sagte: "Meister, wenn Krieg verloren, du nach Rußland, nicht gut!" Er wußte natürlich, daß Vater in der Partei war, und sie beschäftigten sich wohl im Lager - und im Einzelfall auch keinesfalls zu Unrecht - bereits mit den Gedanken an eine Abrechnung nach dem Kriege. Wir aber wurden jetzt - so kurz vor Beendigung des Krieges - noch Angehörige der großdeutschen Wehrmacht!

Doch wie waren wir noch zu den Soldaten gekommen? Eines Tages, es kann so Mitte 1944 gewesen sein, hatten wir uns während unserer Schulzeit in der Turnhalle der Tirpitz-Schule in Uniform einzufinden. Es beschränkte sich auf unsere Schulklasse. Ein junger forscher Offizier - ich sehe ihn noch heute vor mir - hielt eine flammende Rede auf die großdeutsche Wehrmacht, die heldenhaft an allen Fronten Widerstand leistete. Die in einem Abwehrkampfe ohnegleichen stehe, und der anzugehören natürlich eine Ehre für jeden deutschen Jungen wäre. Nun, solche Sprüche kannten wir zur Genüge, was wollte er konkret? Wir waren sämtlich im Alter von 16 Jahren, einziehen per Gesetz konnten sie uns nicht. Sie wollten "Kriegsfreiwillige" pressen, um wenigstens einen Jahrgang früher an das Kanonenfutter zu kommen. Am Ende seiner Rede, die dies zum Inhalt hatte, befahl er dann: "Kriegsfreiwillige, einen Schritt vortreten!"

Man muß sich in diese Zeit versetzen. Ein Wort wie Wehrdienstverweigerung kam in unserem Wortschatz überhaupt nicht vor. Ich möchte den Jungen erlebt haben, der nun im Block von 35 Jungen stehen blieb und diesen Schritt nach vorn - der für die meisten der sichere Schritt in den Tod werden sollte - nicht mitging. Wir traten geschlossen vor, wie - so war es uns gerade versichert worden - Volk, Vaterland und Führer von uns erwarteten. Das Eintragen der Adressen und die Unterschrift war dann eine reine Formsache. Zum Unterschied von den eingezogenen Soldaten durften wir uns Kriegsfreiwillige nennen. Da wir aus einem Gymnasium kamen, wurden wir automatisch als Reserve-Offiziers-Bewerber eingestuft. So also waren wir "freiwillig" Soldaten geworden.

Nun war es Dezember 1944, und wir standen wieder einmal im Viereck einer Kasernenanlage, diesmal in Rostock.

Vorab noch zwei Dinge. In der kurzen Zeitspanne, in welcher ich im Anschluß an die RAD-Zeit zu Hause war, ließ die Familie beim Fotografen Bilder machen, Postkartengröße. Da Hunderttausende Soldaten inzwischen als vermißt oder tot gemeldet wurden - soviel traurige Erfahrung hatte man bereits im fünften Kriegsjahr -, war es eine Art Zeremoniell geworden, vor dem Gang zur Front ein Bild machen zu lassen. Auf die Rückseite schrieb man dann: "Zur Erinnerung oder zum Andenken an ...", und das war es dann auch für viele, es blieb bei diesem Bild. Die Eltern behielten damals mein Bild. Ich nahm das ihre mit, für unsere Familie geschah das Wunder, wir fanden uns alle wieder.

Eine weitere Erinnerung habe ich an den Tag meiner Abreise. Ich hatte mich von den Eltern verabschiedet. Die Trennung war schwer genug, und ich schlug den Weg die Hindenburgstraße stadtauswärts zum Bahnhof ein. Mutter stand vor dem Haus und wartete darauf, daß ich mich umdrehte und ihr nochmals zuwinkte. Doch ich tat es nicht, ging schnellen Schrittes die Straße hinunter. Vielleicht hatte ich auch Tränen in den Augen, aber ich glaube das gar nicht. Eher hatte ich eine Art Warnung in mir: "Sich umdrehen bringt Unglück" oder so. Mutter hat es mir erst verziehen, als ich wieder zu Hause war. Sie hätte schwerlich mit dieser Erinnerung leben können, wenn ich nicht wiedergekommen wäre. Sicher nur eine kleine Episode, sie erscheint mir aber erwähnenswert.

Nun standen wir also angetreten in Rostock auf dem Kasernenhof. Die Einkleidung im letzten Kriegsjahr bereitete schon arge Schwierigkeiten. Für die Jacke hatte es noch gereicht, wenn auch nicht ganz passend für jedermann. An den Füßen hatten wir altes Schuhwerk, um die Beine Wickelgamaschen von der französischen Armee. Von dieser stammte auch die Hose. Wir sahen also selbst fast aus wie Kriegsgefangene. Bei der Freiwilligenmeldung hatte ich mich zur U-Boot-Waffe eintragen lassen. Um diese Zeit machten die U-Boote aber ihrem Namen auf makabre Weise alle Ehre, sie waren fast vollständig unter Wasser und das für immer samt ihren Besatzungen. Nach der Einführung des Radars durch die Engländer und Amerikaner hatten speziell unsere Schiffe keine Chancen mehr. Bei jedem Wetter, Tag und Nacht erfaßten diese Geräte die Schiffe über große Entfernungen. Der vernichtende Schlag kam dann für die Besatzungen aus heiterem Himmel, sie hatten keine Möglichkeit der Gegenwehr. U-Boot-Fahrer wurden also nicht mehr gesucht.

Als Ersatz-Truppenteil durften wir dann bei der Einberufung einen weiteren Wunsch äußern. Jetzt wählte ich die Panzerwaffe. Und als was standen wir nun in Rostock herum? Füsilier stand im Soldbuch. Das hörte sich an, wie bereits abgeschossen. Infanterie, Fußlatscher wie sie genannt wurden. Und das mit uns, die wir freiwillig nach der Ehre griffen, in einem solchen Haufen dienen zu dürfen. Was sollte man nach Hause schreiben, wie sollte der Absender lauten, doch nicht etwa Füsilier? Zum Schreiben kamen wir aber fast garnicht mehr, als Absender durften wir angeben: "ROB (Reserve-Offiziers-Bewerber)-Kriegsfreiwilliger". Zur allgemeinen Freude fanden sich hier wieder einige bewährte Leute zusammen. Zum Teil Angehörige der Klasse 6 der Tirpitz-Schule, dazu einige Freunde aus der Marinehelferzeit, und auch von einer Luftwaffen-Batterie hatte es Flakhelfer zu uns verschlagen. Beim Militär geht vieles in der alphabetischen Reihenfolge der Familiennamen, und so bleibt meistens eine zunächst willkürliche Zusammenstellung erhalten. Über die Ausbildung, den Einsatz und - nicht selten - auch über den Tod hinaus.

Die Ausbildung war auch als solche nicht mehr zu bezeichnen. Wir übten

"Links um" und "Rechts um", das Grüßen im allgemeinen und besonders das "Vorbeigehen in strammer Haltung". Wenn man z. B. ein Kommißbrot unter dem Arm trug und diesen zum "Deutschen Gruße" nicht hochbrachte. Es war ganz einfach der Ausdruck einer Misere, Gewehre waren nur noch als schußunfähige Einzelstücke vorhanden. Sie dienten als Übungsstücke zum Zerlegen und Zusammenbauen. Die letzte Panzerfaust hatten wir beim RAD gesehen, und auch da reichte es nur noch zu Einzelschüssen vor versammelter Mannschaft. So war niemand böse, als wir Rostock verließen. Doch als wir mitbekamen, daß es in Richtung Osten ging, wurde die Stimmung auch nicht besser. Wir fanden uns wieder in Graudenz an der Weichsel. Zwischenzeitlich war es fast Ende Dezember 1944, es war lausig kalt.

Die folgenden Monate wurden für viele von uns schicksalhaft. Wir waren Figuren in einem Spiel, auf welches wir nicht den geringsten Einfluß hatten. Unsere Tage und Nächte wurden überwiegend von zwei Faktoren beeinflußt: Zu einem durch die eigene Führung, die uns bald an diesen, bald an jenen Einsatzort delegierte. Zum anderen von der Roten Armee, die das gegenteilige Ziel verfolgte und allen Ehrgeiz, und die zu diesem Zeitpunkt qualitativ und quantitativ weit überlegene Waffentechnik einsetzte, um uns aus genau diesen Einsatzräumen wieder hinauszudrücken

Graudenz liegt in einem Weichselbogen, und die durch den Fluß gegebene natürliche Eingrenzung war der Raum für alle nachfolgenden Geschehnisse. Hier spielte sich sowohl unsere Ausbildung, der anschließende Kampfeinsatz und auch der erste Teil der Gefangenschaft ab. Einige Monate der Gefangenschaft schlossen sich dann im etwa 70 Kilometer entfernten Thorn an. So möchte ich an Hand weniger Episoden schildern, wie meine Kameraden und ich die Zeit bis zur Heimkehr überstanden oder - für die Mehrzahl muß ich leider hinzufügen - nicht überstanden haben.

Und an dieser Stelle möchte ich durchaus auch etwas zu unserer Bewaffnung sagen, damit eindeutig wird, daß wir letztlich allein zum "Verheizen" mißbraucht wurden. Zu Zeiten unserer Ausbildung, die sich noch über die ersten Wochen des Jahres 1945 erstreckte, besaßen wir noch zwei schwere MG s (Maschinengewehre), die Munition dafür bestand aus Platzpatronen. Als die Front bereits beängstigend nahe rückte, waren wir tagelang damit beschäftigt, scharfe Patronen in die Gurte einzuziehen. Nachdem wir in erste Kampfhandlungen verwickelt wurden, besaßen wir weder die MGs noch die Munition. Wir wurden ausschließlich zur Auffüllung anderer Truppenteile verwendet, unsere Bewaffnung rekrutierte sich aus den Beständen der Gefallenen dieser Einheiten. So war auch ich an eine Pistole und eine gute handvoll Patronen dafür gekommen. Sie steckte noch in meiner Manteltasche, als ich verwundet in Gefangenschaft geriet und hätte mich dann beinahe das Leben gekostet.

Der große Kessel im Weichselbogen war zwischenzeitlich geschlossen worden. Die deutsche Ostfront stand in diesen Wochen im Abwehrkampf an der Oder. An Befreiung durch eigene Truppenteile konnte man mit keiner Silbe denken. Es war also nur eine Frage der Zeit, wann wir in diesem Raum aufgerieben wurden, wie man so etwas in der Militärsprache nannte. 12 Jungen - der Ausdruck "Soldaten" will mir auch heute noch nicht für diese Mitschüler über die Lippen, obwohl wir natürlich zwischenzeitlich welche waren - verloren wir auf einen Streich. Sie wurden unter Führung eines erfahrenen Unteroffiziers zur Verteidigung eines einzelnen an einer Landstraße stehenden Hauses abkommandiert. Am nächsten Morgen war das Haus in russischer Hand, wir haben nie wieder von unseren Kameraden gehört. Der persönlich miterlebte Tod einzelner Klassenkameraden ging jedem von uns noch wesentlich näher.

Täglich wurde der Ring um den Kessel enger. Ziel für die Angreifer war jetzt die Festung Coubiere, direkt am Weichselufer gelegen. Dort drängte sich der Rest der Verteidiger zusammen. Die Kapitulation - zu der wir in jeder Nacht durch Lautsprecher aufgefordert wurden - stand unmittelbar bevor. Zwischenzeitlich war es für mich eine traurige Gewißheit geworden, daß ich als letzter nur leicht Verwundeter von unseren ehemals 34 Kriegsfreiwilligen übrig geblieben war. Ich machte mich auf, um innerhalb der Festung vielleicht doch noch den einen oder anderen der früheren Kameraden zu treffen. Zu diesem Zeitpunkt - ich habe das allerdings erst später aus Büchern erfahren - befanden sich im Bereich der Festung noch etwa 3.000 deutsche Soldaten. Zum größten Teil wohl mehr oder weniger schwer verwundet, genau ist das nie ermittelt worden. Mit meiner Suche hatte ich Glück. In einer Kasematte traf ich inmitten anderer unbekannter Soldaten Grimmiger. Er war bereits seit der Schulzeit dabei, wir nannten ihn stets so, er trug eine Nickelbrille und guckte auch meist etwas grimmig. Er war verwundet worden, hatte sich aber wieder erholt und zeigte mir als erstes ein langschaftiges Gewehr mit Zielfernrohr, die Waffe eines russischen Scharfschützen. Ich bemerkte, daß es wohl nicht so ganz klug wäre, mit einem solchen Gewehr in Gefangenschaft zu gehen. Denn jeder Russe würde sich ja denken können, daß sein Kamerad die Waffe nicht freiwillig abgegeben hätte. Grimmiger gab nichts auf meine Worte. Aber etwas anderes wußte er. Die Kapitulation der Festung war offiziell auf Mitternacht dieses Tages angesetzt. Eine größere Gruppe hatte sich zum - zur Not gewaltsamen - Ausbruchversuch entschlossen, er sollte gegen 22 Uhr erfolgen. Der militärische Segen von irgendwelchen Vorgesetzten dazu war erteilt, man suchte jetzt noch Mitstreiter. Denn je mehr Leute mitmachten, um so größer wäre die Chance, durch die angeblich schwachen Stellungen und ihre kampfesmüden russischen Verteidiger durchzubrechen und über die Weichsel zu entkommen. Grimmiger schaffte es, auch mich zu diesem Plan zu überreden. Man kann es wohl nur vor dem Hintergrund sehen, daß wir für den nächsten Morgen mit dem Eindringen der Russen in die Festung ohnehin unsere letzte Stunde für gekommen hielten. Einige - wohl eher Offiziere - zogen in dieser Nacht den Freitod einer Gefangennahme vor.

Der Ausbruchversuch scheiterte. Zum einen war er dilettantisch vorbereitet, zum anderen waren die Russen auf ihren Posten und keinesfalls kampfesmüde. Auf den Weichselhöhen, in leicht mondheller Nacht gerieten wir in MG-Feuer. Ich verspürte einen starken Schlag an meinem linken Bein, dann lief Blut in den Stiefel. Kurz darauf trat eine unwirkliche Ruhe ein. Das waren die letzten Schüsse im östlichsten Teil der Ostfront, und einer davon hatte ausgerechnet mich getroffen, der ich doch bis jetzt allen Gefahren zum Trotz einigermaßen heil durchgekommen war. Der Haufen der Ausbruchswilligen war auseinandergestoben, auch von Grimmiger keine Spur mehr. In der Dunkelheit erkannte ich Gruppen, welche den Heimweg zur Festung einschlugen, und versuchte, mit ihnen mitzuhalten. Aber bereits nach einigen Schritten merkte ich, daß das Bein doch nicht so wollte, wie es in dieser Situation notwendig gewesen wäre. Bei jedem Schritt platschte das Blut im Stiefel. Zwei Kameraden erkannten mein Geschick, nahmen ein Gewehr zwischen sich und ließen mich darauf setzen. So erreichten wir die Festung kaum eine Stunde später, nachdem diese Wahnsinnsaktion ihren Anfang genommen hatte. In dieser Nacht wurde die offizielle Kapitulation der Festung Graudenz vollzogen. Den nächsten Morgen erblickte ich als Gefangener.

Zu Hause hörten die Eltern in diesen Tagen im britischen Rundfunk die Kapitulationsmeldung von Graudenz. Es war der 6. März 1945. Der eigentlichen Meldung fügte der Sprecher hinzu: "3000 deutsche Soldaten gerieten meist verwundet in Gefangenschaft!" Die Eltern hatten damals inständig gehofft, daß auch ihr Junge lebend darunter sein möge.

216

Ich lag unterdessen in der Reihe anderer Verwundeter auf dem steinernen Fußboden einer Kasematte in der Festung Graudenz. Bald jedoch besserten sich die Umstände. Wieder einmal hatte ich Glück gehabt. Denn allmählich erlangten wir Klarheit über unseren Sonderstatus als deutsche Kriegsgefangene im russischen Lager. Wir befanden uns in einem sogenannten Musterlager. Fast jede Woche tauchte irgendeine Delegation auf. Es waren ebenso Vertreter des Internationalen Roten Kreuzes wie Angehörige der Alliierten, meist begleitet von Kamerateams. So gelangten die Bilder von gut versorgten und wohlgenährten deutschen Kriegsgefangenen in alle Welt. Damit wurde einer zwischenzeitlich wohl laufenden Anklage über die unmenschlichen Bedingungen in russischen Kriegsgefangenenlagern entgegengewirkt. Mir ist nicht bekannt, ob es mehrere solcher Musterlager wie unseres gab. Und dann geschah etwas, was mich tagelang in einen Zustand höchster seelischer Anspannung versetzte.

Es war beim routinemäßigen Duschen. Neben mir unterhielten sich zwei Kameraden mit einem Mann, der aus einem Transport zu uns gelangt war. Es war ein Zivilist, wie sich herausstellte. Und dann fiel ein Name, der mich hellwach werden ließ: Korswandt. Ich habe einmal weiter vorn in meiner Geschichte den "Bürgermeister von Korswandt" erwähnt. Genau das war jener Mann, der nun splitternackt neben mir unter der Dusche stand. Kaum daß er meine Identität kannte, berichtete er, daß direkt aus Swinemünde ein Transport zunächst bis Graudenz gekommen wäre und dort in einem Lager auf den Weitertransport wartete. Und mit ihm im Lager - ich konnte es kaum fassen - war mein Vater! Sie waren in Swinemünde durch die russische Kommandantur wegen ihrer Parteizugehörigkeit zu Zwangsarbeit von unbestimmter Dauer verurteilt worden und befanden sich auf dem Wege in die Sowjetunion. Sofort entwickelte ich eine fieberhafte Aktivität. Auf mehrere Zettel schrieb ich einige Sätze an Vater, gab diese Nachricht Leuten aus dem Arbeitskommando mit, die täglich in die Stadt gingen. Meine Bitte lautete, an jedem am Wege liegenden Gefangenenlager einen Zettel abzugeben. Aber die Wahrscheinlichkeit, auf diesem Wege Vater zu erreichen, war sicherlich gleich Null. Dabei wäre alles so einfach gewesen. Im Lager in der Stadt brauchte man nur zu sagen, man hätte die Ruhr oder sonstige Beschwernisse. Die Lagerwachen schickten diese Leute in das Lazarett. Und hier geschah das eigentlich Unfaßbare. Bei der russischen Bürokratie - wie wir noch später erfahren sollten - aber das ganz Normale. Im Lazarett war man als Zivilist unter Kriegsgefangenen. Dazu in einem Musterlager, wo am Ende internationale Vertreter aufkreuzten und dumme

217

Fragen stellten. Also wurden die Leute gesund gepflegt und mit dem nächsten Transport zurück in die Heimat geschickt. Auch Vater wäre in drei Wochen wieder zu Hause gewesen, wie es mit dem "Bürgermeister von Korswandt" geschah.

Im Verlaufe des Juli bestand unsere Gruppe von Verwundeten nur noch aus etwa 30 Mann. Wir mußten uns zur Verlegung fertig machen. Sehr schnell wurden wir nun zu einem Transport zusammengestellt, auf einem Lkw ging es zum Bahnhof. Bereits am nächsten Morgen waren wir am Ziel. Unsere neue Bleibe hieß Thorn, auch diese Stadt etwas weiter nördlich an der Weichsel gelegen.

Wir bemerkten es bereits beim Ausladen, hier wehte ein anderer Wind. Nachdem man uns im Musterlager nur mit Samthandschuhen angefaßt hatte - eine russische Bevormundung hatten wir nie gespürt -, schallte nun in unseren Ohren das meistgebrauchte Wort der russischen Sprache: "Dawai - dawai!" Von nun an mußte alles schnell gehen, zumindest was uns anbelangte. Vom Bahnhof in Thorn trieb man uns - begleitet von einer johlenden und Steine werfenden polnischen Bevölkerung - ohne Rücksicht auf die jeweilige Verwundung bis in das außerhalb der Stadt gelegene Lager. Durch dieses schnelle Laufen lösten sich die verwachsenen Sehnen und Bänder meines zerschossenen Beines, und mit einer stark blutenden aufgebrochenen Wunde erreichte ich das Lager.

Dies hier war kein Musterlager. Es handelte sich um einen riesigen Barackenkomplex, sicher bereits zu Kriegszeiten für irgendeinen anderen Zweck erbaut. Ich schätzte die Belegung mit etwa 20.000 Gefangenen. Unser Lazarettteil war durch einen Stacheldraht von dem Lager für die Arbeitsfähigen abgetrennt. An anderer Stelle im Lager sollte sich auch ein Komplex für Offiziere befinden, diese brauchten nicht zu arbeiten. In unserer Baracke befanden sich etwa 200 Verwundete. Wir schliefen auf Holzpritschen, die in zwei Etagen übereinander angeordnet waren. Die Schwerverwundeten durften unten lagern. Es gab keine Bettwäsche, kein Kopfkissen, keine - wenn auch geringe - Privatsphäre wie in Graudenz. Wer keine Decke oder keinen Mantel hatte, lagerte und schlief auf den rohen Brettern. Noch war es ja warm, es war sogar übermäßig heiß.

Was sollte hier im Winter werden?

Die Verpflegung - Thema Nr. 1 in Gefangenschaft - war dem Gesamteindruck angemessen. Morgens eine Büchse Tee aus Fichtennadeln aufgebrüht, mittags eine Blechbüchse Wassersuppe, auf der drei oder vier Fettaugen vom Sonnenblumenöl schwammen. Bei genauerer Untersuchung konnten auf dem Büchsenboden zwei oder drei Schnipsel von Trockenkartoffeln auftauchen. Abends gab es dann noch einmal den gleichen Tee wie morgens, dazu einen Kanten Brot. Oftmals weich und schwammig, manchmal steinhart. In der Menge hing die Brotration davon ab, wie sich die Lagerinsassen aus Sicht der Russen betragen hatten. Bei "guter Führung" konnte die Ration bis zu einem Viertel des Kastenbrotes betragen. Es gab dann sogar einen Eßlöffel Sonnenblumenöl oder eine Scheibe Hartwurst. Den Höhepunkt bildete - jedenfalls aus der Sicht der Raucher, die meisten waren welche - ein Eßlöffel Tabak. Jede Ungebührlichkeit im Lager - begangen von wem auch immer - führte zu Bestrafungen. Zuerst setzte die Tabakration aus, meist für mehrere Tage. Danach gab es weniger Brot und kein Öl.

Ich litt auch sehr darunter, daß ich keinen Gleichaltrigen als Gesprächspartner finden konnte. Wenn auch in den letzten Kriegsmonaten viele junge Menschen zu den Waffen gepreßt wurden, so handelte es sich in diesem Lager mehr um Kampfeinheiten, die aus dem Rußlandfeldzug beim Rückzug in den Gebieten jenseits der Weichsel gefangen genommen wurden. So pirschte ich mich eines Abends an eine Gruppe vor der Nachbarbaracke stehender Gefangener heran, unter denen ich einen etwa Gleichaltrigen entdeckt hatte. Als Zuhörer ihrer Gespräche erfuhr ich alsbald, daß ich nicht nur einen Altersgenossen, sondern sogar einen Landsmann gefunden hatte. Er war ebenfalls von der Insel Usedom, aus Zinnowitz. Er hatte einen Lungensteckschuß. So etwas konnte bei den damaligen Möglichkeiten im Lager nicht operiert werden.

Die Gespräche drehten sich stets im Kreise um die gleichen Themen. Als erstes Thema stand an: Was und wieviel gibt es zu essen? Thema zwei: Wann werden wir entlassen? Drittes Thema für die Älteren: Frauen im allgemeinen und ihre persönlichen Liebschaften im besonderen. Thema eins und drei interessierte mich wenig. Das Essen reichte mir von der Menge her allemal, von der Qualität ließ es natürlich zu wünschen übrig.

Doch immer wieder ging es um die Frage: Wann kommen wir wieder nach Hause? Zwischenzeitlich hatten wir festgestellt, daß in Abständen tatsächlich Transporte für die Heimreise zusammengestellt wurden. Es handelte sich ausnahmslos um Schwerverwundete. Also Amputierte, Leute mit schweren inneren Verletzungen wie Bauch- und Lungenschüssen. In Abständen von etwa 14 Tagen ließ man uns außerhalb der Baracke antreten.

Dort wurden 50 bis 60 Namen verlesen, und das hieß, man war auf der Liste der zu Entlassenden. Dann dauerte es noch eine Weile, sicher wurde irgendwo ein größerer Transport zusammengestellt. Vorbedingung für die Aufnahme in diese Liste war allerdings, daß ein russischer Arzt diese Auswahl getroffen hatte. Es mußte wohl gewährleistet werden, daß der Betreffende mit Sicherheit nicht mehr arbeitsfähig werden würde. Die Strategie der sowjetischen Führung unmittelbar nach Kriegsende lief darauf hinaus, eine Bestrafung der Deutschen für alle Kriegsverbrechen und angerichteten Schäden durchzusetzen. In erster Linie sollte dies durch Wiedergutmachung in Form von Arbeitsleistung erfolgen.

Später wurde es offensichtlich. Allein die Sowjetunion hatte in diesem Krieg Millionen Tote zu beklagen, Soldaten und Zivilisten. Städte und Dörfer, soweit sie im deutschen Einflußbereich gelegen hatten, waren zerstört worden. Beim Rückzug der deutschen Truppen blieb keine Straße, keine Eisenbahnlinie, keine Brücke, kein wichtiger strategischer Punkt unzerstört. Das sollte nun von den Verursachern wieder aufgebaut werden.

Dazu kam, daß auch das russische Volk in diesen Monaten nach dem Kriege besonders unter dessen Folgen litt. Hunger und Mangel auf allen Gebieten waren an der Tagesordnung. So war etwa die Verpflegung unserer Bewacher kaum besser als die unsere. Der Unterschied war nur, die Russen kannten es kaum anders, für uns war es katastrophal. So konnte man es sicher den russischen Soldaten nicht verdenken, daß sie zunächst an sich dachten und manchmal die für uns bestimmte Verpflegung zum eigenen Verzehr umleiteten. Außerdem ist es eine Tatsache, daß während der Stalin-Ära das Ableben Tausender Deutscher - besonders auch der in Kriegsgefangenschaft geratenen - als gerechter Ausgleich in Kauf genommen wurde. Diese Einstellung der obersten Führung war sicherlich für den kleinsten unserer Bewacher eine Art Freibrief, sich auch schon einmal unmenschlich zu betragen.

Als Arbeitsmann im Franzburg-Lager,
vor einer trostlosen Moorlandschaft

Foto aus meiner RAD-Zeit. Drillichanzug,
Schürze und Fahrräder - Fahrräder -
Fahrr...

221

Kapitel 11

Letzte Kriegsmonate auf Usedom
Heimkehr und Abschied

Bevor ich mit meinen Erlebnissen nach der Rückkehr aus der Kriegsgefangenschaft fortfahre, soll nochmals ein Abschnitt eingefügt werden, der uns in die letzten Kriegsmonate in heimatliche Gefilde zurückführt und sich mit dem Schicksal der Eltern in dieser schweren Zeit befaßt. Für diese Schilderungen habe ich wiederum eine gute und authentische Vorlage. Vater hat in knapper Form diese letzten dramatischen Kriegsmonate festgehalten, und natürlich haben wir in den Jahrzehnten danach über Einzelheiten immer wieder gesprochen. So kann ich auch diesen Abschnitt der Familiengeschichte schildern, als ob ich überall dabei gewesen wäre.

Das Jahr 1944 näherte sich seinem Ende, es war nicht nur klimatisch ein harter Winter. Im Betrieb ist nun an ein geregeltes Arbeiten nicht mehr zu denken. Sämtliche wehrfähigen Mitarbeiter sind längst zu den Waffen gerufen, Vater werkelt mit einigen Lehrlingen und den Kriegsgefangenen weiter. Es geht nicht mehr um eine planmäßige Instandsetzung von Fahrzeugen für den Heimat-Kraftfahrzeugpark Stettin, es wird von Tag zu Tag improvisiert. Es sind Fahrzeuge aus dem Frontgebiet, die zu notdürftigen Instandsetzungen nach Swinemünde zurückgezogen werden. Die Front steht jetzt bereits in Hinterpommern. Namen wie Schneidemühl, Stargard und Rummelsburg werden im Wehrmachtsbericht genannt, von Swinemünde keine 100 Kilometer mehr entfernt. Insgeheim verfolgt Vater auch weiterhin die Vorbereitungen einer Flucht nach Westen. Dazu steht noch immer der Wehrmachtsbus auf dem Werkstatthof, dessen Vorderachse zerlegt ist und deren Ersatzteile Vater verbirgt.

Zwischenzeitlich hatte er sich auch mit dem auf der gegenüberliegenden Straßenseite wohnenden Schreinermeister darüber verständigt, daß beide seit langem befreundete Familien gemeinsam fliehen werden, wenn es denn an der Zeit ist. Dazu hat besagter Schreinermeister auf einem Anhängerfahrgestell einen Kastenaufbau angefertigt, der mit den notwendigen Gegenständen zum Wohnen und Leben ausgerüstet ist. Denn wenn sie schon fliehen müssen, dann wollen sie möglichst menschenwürdig reisen. Täglich haben sie das unsägliche Leid von Tausenden aus dem Osten geflohener Menschen vor Augen. Menschen, die mit den Schiffen aus der Kurlandfront herausgebracht wurden und nun in Swinemünde und den anderen Ostseehäfen verzweifelt nach einer Bleibe suchen.

Jemand, der diese Zeit nicht miterlebt hat, wird sich nun fragen: "Ja, warum fliehen sie denn nicht, wenn alles so schön vorbereitet ist?" Dazu muß man feststellen, so einfach war das im damaligen Reiche nicht. Nur, wenn von oberster Stelle die Flucht genehmigt war, konnte man auch fliehen. Alles andere war Fahnenflucht, Verrat, Feigheit vor dem Feind, und darauf stand im ungünstigen Falle die Todestrafe. Standgerichte sprachen die Urteile. Es war die Aufgabe besonderer Wehrmachtseinheiten, manchmal auch die der Waffen-SS, die zurückflutende Front zu stabilisieren, wie es so schön hieß. In dem allmählich sich ausbreitenden Chaos sicher keine einfache Tätigkeit. Denn irgendeine Aufgabe hatte schließlich noch ein jeder. Meist galt es, denen zu helfen, die noch schlechter gestellt waren. Also den Alten, den Kranken und den Kindern. Dann wurde auch Vater zum Volkssturm eingezogen. Damit unterstand er und seine Leidensgenossen dem Militärrecht, sie hatten die Weisungen von Wehrmachtsdienststellen direkt zu befolgen.

Im Laufe des Dezembers 1944 wurde Vater zum technischen Leiter einer zusammengesuchten Lkw-Einheit ernannt. Es handelte sich um zwölf Lkw, vier Anhänger und 45 Mann Begleitpersonal. Den Befehl über die Gruppe hatte ein Feldwebel, den Vater bereits aus früheren Zeiten im Zusammenhang mit der Fahrbereitschaft kannte. Ihr Auftrag: Flüchtlinge aus den bedrohten Dörfern in Hinterpommern zu evakuieren, sobald irgendeine Dienststelle hierzu den Befehl gab. Die Flüchtlinge wurden in Wollin ausgeladen und von dort mit der Bahn weiter nach Westen transportiert. Früher oder später gerieten die meisten der Flüchtenden infolge fehlender Transportkapazitäten in den Machtbereich der Roten Armee. Geräumt wurde meist erst, wenn russische Panzer in Sichtweite der Dörfer waren und die Artillerie bereits Häuser und Straßen unter Beschuß nahm. Nur unter Ausnutzung der Nachtstunden, durch die gute Ortskenntnis und das Benutzen von Schleichwegen gelang es der Gruppe immer wieder, im letzten Moment, mit Flüchtlingen voll beladen, der drohenden Umklammerung durch die Russen zu entkommen. Die meisten der Fahrzeuge waren mit Holzgasanlagen ausgerüstet, und nur, wer die Tücken einer solchen Benzin-Ersatzanlage kennt, kann ermessen, was es bedeutet, eine Kolonne von Fahrzeugen am Laufen zu halten.

Am 3. März 1945 war dann dieser Einsatz beendet. Vater erreichte mit den restlichen drei fahrfähigen Lkw um sechs Uhr morgens Swinemünde. Von Mutter bereits bange erwartet. In diesen Monaten hatte sie immer nur durch Flüchtlinge von Vaters Wohlergehen gehört. Bis zum 12. März herrschte nun Ruhe.

Dieser Tag sollte das Leben von Swinemünde und seiner Einwohner sowie von Tausenden in der Stadt kampierender Flüchtlinge verändern und zum Teil auch beenden. Aber das ahnte an diesem milden Frühlingsmorgen noch niemand. Früh erschien bei Vater ein höherer Parteibonze mit einem Marschbefehl nach Wollin. Dort war ein Lkw aus Vaters Gruppe liegen geblieben. Wahrscheinlich beladen mit den persönlichen Dingen dieses Mannes. Vater verfügte jetzt noch über einen einzigen fahrbereiten Lkw. Inzwischen hatte es Fliegeralarm gegeben. Mit dem Hinweis, daß die Fähre bei Alarm nicht fuhr, versuchte Vater den Fahrtantritt weiter hinauszuschieben. Es gelang ihm jedoch nicht, und so machten sie sich auf in Richtung Hafen zur Fährstelle, wo sie gegen 11^{30} Uhr eintrafen.

Beim Erreichen der Fährstelle hörten sie bereits das Schießen der Flak und kurz darauf das Dröhnen der Bomberverbände. Dann fiel der erste Bombenteppich. Die Einschläge begannen fast genau an der Fährstelle und setzten sich dann weiter über den Hafen und die Stadt fort. Vater erkannte unmittelbar neben der Fähre einen langgestreckten Erdbunker, und, fast von der Detonationswelle getrieben, hastete er in den Eingang hinein. Während er die Bombardierung - die für ihn in diesem Moment bereits vorbei war - im Unterstand weiter verfolgte, will ich berichten, wie Mutter diese dramatischen Stunden überstand.

Sie hatte bei Fliegeralarm gewohnheitsmäßig zu Papieren und Wertsachen gegriffen und sich in den Bunker begeben. Begleitet von einer jungen Frau, die als Flüchtling bereits seit einiger Zeit in der Wohnung im Obergeschoß unseres Hauses wohnte, und einem älteren Mann, der sich bei Alarm mit einem Pferdefuhrwerk auf unseren Werkstatthof geflüchtet hatte. Sie merkten sofort, diesmal war es ernst. Dutzende Male hatte Mutter in diesen Jahren Tag und Nacht die Stunden des Alarms in unserem selbstgebauten Bunker verbracht, niemals war etwas passiert. Außer der wütend bellenden Flak und dem Splitterregen hatte der Krieg in fünf Jahren um Swinemünde einen Bogen gemacht. Heute war es anders, das dumpfe Bersten der Bombeneinschläge kam bedrohlich näher, die Erde bebte. Dann erschien es Mutter, als würde der gesamte Bunker in die Luft katapultiert, so nahe lagen die Einschläge. Im nachhinein stellte es sich heraus: Der Bunker war nicht nur äußerst stabil, er war vor allen Dingen an der richtigen Stelle plaziert! Ganze sechs Meter davor und auch dahinter zeugten riesige Krater davon, daß er zwar in der Bombenlinie lag, aber eben zwischen zwei Einschlägen. Etwas Glück gehörte im Krieg immer dazu.

Für einen Moment lang war es ruhig geworden, die Bombenwürfe entfernten sich wieder. Jetzt hielt es die junge Frau nicht mehr im Bunker. Ihr war eingefallen, daß sie ihren Pelzmantel - wohl ihr wesentlicher Besitz - in der Wohnung vergessen hatte. Mutter konnte sie nicht daran hindern, sie stürzte hinaus und in die Wohnung. Zurückgekehrt mit ihrem Pelzmantel, erschütterte eine neue Welle von Einschlägen die die Erde. Auch dieser Kelch ging vorüber. Für sehr viele Familien gab es in jenen Stunden der Bombardierung von Swinemünde harte Schicksalsschläge.

Vater hatte in diesen Minuten nur ein Ziel, sein Anwesen erreichen und Gewißheit über das Schicksal seiner Frau erlangen. Endlich erreichte er den Hof. Zwei Bombentrichter von fünf Metern Durchmessern hatten sich bereits mit Wasser gefüllt. Das Wohnhaus war abgedeckt, Fenster und Türen herausgeflogen, das Werkstattgebäude stand. Und aus dem Qualm und dem Mörtelstaub heraus, der über der ganzen Stadt zu liegen schien, kam ihm Mutter entgegen. Erschüttert und sprachlos, aber unversehrt. Sie lagen sich in den Armen und weinten, aber es war ein Weinen der Erleichterung. Dieses Mal hatten sie es überstanden. Später gingen sie durch die Stadt, auch zum Großen Markt, um nach den Verwandten zu sehen. Diese sind wohlauf, ihr Haus war kaum beschädigt.

Zum Eindruck dieser Stunden Vaters eigene Worte:
"Es war ein verheerender Anblick. Arbeitskolonnen sind eingesetzt, um Verletzte und Tote zu bergen. Eine Kompanie Infanterie, in der Nacht erst abgekämpft aus Kolberg zurückgekommen, kampierte am Parkrand, etwa sechshundert Mann. Kaum einer hat es überlebt. Ihre zerfetzten Körper hingen zum Teil in den Baumkronen. Ein Gutes nur, das am Rande der Stadt gelegene Krankenhaus ist heilgeblieben."

Von einer geregelten Arbeit im Betrieb konnte nun keine Rede mehr sein. Zunächst galt es, das Wohnhaus wenigstens zum Teil wieder in einen bewohnbaren Stand zu setzen. Strom und Wasser gab es nicht, das Dach war abgedeckt, der Regen drohte den Rest der Habe zu zerstören. In dieser Situation dachte Vater sofort an sein Elternhaus in Heringsdorf. Dort standen bereits über die gesamte Kriegszeit hinweg etliche Räume leer,

Badegäste gab es nicht mehr. Vater fuhr nach Heringsdorf und besprach mit Mutter die Lage. Zwei Räume auf dem Hof wurden frei gemacht, und dann begann der Transport der Wohnungseinrichtung. Und nach und nach schaffte Vater auch Teile der Werkstattausrüstung nach Heringsdorf. Zu diesem Vorhaben muß ihn ein 7. Sinn oder die Vorahnung getrieben haben. Denn wer konnte im März 1945 ahnen, daß nur wenige Monate später die Staatsgrenze zwischen Swinemünde und Heringsdorf liegen würde? Damit blieb alles, was nach dort verbracht wurde, der Familie erhalten. Darüberhinaus war der ausgelagerte Werkstattbedarf später die Grundlage für eine neue Existenz. Vater wußte sich auch jetzt zu helfen. An Batterien aus fahrunfähigen Autos mangelte es nicht. So hatte er im teilzerstörten Wohnhaus bald wieder eine Notbeleuchtung. Die Batterien wurden wechselweise in seinem DKW bei Fahrten nachgeladen. Meist täglich fuhren die Eltern jetzt abends nach Heringsdorf zum Übernachten. Es waren ja kaum noch Möbel in der Wohnung, eine behelfsmäßige Kochgelegenheit hatte sich Mutter belassen. Noch immer hatte Vater seinen treuen Kleinwagen, mit dem er noch kurz vor dem Kriege nach Bayern in Urlaub gefahren war. In den Kriegsjahren war dieser Wagen mit seinem 700-cm^3 Motörchen zum wahren Lastesel geworden. Sämtliche Werkstattfahrten, sei es zum Besorgen von Material oder zum Abschleppen, hatte er bewältigt. Wegen Mangel an Kraftstoff lief er die meiste Zeit mit einem Gemisch aus Benzin, Petroleum, Spiritus und einer Ölbeimischung. Er überstand es klaglos.

Auch die ursprünglich geplante Flucht in den Westen hatte der Bombenangriff zerstört. Der sorgsam gehütete Kleinbus war von Bombensplittern durchsiebt. In den Flammen des Hauses und der Werkstatt des gegenüberliegenden Schreinerbetriebes war auch der mit viel Mühe aufgebaute Anhänger verbrannt. Es war Ende März, als Vater wegen einer dringenden Arbeit, die sich bis gegen 21 Uhr hinzog, bei Mutter auf Widerstand stieß, anschließend noch nach Heringsdorf zu fahren. Doch er setzte sich durch, schließlich wunderte sich auch Großmutter über die späten Heimkehrer.

Nachts gegen 4 Uhr wachten sie durch lautes Krachen und Bersten auf. Vom Fenster des oberen Stockwerkes aus war ein Feuerschein über Swinemünde zu sehen. Morgens um 7 Uhr überwog die Unruhe, sie fuhren in die Stadt. Vom Badbahnhof aus ging es zu Fuß weiter. Die gesamte Färberstraße war eine einzige Trümmerfläche. So erreichten die Eltern die Hindenburgstraße.

Dazu aus den Erinnerungen meines Vaters: *"Bereits eine Querstraße vor unserem Grundstück fand ich auf der Straße den Amboß aus der Schmiede. Das Wohnhaus stand immer noch weitgehend so, wie es der letzte Bombenangriff hatte stehen lassen. Das Haus auf dem Hof - die Wohnung der Eltern meines Jugendfreundes Lothar - stand buchstäblich Kopf. Zuoberst lag der Fußboden. Davor ein riesiger Bombentrichter, bereits mit Wasser gefüllt. Die große Werkstatthalle war dem Erdboden gleich, der Stahlträger lag quer über dem Schutthaufen. Sämtliche Fahrzeuge auf dem Hof zerschossen, zerrissen. Diesmal waren es russische Kampfflugzeuge, die im Schein von Leuchtbomben ihr Zerstörungswerk durchführten. Das war das traurige Ende unserer Existenz, die Arbeit eines Lebens vergeblich. Im Büro ermittelte ich, daß der Staat in Gestalt des Heimat-Kraftfahrzeugparkes Stettin bei mir mit 5.800,-- Reichsmark in der Kreide stand. Das war damals eine ganze Menge Geld. In Stettin befand sich jetzt bereits die Rote Armee. Wir verlegten unseren Aufenthalt endgültig nach Heringsdorf, um dort das Kriegsende abzuwarten."*

In Heringsdorf verbringt er die letzten Tage bis Kriegsende unter anderem damit, die Beweise seiner Partei- und NSKK-Zugehörigkeit zu tilgen. Im Wald nahe der Rennbahn graben er und Mutter ein Loch und verstecken in einem Karton die Uniformen und anderes belastendes Material. Sie verbrennen alle Bilder und Papiere, die Auskunft über diese Zeitspanne geben. Unter seinem Bett in Großmutters Haus verbirgt Vater ein Gewehr. Längst hatte sich herumgesprochen, was die Russen mit den Menschen machen. Man denke nur an die Vergewaltigungen von Frauen. Ob das Gewehr unter dem Bett der letzte oder der richtige oder überhaupt ein Ausweg war, will ich nicht entscheiden. Es war so, man kann sich heute schwerlich in die Gedanken dieser Tage hineinversetzen.

Dann standen die ersten Russen auf der Straße. Sie kamen von Swinemünde. Wenig später waren sie auch im Haus. Sie durchsuchten alle Räume. Bald saß ein Russe auf dem Bett, unter dem das Gewehr lag, und versuchte ein Gespräch mit den Eltern. Doch die Soldaten waren nur auf Beute aus. Auf Uhren, Schmuck, Gold und Dinge, die man in der Tasche seiner Uniform verschwinden lassen und verbergen konnte. Ich habe mich später mit meinem Vater viel über die Erfahrungen mit Russen, vor allem aus seiner Zeit der Gefangenschaft unterhalten.

Bald schöpften meine Eltern Mut, holten den DKW aus der Garage und fuhren nach Swinemünde. Doch hier herrschten andere Verhältnisse, wie

227

sich alsbald herausstellte. Heringsdorf war den Russen wohl zu unbedeutend - später sollte sich das ändern - sie unterhielten hier zunächst nur eine kleine Besatzung.

Die Eltern waren auf ihr Grundstück gefahren, und Vater fing an, so gut es ging, Ordnung und eine Unterkunftsmöglichkeit zu schaffen. Ein Teil der Kücheneinrichtung war ja noch im Haus. Aber der Aufbau fand ein jähes Ende. Zunächst requirierten Sowjetarmisten den DKW. Es herrschte im Prinzip Faustrecht. Jeder Soldat hatte etwas zu sagen, zur Not verlieh die Waffe den Forderungen Nachdruck.

Wenige Tage später schon standen Russen auf dem Hof, begleitet von einem Deutschen, einem guten Bekannten. Es war jener Mann, der den Schrottplatz gegenüber Vaters Grundstück betrieben hatte. Er hatte sich den Russen zur Verfügung gestellt, und sie suchten gemeinsam alle jene Leute auf, von denen bekannt war, daß sie in der Partei oder deren Verbänden eine gewisse Rolle gespielt hatten. Natürlich stand auch Vater auf seiner Liste, und so verhafteten sie ihn. Im Strandviertel in einer unversehrt gebliebenen Villa hatte der russische Geheimdienst KGB sein Hauptquartier aufgeschlagen. Dort fanden die Verhöre statt. Im Keller wurden die Gefangenen bei schlechtester Ernährung untergebracht. Und in diesen Kellern traf Vater auch einen alten Bekannten wieder: den "Bürgermeister von Korswandt". Die Urteile waren schnell gesprochen. Sie lauteten: Arbeitslager in Rußland. Eine Dauer wurde nicht angegeben. Und so sah sich Vater alsbald im Kreise mehrerer Leidensgenossen auf einem Lastkraftwagen in Richtung zum Bahnhof transportiert. So bestätigte sich Emiles (einer der Kriegsgefangenen in Vaters Werkstatt) Warnung: "Wenn Krieg verloren Meister, Du nach Rußland."

Noch in der Hindenburgstraße sahen sich Mutter und Vater durch Zufall für einen Moment lang. Mutter wußte also, daß Vater nicht mehr in Swinemünde war. Uns ist auch bekannt, daß die Reise über Graudenz in Richtung Osten ging und in Graudenz für den "Bürgermeister" bereits das Ende der Strafaktion gekommen war. Für Vater aber endete diese Reise in der Nähe von Kiew.

Mutter war verzweifelt und wütend auf alles, was in diesen Wochen von den Russen ausging. Dennoch trug sie Steine zusammen, klopfte gründlich den Putz ab und stapelte sie auf in der Hoffnung, daß nach Vaters baldiger Rückkehr der Aufbau beginnen sollte.

Dann kam ein Arbeitskommando unter russischer Leitung und baute den großen Stahlträger der Halle ab, der quer über dem Trümmerhaufen lag. Sie begannen, die Erdtanks der Tankstelle auszugraben und samt der Zapfsäule abzutransportieren. Die Zeit der Demontage war angebrochen. Vater hatte zeitlebens immer einen Spruch parat, der allerdings keine bestimmte Zielgruppe ansprach. Er lautete: "Nur glühendes Eisen und Mühlensteine lassen sie liegen." Dieser Spruch bewahrheitete sich jetzt. Die Russen nahmen buchstäblich alles mit. Sie durchkämmten Wohnung um Wohnung, so gut wie alles fand ihr Interesse. Parallel dazu liefen spezielle Sammelprogramme. So wurden die Einwohner zum Beispiel aufgefordert, Radios und Uhren abzuliefern. Auf die Nichtbefolgung dieser Anordnungen stand fast immer die Todesstrafe, zumindest als Androhung. Die Radios wurden auf dem Marktplatz gesammelt und von Deutschen auf bereitstehende Lastwagen geladen. Die unwilligen Arbeitskräfte luden diese Dinge auf wie Mauersteine. Auf dem Bahnhof erfolgte dann noch einmal eine ähnliche Umladeaktion. Ich kann mir nicht vorstellen, daß auch nur eines dieser Geräte Rußland in gebrauchsfähigem Zustand erreicht hat. Auch während meiner Heimreise aus der Gefangenschaft lagen nicht selten kilometerlang alle diese requirierten Güter entlang der Bahnstrecke. Oft im strömenden Regen, weil die Waggons für andere Dinge gebraucht wurden.

Gegen Abend begab sich Mutter dann zu ihrer Schwester am Großen Markt, deren Haus ja unversehrt war. Onkel Albert war zu Hause, und er begann alsbald mit den Restbeständen seiner Futtermittel etwas Handel zu treiben. Vielleicht sollte ich hier noch erwähnen, daß der Onkel zwischenzeitlich einen Schlaganfall erlitten hatte. Er war zwar wieder einigermaßen auf die Beine gekommen, blieb allerdings halbseitig gelähmt. In erster Linie waren es Tauschgeschäfte nach dem Motto: Gib du mir dieses, dann bekommst du jenes. Auch mit den Russen wurde getauscht, besonders mit den Offizieren.

So saßen sie denn abends zusammen: Tante Grete, Onkel Albert und auch die Cousine Hilde, die nach Auflösung des Lazarettes wieder zu Hause war. Und dieser Tagesablauf wurde über den gesamten Sommer hinweg beibehalten bis zu jenem Abend des 7. Oktober, als nach der Weissagung Onkel Alberts und den flehentlichen Wünschen Mutters wenigstens ich nach Hause kommen sollte. Und an dieser Stelle wird sich jetzt der Kreis der Erzählung schließen. Dazu müssen wir gedanklich jedoch noch einmal zurück nach Thorn an der Weichsel, wo ich nach einer routinemäßigen Untersuchung auf der Liste der zu Entlassenden stand. Und diese Untersuchung möchte ich kurz schildern, denn sie war entscheidend für meinen Lebensweg in den nächsten Jahren.

Im Anschluß an die wöchentliche Dusche und vor dem Versorgen der Wunden durch deutsche Sanitäter wurden wir in Abständen russischen Ärzten zur Begutachtung unserer Verwundungen vorgestellt. Denn jeder arbeitsfähige Kriegsgefangene war ein notwendig gebrauchter Helfer für den Wiederaufbau der Sowjetunion. So humpelte auch ich in den Raum der Sanitätsbaracke, wo diesmal eine russische Ärztin Dienst tat. Sie saß hinter einem Schreibtisch und empfing mich in recht gutem Deutsch und durchaus freundlich. In Erinnerung habe ich sie als eine typische Russin, etwa mitte dreißig, vollbusig und von kräftiger Statur. Sie hatte mein Krankenblatt vor sich, fragte nach der Lähmung, bewegte den Fuß und betrachtete die Wunde. Dann fragte sie mich etwas, was mich aus dem Munde einer Russin, die Offizier der Roten Armee war, mehr als verblüffte: "Hast du Vater und Mutter und leben sie noch?" Ich antwortete, wohl wissend daß ich wenigstens zum Teil die Unwahrheit sprach, aber es erschien mir im Moment klüger: "Ja, sie leben beide und sind in Swinemünde!" Sie lächelte ein wenig, und ihre Stimme hatte durchaus etwas mütterliches: "Dann du nach Hause!"

Ich glaube nicht, daß ich darauf etwas gesagt habe. Nun ging alles sehr schnell. Es war bereits Ende September, als wir zu etwa je 40 Kriegsgefangenen zusammengepfercht in Güterwaggons in Richtung Heimat befördert wurden. Zu meiner großen Freude war auch mein Bekannter aus Zinnowitz dabei. Ihn hatte die noch immer in der Lunge steckende Kugel vor der weiteren Kriegsgefangenschaft bewahrt.

Oft standen wir am Tage und auch des Nachts mehr, als daß wir fuhren. Bald hatten wir keine Lokomotive, dann diese keine Kohlen. Ein anderes Mal waren die Gleise für wichtige Transporte gesperrt. Die Zwangsaufenthalte wurden dazu genutzt, in einem mitgeführten Küchenwagen für uns eine Suppe zu kochen, die diesen Namen nicht verdiente. Vermutlich zweigten auch die russischen Posten einiges ab, so daß für uns nur eine Wassersuppe mit einigen Fettaugen vom Sonnenblumenöl darauf übrig blieb.

Auch in diesen Tagen hatten wir noch einigen Abgang. Immer noch starben Soldaten an den Folgen ihrer Verwundungen oder an Mangelerscheinungen. Nachdem es offensichtlich war, daß wir uns auf dem ehemaligen Reichsgebiet befanden, verdrückten sich einige der Gefangenen heimlich. Wahrscheinlich waren sie in diesen Gebieten zu Hause und wollten nach den Angehörigen suchen. Ich fand diese Idee nicht so gut. Schließlich hatten sie keinerlei Papiere. Das Land stand zwischenzeitlich unter polnischer Verwaltung, und falls sie aufgegriffen würden, hätte man sie wiederum eingesperrt und als Kriegsgefangene behandelt. Dann kamen wir über die Oderbrücken, und als wir bald darauf in einem Bahnhof ausgeladen wurden, der mehr einem Trümmergrundstück entsprach, wußten wir, es war die "Reichshauptstadt" - es war Berlin.

Mit je einer Scheibe Weiß- und Schwarzbrot als Marschverpflegung und einem Entlassungsschein in deutsch und russisch schickte man uns dann in die Freiheit.

Von einem geregelten Bahnverkehr konnte man in diesen Monaten nicht reden. Die Züge waren hoffnungslos überfüllt, nicht selten hingen Menschentrauben auf den Trittbrettern, auf dem Dach oder zwischen den Waggons. Die meisten waren auf Hamstertour. Die Reisenden schienen es gewohnt, ankommen war wichtig. Von der Zeit sprach niemand. Doch schließlich erreichten wir Wolgast, den bereits heimatlich klingenden Ortsnamen am Ufer des Peenestromes. Dort erfuhr ich auch das Datum: Es war der 7. Oktober 1945, mein Geburtstag, heute wurde ich 18 Jahre alt. Hier endete der Zug, wie er es immer getan hatte.

Wir liefen das Stück bis zur Brücke und stellten zunächst einmal fest, daß diese gesprengt in Teilen im Wasser lag. Es gab jedoch eine Fährverbindung. An der Fähre stand ein russischer Posten. Wir zeigten ihm unseren Entlassungsschein, wo es hieß: "Wir bitten, den Rückwanderer mit Fahrgelegenheit zu unterstützen und ihn ungehindert passieren zu lassen!" Jedenfalls stand das in deutsch darauf, in russisch kam es mir kürzer vor. Noch kürzer war der Kommentar des Postens: "Papirr nix gutt!"

Er wandte sich ab, um einen Pferdewagen zu kontrollieren, der eben auffuhr. Für uns eine gute Gelegenheit unbemerkt auf die Fähre zu schlüpfen und uns dort zu verdrücken. Über den Peenestrom waren wir, doch die nächste Enttäuschung folgte auf dem Fuße. Die Bahnverbindung auf der Insel Usedom war im Oktober 1945 tot. Es gab noch den kleinen Bahnhof, es gab auch die Gleise, aber es gab keinen Zug. Dann erfuhren wir durch Passanten den Grund. Die Straßenbrücke bei Zempin wäre gesprengt, sie würde durch ein Arbeitskommando aus Swinemünde wieder aufgebaut. Ein Zug brächte diese Arbeiter morgens und abends hin und her. Es hieß also, diese Brücke zu erreichen. Von Wolgast aus waren es etwa 10 Kilometer Wegstrecke. Angesichts des so nahen Zuhauses fühlten wir uns kräftig genug, das Stück Landstraße zu bewältigen. Anfangs schaffte es auch ganz schön, doch dann machten uns zunehmend unsere Verwundungen, der Lungensteckschuß meines Freundes und meine Beinverwundung, zu schaffen. Die Pausen am Straßenrand wurden zunehmend länger, und so waren wir froh, als ein Bauer mit einem Pferdewagen nahte, der uns mitnahm. An der Straßenkreuzung nach Zinnowitz war für uns beide die Endstation. Mein Freund hatte noch die kurze Strecke bis zum Ortseingang zurückzulegen, für mich war es noch ein Weg von etwa einem Kilometer bis zur Brückenbaustelle. Von meinem Leidensgenossen habe ich nie wieder etwas gehört.

Inzwischen war es später Nachmittag geworden. Mich quälte zunehmend der Gedanke, daß der Zug an der Baustelle bereits abgefahren sei. Es war meine letzte Chance, den Geburtstag zu Hause erleben zu können. Aber der Zug war nicht weg, ich mußte sogar noch warten. Der Zug bestand aus einer kleinen Lokomotive, einem Plattenwagen für Material und einem Güterwaggon für die Arbeiter. Diese machten aber bereitwilligst Platz für einige Frauen und Kinder, die zu Besorgungsfahrten unterwegs waren. Als wir Swinemünde erreichten , war es etwa 21 Uhr. Während der Fahrt hatte ich bereits bemerkt, daß sich die Gespräche um ein einziges Thema drehten: "Wurde oder war Swinemünde nun polnisch oder nicht?" Ich habe den Sinn dieser Gespräche an jenem Tage nicht verstehen können. Erst wesentlich später habe ich die Zusammenhänge erfahren.

Sofort nach Kriegsende rückten die Polen in die von der Sowjetarmee eroberten Gebiete zwischen Weichsel und Oder und im Süden bis an die Neiße ein. Dies ging auf Vereinbarungen zurück, die in den Konferenzen von Teheran, Jalta und Potsdam in den Jahren 1943 bis 1945 zwischen den Alliierten ausgehandelt worden waren. Im Klartext: Polen wurde um einen entsprechend breiten Landstreifen nach Westen verschoben. Eben bis an jene Linie, die heute als Oder-Neiße-Grenze bekannt ist. Nur über den Status von Stadt und Hafen von Swinemünde wurde man sich nicht einig.

Einen Tag vor meiner Ankunft, am 6. Oktober 1945, war es dann entschieden. Auch Swinemünde wurde polnisches Gebiet. Am Tag darauf begann die praktische Umsetzung.

Zügig begann im Herbst 1945 die Umsiedlung der Deutschen aus Swinemünde. Einige versuchten buchstäblich bei Nacht und Nebel, mit ihren wenigen verbliebenen Habseligkeiten, über Schleichwege aus der Stadt in die sowjetisch besetzte Zone zu gelangen. In den ersten Tagen nach der Grenzziehung konnte man das auch noch gefahrlos praktizieren. Später war es ein Grenzübertritt unter Lebensgefahr, denn die Grenz-Sicherungskräfte schossen scharf.

Der Zug hatte inzwischen den Badbahnhof Swinemünde erreicht. Es erschien dem Zugpersonal sicherer, zunächst einmal am Hauptbahnhof über eine Bahnleitung anzurufen, ob dieser noch deutsch war - also zur sowjetischen Besatzungszone gehörte. Erst nachdem dies bestätigt wurde, setzte sich der Zug auf seinem letzten Streckenabschnitt in Bewegung. Doch nun bereits ohne mich. Aus einem unbestimmten Gefühl heraus verließ ich hier den Waggon. Eigentlich war der Fußweg vom Hauptbahnhof aus für mich näher. Doch ich hatte bereits den Entschluß gefaßt, zunächst zum Großen Markt zur Wohnung von Tante Grete und Onkel Albert zu laufen. Dort vermutete ich auch meine Mutter. Denn daß Vater nicht zu Hause war, wußte ich ja seit Graudenz, und ich konnte mir nicht vorstellen, das Mutter allein im Hause blieb. So wanderte ich dann die Färberstraße entlang in Richtung auf den Marktplatz. Die Straße war menschenleer um diese Zeit, die Dunkelheit deckte einen barmherzigen Schleier über die durch den Bombenangriff zerstörten Häuser.

Meine Gedanken eilten voraus, und wir sollen auch erfahren, wie es in dieser Stunde im Hause des Onkels aussah. In der Wohnstube im 1. Stockwerk saßen bei Talglicht Familie R. und meine Mutter zusammen. Sie feierten, soweit man in dieser Lage und in dieser Zeit von "feiern" reden konnte. Es war der um zwei Tage verlegte Hochzeitstag der Eheleute R. und - besonders für meine Mutter wichtig - der 18. Geburtstag ihres Sohnes, der allerdings zu dieser Stunde durch Abwesenheit glänzte. Mutter war an diesem Tage eigentlich besser informiert als wir übrigen Familienmitglieder. Und dafür war ein Mann zuständig, der jetzt bereits zum dritten Mal die Familiengeschichte kreuzt: der "Bürgermeister von Korswandt". Sofort nach seiner Entlassung hatte er sein Versprechen eingelöst, was er sowohl meinem Vater als auch mir im Lager Graudenz gegeben hatte: Wer als erster zurückkehrt, benachrichtigt die jeweilige Familie! So wußte Mutter zu diesem Zeitpunkt, daß Vater zumindest Graudenz gesund und unversehrt erreicht hatte. Und sie war ebenso darüber informiert, daß ich zwar verwundet im Lazarett lag, aber ansonsten doch wohlauf war. Sicher in diesen schweren Monaten eine große seelische Entlastung, wenn auch mit vielen weiteren Ungewißheiten über unser beider Schicksal behaftet.

Und Onkel Albert hatte ein Weiteres getan, diesem Tag eine besondere

Bedeutung zu geben. Immer wenn das Gespräch in diesen Monaten auf Vaters und mein Schicksal kam - und es kam ja fast täglich darauf -, hatte Albert gesagt: "Bis zum Geburtstag ist der Junge zu Hause!" Wir haben natürlich später oft darüber gesprochen, wie war er darauf gekommen, was machte ihn so sicher? Es gab ja keinerlei Anhaltspunkte dafür. In den ersten Monaten wußten sie alle nicht einmal, ob ich überhaupt am Leben war. Albert blieb bei seiner Aussage, und wie es so ist im Leben, in ausweglosen Situationen ist man eher bereit zu glauben und zu hoffen als zu wissen. Nun aber war der Tag der Wahrheit gekommen, heute war der 7. Oktober, und ich war nicht zu Hause. Noch am Abend, als sie bei der bescheidenen Feier saßen, ließ Albert sich nicht aus der Ruhe bringen. Auf den Vorwurf Mutters, heute sei nun der 7. Oktober antwortete er nur: "Der Tag ist ja auch noch nicht vorbei!" Von allen Beteiligten sind diese Redewendungen in der Folgezeit natürlich mehr als einmal zitiert worden.

Dann kam der Moment, wo es unten an der Hoftür deutlich klopfte. Albert verkündete: "Das ist Ernst!" In dieser Minute war es wohl mehr als gefährlich, die Hoffnung einer Mutter auf die Rückkehr ihres Sohnes mit solchen Spekulationen zu nähren.Woher Albert seine Gewißheit nahm, konnte niemand ahnen. Nun stand ich vor dem Tor am Markt und vernahm innen in der Einfahrt meine Cousine: "Wer ist da?"

Hilde erkannte sofort meine Stimme, und laut rufend: "Es ist Ernst, es ist Ernst" führte sie mich in das Haus. Mutter kam die Treppe aus der Wohnung herunter, und dann lagen wir uns weinend in den Armen. Vor fast genau einem Jahr hatte ich die Stadt verlassen. Nach Monaten der Ungewißheit, nach Bangen und Hoffen war es nun Wirklichkeit: Der Sohn war wieder da. Natürlich hatten sie von meiner Verwundung vom "Bürgermeister" erfahren und meinten, mich die Treppe hinauftragen zu müssen. Mutter zeigte sich erleichtert, daß zumindest das kein Problem für mich war. Dann saßen wir zusammen bis weit in die Nacht und erzählten, die kleine Feier hatte ihren wahren Inhalt gefunden.

Ein Wermutstropfen blieb in diesen Stunden: Das Fehlen Vaters und die Ungewißheit über sein Schicksal. Diese Lücke sollte noch fast zwei Jahre bleiben, aber dann war auch das überstanden.

Am nächsten Morgen machte Mutter sich zu Fuß auf nach Heringsdorf - zehn Kilometer hin und zehn Kilometer zurück - um für mich einige Zivilkleidung zu holen. Noch besaß ich ja nur meine Wehrmachtsuniform. Ich blieb bei Tante Grete und Onkel Albert. Für mich war die Strecke zu weit, und so wurde ich Zeuge eines Tauschgeschäftes. Tante Grete hatte mit einem russischen Offizier über einen Tausch verhandelt, in dessen Mittelpunkt ihre goldene Armbanduhr stand. Trotz aller Durchsuchungen und Filzungen hatte sie es noch bis jetzt verstanden, diese zu verbergen. Nun kam nach langem Feilschen dieses Geschäft zustande. Es gab eine ganze Reihe Büchsen, in denen Schmalzfleisch sein sollte, und eine große vierekkige Büchse mit Schinken. Nachdem das Geschäft über die Bühne gegangen war, kam Tante Grete mit ihrem Schatz in das hinter dem Geschäft liegende Büro, und wir begutachteten den Erwerb. Auf den Büchsen stand "RK" und sie fragte mich, da es sich ja um deutsche Wehrmachtsverpflegung handelte, was das bedeutete. Ich sagte: "RK ist Rotkohl", ganz eindeutig. Grete wollte es nicht glauben und konnte es wohl auch schwerlich, angesichts des doch äußerst wertvollen Tauschobjektes. Schließlich siegte die Neugier. Sie öffnete eine der Büchsen, es war tatsächlich Rotkohl darin.

Es fanden in diesen Wochen viele solcher mehr oder weniger korrekter Tauschgeschäfte statt. Die Rote Armee hatte überall im Anschluß an die Kampfhandlungen riesige Wehrmachtsbestände vorgefunden, denn besonders auf dem Gebiete der Versorgung mit Lebensmitteln war die Deutsche Wehrmacht auch im 6. Kriegsjahr keinesfalls auf Sparflamme. Wenn es zu Engpässen kam, war es sicher in der Regel eine Transportschwierigkeit, die Lager waren immer noch mehr als gefüllt.

Gegen Mittag kam Mutter aus Heringsdorf zurück. Ich schlüpfte in meine geliebten Zivilkleider und hoffte, daß ich nie mehr im Leben eine Uniform anziehen müsse. Ein Wunsch, der sich schließlich auch erfüllte.

Auf dem Hinweg nach Heringsdorf hatte sie erste Anzeichen der Grenzregelung bemerkt. Polnische Posten begannen, zwischen Swinemünde und Ahlbeck die Westgrenze zu ziehen. Sie wählten auf ihrer Suche nach einem markanten Geländeabschnitt jene schnurgerade Betonplattenbahn, die während meiner Marinehelferzeit die Zufahrt zu unserer Batterie bildete und auf der wir die Sprungübungen mit den Motorrädern bei der Motor-HJ absolviert hatten. Aber noch war die Grenze durchlässig. Es würde wahrscheinlich Tage dauern, bis auch der letzte Waldweg zwischen Swinemünde und Ahlbeck gesichert und bewacht wäre. Für mich gab es keine Überlegung. Gerade erst war ich der Gefangenschaft, wenn auch auf durchaus legalem Wege, entkommen. Ich zeigte keine Neigung, im Herrschaftsbereich einer fremden Staatsmacht meine erst wenige Tage alte Freiheit wieder aufs Spiel zu setzen. So stand mein Entschluß von vornherein fest: So schnell wie möglich aus diesem politisch so umstrittenen Gebiet heraus!

Bedingt durch die monatelangen Querelen zwischen Russen und Polen hatten meine Mutter und die Verwandten, wie viele andere Bürger Swinemündes, sich für den Fall der Fälle ein Ausweichquartier geschaffen. Mutter hatte in Ahlbeck eine kleine Wohnung gemietet, dort allerdings kaum eigene Möbel hineingestellt. Wie wir wissen, waren Ahlbeck, Heringsdorf und die anderen Badeorte auf der Insel ja alle auf Ferienbetrieb eingerichtet. Engpässe an billigen Unterkünften gab es also in dieser Nachkriegszeit nicht. Die Verwandten hatten ein ähnliches Domizil zwischen Heringsdorf und Bansin gemietet. Es gab sogar einen Raum für einen Laden. Onkel Albert gedachte selbstverständlich, seinen Futtermittelhandel weiter zu betreiben. Für Mutter war wohl ausschlaggebend die unmittelbare Nähe zu ihrer Freundin. Diese hatte Swinemünde bereits nach dem Bombenangriff verlassen und war mit ihren drei Kindern in ihr Elternhaus in Ahlbeck eingezogen.

Wir organisierten noch am gleichen Tage ein Pferdefuhrwerk, fuhren in die Hindenburgstraße auf unser Grundstück. Es war und blieb das einzige Mal, daß ich unseren Hof und das, was die beiden Bombenangriffe von den Gebäuden in Swinemünde übriggelassen hatten, sah. Wir luden - es mag seltsam klingen - ausschließlich Brennmaterial und einen Herd auf, der noch in der Küche stand. Es war zwar nicht mehr viel in der Wohnung, aber ein Pferdefuhrwerk hätte man mit wertvolleren Dingen als mit Brennholz und Kohlen beladen können. Doch Mutter war letzteres wichtiger, und so machten wir uns unverzüglich auf den Weg. Wir wählten die Strecke durch den Wald nach Ahlbeck, es erschien uns sicherer. Die Landstraße war zu diesem Zeitpunkt sicher schon gesperrt und wurde zumindest so kontrolliert wie der Strandweg hinter den Dünen entlang. Es war richtig so, wir erreichten Ahlbeck, ohne auf einen polnischen oder russischen Posten gestoßen zu sein.

Nun begann unser Leben in Ahlbeck. Die Ferienwohnung lag unmittelbar an einem kleinen Platz in Strandnähe gegenüber dem Wohnsitz von Mutters Freundin. Mit dieser Familie verbanden uns in jenen Wochen einige der alltäglichen Beschäftigungen. Während Mutter und ich kaum große Arbeit hatten, galt es im Hause ihrer Freundin, sich wieder aktiv in das Vertriebswesen der Ahlbecker Fischer einzuschalten. Schließlich machten auch die Fischer fünf Monate nach Kriegsende wieder das, was sie immer gemacht hatten - sie fischten. So kam Fisch an Land. Doch der Anfang war schwierig. Arbeitstäglich stand ein Kontrolleur der Besatzungsmacht - oft in Gestalt eines Offiziers - dabei und überwachte die Fischabnahme. Die seit Jahrzehnten gewachsene Freundschaft mit dieser Familie verhalf uns trotz der geschilderten Beschwernisse zu mancher Erweiterung des täglichen Speiseplanes. Eine frische Flunder oder ein Bückling aus dem Rauch war nicht nur im schlimmen Hungerwinter 1945 eine Delikatesse.

Zwischenzeitlich war es nun Ende Oktober, es wurde früh dunkel, und Stromsperren bestimmten damals unsere Abende. So kam die Familie meist im Hause N. zusammen. Dort war ein Raum gut geheizt, es brannte zunächst ein Talglicht, welches gleich nach dem Essen, wenn die Kleinste im Bett war, gelöscht wurde. Denn auch Talglichter waren in dieser Zeit Mangelware, man durfte sie nicht sinnlos verschwenden. In der Regel übernahmen die Frauen die Unterhaltung an diesen Abenden. Kriegs- und Nachkriegszeiten, Flucht im allgemeinen und besonders das eigene Schicksal gaben genügend Gesprächsstoff, und auch der Neubeginn wurde unter allen Gesichtspunkten erörtert.

Für die Tochter der Familie und mich stellte sich diese Frage nicht. In den Stunden der Stromsperre galt es, möglichst eng beieinander zu sitzen und zarte Bande zu knüpfen. Wenn dann ohne Vorwarnung das Licht plötzlich einsetzte, hieß es, den Moment der Blendung aller in der Stube vereinten Familienmitglieder auszunutzen und gelangweilt, aber gesittet auf seinem Platz zu verharren.

Die letzten Wochen des Jahres 1945 bestanden in der Hauptsache aus Besorgungen. In erster Linie ging es um die Verpflegung, hier tauschte ich manches für uns Überflüssige bei den Russen gegen Naturalien. Es war die Zeit der "Schiebewurst" und des "Absparens am Munde", wie es aus heutiger Sicht kaum noch vorstellbar ist.

In zweiter Linie ging es um das Heranschaffen von Brennmaterial. Der Winter hatte ja fast schon begonnen, es blieb kaum noch Zeit. Unsere Wohnung war, wie gesagt, eine reine Ferienwohnung. Wir hatten einen Ofen in der Wohnstube aufgestellt, er diente zum Kochen und zum Heizen gleichzeitig. Da wir nur über das bißchen aus Swinemünde mitgebrachter Kohle verfügten, blieb uns nur Holz. Also ging es in den nahen Wald, wo alles gesammelt wurde, was brennbar war. Aber außer uns trieb es natürlich Hunderte von Menschen in gleicher Absicht dorthin, so war der Wald bald wie ausgefegt. Man konnte einen Antrag auf Holzzuteilung stellen und bekam einen Holzschein. Der Förster bezeichnete dann einen - wahrscheinlich kranken - Baum und achtete gleichzeitig darauf, daß nur das abgeholzt wurde, was bezahlt und von ihm freigegeben worden war. Es waren recht starke Bäume, die wir zunächst fällten, dann in transportierbare Stücke sägten und schließlich zur weiteren Zerkleinerung mit einem Handwagen nach Hause holten. Es war eine Gemeinschaftsarbeit, sonst wäre es für den Einzelnen wohl garnicht zu schaffen gewesen. So hatten sich auch unsere Familien zusammengetan, um die Brennholzaktion gemeinsam anzugehen. Die beiden Mütter packten kräftig mit zu, die Tochter und ich waren wohl die Hauptakteure. Die jüngeren Geschwister hinderten mehr als sie nutzten. Der voll beladene Handwagen mußte dann durch den weichen Sand auf die Promenade gezogen und geschoben werden, denn nur dort war ein fester Fahrweg, auf dem sich der meist überladene Handwagen bewegen ließ. Es galt, nun das Holz zu zerkleinern und hinter dem Ofen zu stapeln, damit immer das bereits brennfähige Holz den Nachschub trocknete.

Zwischenzeitlich hatten wir brieflichen Kontakt mit Tante Emmy und Onkel Willy in Genthin aufgenommen. Diese schlugen vor, daß wir beide zu ihnen übersiedelten. Für Mutter würde es eine Arbeitsstelle im Betrieb geben, für mich eine Ausbildungsstätte, und vor allen Dingen zeichnete sich auch die Verpflegungslage günstiger ab, als es in Ahlbeck der Fall war. Sie würden uns ein Zimmer ihrer Wohnung zur Verfügung stellen. Wir überlegten und beschlossen, daß ich zunächst dort hin fahren und die Einzelheiten begutachten solle.

Diese meine Reise nach Genthin ist schon erwähnenswert, denn sie zeigt die Schwierigkeiten auf, unter denen damals jede Aktion stand. Eine geregelte Zugverbindung gab es nicht. Zunächst hieß es, von der Insel herunter bis Wolgast zu kommen. Zwischenzeitlich war die Brücke, von der bereits bei meiner Rückkehr aus der Gefangenschaft die Rede war, wieder behelfsmäßig instandgesetzt worden. Ich schlief auf Bahnhöfen, wo immer es möglich war. Meist auf der Erde in irgendeiner Ecke, in der Runde von Hunderten von Reisenden. Die Züge fuhren ohne jeden Fahrplan, oft standen wir stundenlang auf freier Strecke. Dann war die Lokomotive defekt oder sie fehlte einfach, da die Rote Armee sie kurzerhand requiriert hatte. Mir ist noch in Erinnerung, daß ich in Brandenburg Obdach und eine warme Suppe in einer Bahnhofsmission erhielt. Mitten in der Nacht traf ein Kohlenzug ein mit offenen Waggons. Ich wußte, daß es von Brandenburg bis zu meinem Ziel noch etwa 25 Kilometer waren, und so schreckte mich die Vorstellung nicht, bei klirrender Kälte auf dem Kohlenhaufen zu sitzen und gegen Morgen Genthin zu erreichen. Die Sache hatte auch einen Vorteil, denn die Plätze waren nicht begehrt. So reiste man fast im Einzelabteil!

Steif gefroren und verschmutzt erreichte ich den Ort. Ich weiß nicht mehr, nach wie vielen Tagen und Nächten. Damals war mir das Zeitgefühl abhanden gekommen. Tante und Onkel nahmen mich mit offenen Armen auf. Es wurde schließlich ein Geschäft auf Gegenseitigkeit. Sie brauchten dringend eine verläßliche Buchhalterin für den Betrieb - Tante Emmy hatte sich nie um den kaufmännischen Teil des Geschäftes gekümmert. Onkel Willy bot mir an, mich in die Lehre zu nehmen und im Schnellverfahren einen Kraftfahrzeug-Mechaniker aus mir zu machen. So sollten wir auf die Rückkehr von Vater aus der Gefangenschaft warten, und dann würde man weitersehen. Sie packten mir den Rucksack mit leckeren Dingen voll, die wir in Ahlbeck schon länger nicht mehr gesehen hatten. Wir waren dort allein auf die Lebensmittelkarten angewiesen.

Nach ebenso strapaziöser Heimreise erreichte ich zwei Tage vor Heiligabend wieder Ahlbeck. Von Mutter bereits sehnsüchtig erwartet. Wir besprachen die Umsiedlung unter allen möglichen Gesichtspunkten, dann fanden wir es als die beste der möglichen Lösungen. Außer der Zeit auf dem Gymnasium hatte ich keine weitere Ausbildung. In Ahlbeck gab es weder Lehrstellen noch andere Weiterbildungsmöglichkeiten. Ich befand mich in diesem Stadium in der gleichen Lage, wie mein Vater nach beendeter Schulzeit.

Unter Verzehr der Mitbringsel aus Genthin verbrachten wir Weihnachten, in großer Sorge darüber, wo unser Vater war und wie es ihm an diesem Heiligen Abend 1945 wohl erginge. Allerdings die Ungewißheit um die nahe Zukunft war nach unserer Entscheidung, nach Genthin zu übersiedeln, etwas gewichen, und wir begannen noch zwischen den Feiertagen - die damals eigentlich kaum eine Bedeutung hatten -, unsere Sachen nach Heringsdorf zur Großmutter zu schaffen. Was wir tragen konnten, wollten wir mitnehmen.

Ein weiteres Vorhaben setzten wir in diesen Tagen auch in die Tat um. Mutter ging mit mir in den Wald auf den Präsidentenberg, wo sie mit Vater gegen Kriegsende die Kiste mit den verräterischen Utensilien vergraben hatte. Meine Erwartung war groß, und zu meinem Erstaunen fand Mutter die Kiste anhand eines Zeichens an einem Baum schnell wieder. Wir gruben sie frei und entnahmen ihr einige Kleidungsstücke und einen Tuchballen aus Uniformstoff. Später bekam ich daraus eine gefütterte Weste, die ich jahrelang auf dem Motorrad trug.

An einem besonders häßlichen, stürmischen und eiskalten Tage zwischen den Feiertagen klopfte es nach Einbruch der Dunkelheit bei uns. Vor der Tür standen Tante Grete und Hilde. Hinter ihnen auf einem Handwagen hockte der halbseitig gelähmte Onkel Albert. Die Polen hatten sie innerhalb von zehn Minuten aus der Wohnung vertrieben. Ihr Festklammern an Haus und Besitz hatte ihnen nichts gebracht. Swinemünde stand jetzt unter polnischer Verwaltung. Auch unsere Verwandten hatten, wie berichtet, in Heringsdorf ein Ausweichquartier eingerichtet. Ein Großteil ihrer Habe lagerte dort, sie konnten am nächsten Tage dort einziehen.

Wir verbrachten einen relativ harmonischen Jahreswechsel, auch im Kreise der Familie N. Mutter und ich hatten unseren kleinen Ofen noch einmal zur Hochglut gebracht, seit Tagen war es bitter kalt. Dann schafften wir den Rest unserer Habe nach Heringsdorf zur Großmutter.

Anfang Januar 1946 ging die Reise los. Wir hatten unsere persönlichen Dinge, in der Hauptsache Wäsche, in Koffer und Taschen gepackt. Auf dem Rücken trug ein jeder von uns einen Sack mit Bettwäsche. Wir wußten nicht, wann und ob wir überhaupt je wieder auf die Insel zurückkehren würden. Mit der Bahn gelangten wir zügig bis Wolgaster-Fähre. Dann ging es die Böschung auf die Brückenanfahrt hoch, wobei Mutter mit dem vielen schweren Gepäck einige Schwierigkeiten hatte. Über Stege und Balken der gesprengten und wieder notdürftig reparierten Brücke erreichten wir das Festland.

Wie lange die Reise in unsere neue Heimat diesmal dauerte, weiß ich nicht mehr. Nach Anmeldungen und dem Einrichten in dem Vorderzimmer der Wohnung standen wir zur Arbeitsaufnahme in Onkel Willys Betrieb bereit.

Ein neues Kapitel unserer in diesen Zeiten wechselvollen Geschichte begann.

Nachtrag

Nachdem der Leser den Werdegang der Familie Hartwig bis über das Kriegsende hinaus verfolgt hat, soll er auch in Stichworten erfahren, wie es für die Hauptpersonen in der Folgezeit weiterging. Auch, wenn dies nicht mehr viel mit dem Leben auf Usedom zu tun hat.

Mein Vater kehrte im Herbst 1947 aus der Kriegsgefangenschaft zurück. Malaria und die durch Mangelernährung verursachten körperlichen Schäden hatten zunächst seine Arbeitskraft zum Erliegen gebracht. Dennoch blieb sein Elan ungebrochen. Bereits während seines Krankenhausaufenthaltes schmiedete er Pläne für einen geschäftlichen Neubeginn. Wir wurden uns sehr schnell einig, daß sofort nach seiner Genesung und mit meiner Unterstützung - zwischenzeitlich hatte ich die Gesellenprüfung im Kraftfahrzeug-Handwerk abgelegt -, eine Existenz aufgebaut werden sollte. Und so begannen wir Anfang 1948 mit einer Motorrad-Spezialwerkstatt in Genthin. Und auch diese Neugründung entwickelte sich positiv, so daß mit Um- und Ausbauten den steigenden Anforderungen Rechnung getragen werden mußte.

Im Jahre 1954 kam ich zu der Überzeugung - inzwischen hatte ich die Meisterprüfung abgelegt -, daß für mich als Nachfolger die Entwicklungsmöglichkeiten auf dem Gebiet der DDR ziemlich eingeschränkt bleiben würden. Denn durch die Hinwendung zur PGH (Produktions-Genossenschaft) zeichneten sich die Grenzen einer handwerklichen Unternehmensform ab. So verließen meine Frau und ich Ende 1954 über die damals noch offene Grenze die DDR, um, wie Hunderttausende in diesen Jahren, einen Neuanfang in der BRD zu versuchen. Die Verbindung mit den Eltern und den Verwandten riß über alle Jahrzehnte hinweg niemals ab. Wöchentlich tauschten wir uns brieflich aus, und es fanden - soweit es möglich war - regelmäßig gegenseitige Besuche statt.

Vater führte in Genthin seinen Betrieb mit einem Meister, einigen Gesellen und Lehrlingen weiter. Erst im Jahre 1970 - Vater war nun 73 Jahre alt -, übergab er den Betrieb seinem langjährigen Meister. Im gleichen Jahr starb meine Mutter. Für Vater ein Anlaß, dem Werben der HO (staatliche Handelsorganisation) zu folgen, und seine fachliche Qualifikation im Motorrad- und Ersatzteilverkauf einzubringen.

Eine beneidenswerte Gesundheit und körperliche Verfassung ließen ihn diese Tätigkeit nochmals für weitere 10 Jahre, die letzten davon halbtägig, ausüben. Etliche Ehrungen für seinen unermüdlichen Einsatz - auch für die Belange des Handwerker-Nachwuchses - wurden ihm in diesen Jahren zuteil. Erst im Alter von 83 Jahren wechelte Vater in den endgültigen Ruhestand.

Und es sollten ihm nochmals acht Lebensjahre verbleiben, die er auch zur Aufarbeitung seiner wechselvollen Lebensgeschichte verwendete, aus der ich streckenweise zitiert habe. Zwei Ereignisse jedoch sollte er trotz seines hohen Alters nicht mehr erleben : Die Geburt seines Ur-Enkels im August 1988 und die Vereinigung im Herbst 1990. Er verstarb im Juli 1988.

Ich als Erzähler dieser Familiengeschichte blieb den Wurzeln unserer Familie treu. Meine in frühen Jahren sich herausgebildete Technik-besessenheit, meine Liebe zum Auto hat mich beruflich bis in die Gegenwart verfolgt. Zunächst als Angestellter eines Verlages für technische Dokumentation, ab 1970 in einer eigenen Firma, hat sich mein Berufsbild von der praktischen Seite zur Erstellung von Bedienungs-, Wartungsanleitungen und Reparatur-Handbüchern gewandelt.

Nach seiner Ausbildung trat 1983 mein Sohn in die Firma ein, die wir heute gemeinsam betreiben.

Als mein Großvater im Jahre die Familie an das Auto gebracht hat, konnte er zwar damals nicht ahnen, daß dies sich über Generationen fortsetzen wird, aber den Grundstein dafür hatte er gelegt.

Solingen, im Mai 2000

Die Beschäftigung mit Motoren und Kraftfahrzeugen nach dem Kriege glich in vielen Dingen denen der Anfangszeit. Handwerkliches Geschick und Improvisation waren gefragt. Bis in die Grundsubstanz hinein galt es jene Exemplare zu restaurieren, die Vorkriegs- und Kriegsjahre überstanden hatten. Hier das Beispiel eines Hanomag.

Und das machten wir daraus, von dem dazu notwendigen Zeitaufwand sprach damals allerdings kein Mensch

Zeittafel Heringsdorf

1342	Ersterwähnung des Dorfes Gothen
1394	Der Niege Krug wird erwähnt
1819	Oberforstmeister Bülow, Besitzer des Rittergutes Gothen, läßt etwa 370 ha Urwald lichten. Er verkauft das Land in Parzellen an Fischer
1820	König Friedrich Wilhelm III. und der Kronprinz von Preußen reisen nach Swinemünde und sind auf der Durchfahrt nach Wolgast. Auf Vorschlag des Kronprinzen erhält die bis dahin namenlose Fischersiedlung den Namen Heringsdorf
1824	Die erste Badeanstalt wird errichtet
1825	Es werden Logierhäuser und das erste Gesellschaftshaus erbaut
1840	Heringsdorf hat 23 Wohnhäuser und 90 Einwohner
1846	400 Badegäste werden registriert
1848	Einweihung der Kirche
1853	Heringsdorf hat 134 Einwohner
1856	Heringsdorf, Neuhof und Neukrug erhalten einen gemeinsamen Friedhof
1872	Der Berliner Bankier Hugo Delbrück erwirbt - von anderen Berliner Finanzleuten unterstützt- das Strandgelände mit allen Badeeinrichtungen für 115 000 Taler. Er gründet die Aktiengesellschaft Heringsdorf
1873	Baubeginn des Hotels Atlantik, 1886 und 1906 erweitert
1878	Zusammenlegung der Gemeinden Neukrug und Heringsdorf
1879	Veröffentlichung der Zusammenlegung von Neukrug und Heringsdorf zum Seebad Heringsdorf
1885	Die erste Schule wird in Heringsdorf gebaut
1891/93	Die Seebrücke wird errichtet
1894	Eröffnung der Bahnverbindung Swinemünde-Heringsdorf
1905	Seebad Heringsdorf erhält das noch heute bestehende Wappen
1906	Die Bismarckwarte wird auf dem Präsidentenberg errichtet und am 1. Mai 1946 gesprengt
1907	Die Pferde-Rennbahn wird eröffnet
1911	Die Bahnverbindung von Heringsdorf wird bis Wolgast-Fähre erweitert
1921	Die Gemeinde kauft das Bad von der Aktiengesellschaft und übernimmt den Kurbetrieb selbständig
1922	Der russische Dichter Maxim Gorki kurt in Heringsdorf
1934	Die Thingstätte wird eingeweiht
1946	Die Seebrücke wird bei einem Brand teilweise zerstört, 1958 brennt sie vollständig ab

Zeittafel Swinemünde

1700	Vorpommern, Rügen und die Insel Usedom sind von den Schweden besetzt
1720	König Friedrich Wilhelm I. erhält für 2 Millionen Taler Vorpommern mit Stettin und Usedom
1730	Zögerlicher Ausbaubeginn des Hafens und des Dorfes Westswine
1740	König Friedrich II. läßt unter Kammersekretär Brandes den Hafen- und Stadtausbau verstärkt in Angriff nehmen und holt Kolonialisten in die Stadt
1743	Aus der Ansiedlung Westswine entsteht Schwienemünde
1746	Erste Ansiedler kommen nach Schwienemünde
1750	Eine Windmühle wird in Betrieb genommen
1765	Schwienemünde wird offiziell zur Stadt erklärt
1771	Trockenlegung des Thurbruches
1792	Christuskriche erbaut (ohne Turm). Endgültiger Ausbau 1881
1800	Aus Schwienemünde wird Swinemünde
1813	König Friedrich Wilhelm III. schickt Offiziere zur Genesung nach Swinemünde
1818-24	Bau der Molen. Die Steine kommen aus dem Vineta-Riff vor Koserow
1824	Gründung der Badedirektion, Swinemünde wird Seebad
1826	Der erste Dampfer durchfährt die Swine
1827	Theodor Fontane kommt als 8-jähriger nach Swinemünde, sein Vater übernimmt eine Apotheke
1829	Swinemünde hat 4 000 Einwohner, 1 200 Badegäste nutzen das Seebad
1848	Chausseebau Swinemünde zum Golm
1848-63	Festungswerke beidseitig der Swine erbaut
1857-59	Leuchtturm erbaut, 59 m hoch (1900 verstärkt). 300 steinerne Stufen führen zur Plattform
1876	Bahnverbindung Berlin-Ducherow-Karnin- Swinemünde in Betrieb
1878/79	Ausbau der Bahnstrecke vom Hauptbahnhof als Hafenbahn
1880	Am 20. August wird die Kaiserfahrt eröffnet
1890	Eigener Stadtteil Swinemünde-Bad
1890	Gründung der Swinemünder Dampfschiffahrts-Aktiengesellschaft
1891	wird der Dampfer "Swinemünde" und 1906 die "Berlin" in Betrieb genommen
1893	Eichstaden entsteht unter der Bauleitung vom Hafenbauinspektor Peter Eich

1895-96	Solebad wird eröffnet
1898	Seebrücke erbaut , 1922 abgerissen und durch Seesteg ersetzt
1901	Bahnverbindung Berlin-Ostswine (Trajekt)- Swinemünde
1909/10	Das Kurhaus wird errichtet
1911	Bahnstrecke von Heringsdorf nach Wolgaster Fähre erweitert
1913	Swinemünde beherbergt 40 000 Badegäste
1920	Seedienst Ostpreußen entsteht. Seeverbindungen nach Pillau, Zoppot und Memel
1924	Solebohrung Jubiläumsquelle, 265 m tief, 5 % Salzlösung
1927	Flugverbindung durch Seeflieger
1931	Bäderbrücke bei Zecherin im Mai eröffnet (B110), im April 1945 gesprengt
1934	Straßenbrücke bei Wolgaster Fähre eröffnet(B111), 1945 gesprengt
1938	Swinemünde beherbergt 50 000 Badegäste mit 435 000 Übernachtungen
1939	Eingemeindung Osternothafen, Ostswine und Werder, Swinemünde hat 30 239 Einwohner
1943	Kurhaus brennt vollständig aus
1945	Sowjetische Truppen besetzen am 5. Mai die Inseln Usedom und Wollin
1945	Übernahme Swinemündes durch Polen am 6. Oktober
1951	Januar, Swinemünder Einwohner in sowjetischen Diensten verlassen ihre Heimatstadt
1957	Sowjetische Dienststellen geben Teile des Hafens und den Strand bereich an Polen
1992	Sowjetische Einheiten verlassen Swinoujscie

Zum Autor

Ernst Hartwig (Pseudonym)
geboren 1927 in Swinemünde
Besuch der Tirpitz-Schule in Swinemünde bis 1944
Ausbildung als Kraftfahrzeugmeister und Techniker
heute Inhaber einer Firma für Erstellung von
technischer Literatur für Motoren und Kraftfahrzeuge
Mitarbeit an Fachzeitschriften
Neben der beruflichen Tätigkeit Beschäftigung mit
heimatkundlichen Themen

Quellen und Literaturhinweise

Robert Burkhardt: Geschichte des Hafens und der Stadt Swinemünde,
                      II. Teil, Stadt, Seebad und Hafen Swinemünde seit
                      dem Jahre 1806

Peter August Rolfs: Die Insel Usedom- Wollin, Nachdruck 1984

Theoder Fontane: Meine Kinderjahre

Dr. Helmut Hannes: Die Gründung der Stadt Swinemünde, Mai 1995

Dr. phil. Erich Hartwig: Chronik von Seebad Heringsdorf, 1932

Interessengemeinschaft
Gedenkstätte Golm e.V.
1996:   Der Golm auf Usedom

Bildhinweise

Heimatstadt Swinemünde, Lilli und Wilhelm Behm, 1959: Seiten 44, 76 unten, 89 obem, 114, 168 unten, 169 oben, 172 oben, 177 unten

Postkarten: Seiten 47, 63, 63 oben und unten, 77 oben und unten, 78 ,81 oben, 89 unten, 168 oben, 169 unten, 174 oben, 177 oben

Eigenes Archiv des Autors

Der Autor dankt allen, die privates Bildmaterial zur Verfügung gestellt haben.

Im Demmler Verlag bisher erschienen (Auswahl):

Bücher zur Kultur- und Landesgeschichte,
zur Natur- und Umwelt und
Reiseliteratur über Mecklenburg-Vorpommern

Jürgen und Erika Borchardt
Mecklenburgs Herzöge
Ahnengalerie Schloß Schwerin
122 S., 35 Farbf.,
Broschur, 19.80 DM
ISBN 3-910150-07-1

Jürgen Borchert
Mecklenburgs Grossherzöge
120 S., 10 s/w Fotos, 17 Farbf.
Broschur, 19.80 DM
ISBN 3-910150-14-4

Rolf Reinicke
Rügen
Strand & Steine
80 S., 40 s/w, 11 Farbf.
Broschur, 16.80 DM
ISBN 3-910150-02-0

Rügen
Sagen und Geschichten
104 S., 26 s/w Fotos
Broschur, 14.80 DM
ISBN 3-910150-01-2

Jürgen Borchert
Spaziergänge
auf Rügen
192 S., 22 farbige Aquarelle
Hardcover, 24.80 DM
ISBN 3-910150-45-4

Usedom
Sagen und Geschichten
Neu erzählt von Egon Richter
80 S., 11 Farbf.
Broschur, 14.80 DM
ISBN 3-910150-10-1

Wismar
Stadtansichten
aus fünf Jahrhunderten
144 S., 60 Abb.
Hardcover, 29.80 DM
ISBN 3-910150-48-9

Museumsführer
Mecklenburg-Vorpommern
208 S., 205 Farbf.
Broschur, 29.80 DM
ISBN 3-910150-05-5

Alle Titel sind im Buchhandel oder direkt beim Verlag erhältlich.
Fordern Sie auch das Gesamtverzeichnis der lieferbaren Titel des Verlages an.
Demmler Verlag & Verlagsbuchhandlung Dr. Margot Krempien
Bahnhofstraße 36, 19057 Schwerin Tel./Fax. (0385) 4844979
e-Mail vertrieb@demmlerverlag.de
http://www.demmlerverlag.de